I Ging · Das Buch der Wandlung

I GING

DAS BUCH DER WANDLUNG

Herausgegeben von John Blofeld

Mit einem Vorwort von
Lama Anagarika Govinda

O. W. Barth Verlag

3. Auflage 1989
Einzig berechtigte Übersetzung aus dem Englischen von Matthias Dehne und Stephan Schuhmacher. Titel der englischen Originalausgabe: »I Ching. The Book of Change.«

Inhaltsverzeichnis

DRITTER TEIL: TABELLEN UND GRAPHISCHE DARSTELLUNGEN ZUR INTERPRETATION DES I GING

Vorwort

von Lama Anagarika Govinda

Das I Ging nimmt unter den großen Weisheitsbüchern der Welt eine Sonderstellung ein. Es gehört nicht nur zu den ältesten Büchern, die jemals geschrieben wurden, sondern darüber hinaus vertritt es eine Weltsicht, die sich weitgehend von allen anderen Denksystemen unterscheidet, welche wir in den frühesten überlieferten Zeugnissen der Menschheit vorfinden – gleich ob sie nun im Osten oder anderswo entstanden –, ohne diesen deshalb jedoch zu widersprechen. Die Ursache hierfür ist in der Tatsache zu suchen, daß das I Ging nicht auf einem religiösen Dogma, auf einer göttlichen Offenbarung oder auf Stammesgesetzen und Volksbräuchen beruht, sondern in der Beobachtung der Natur und des menschlichen Lebens, im Studium der Wechselwirkungen zwischen universellen Gesetzen und individuellem Verhalten und in der Einsicht in das Verhältnis von freiem Willen und Schicksal gründet.

Anstatt dem Ewigen, Beständigen, Unwandelbaren als dem höchsten Ziel und Ideal des Menschen besonderen Wert beizumessen oder es in der Vorstellung einer ewigen oder göttlichen Wesenheit zu personifizieren, die sich von der flüchtigen und mehr oder weniger unwirklichen Welt von zweifelhaftem Wert abhebt, stellt das I Ging als einziges der alten Weisheitsbücher die *Wandlung* in den Mittelpunkt seiner Weltbetrachtung und sieht in der *Zeit* einen wesentlichen Faktor für den Aufbau der Welt und die Entwicklung des Individuums. Die Zeit wird hier nicht als negative und zerstörerische Gewalt angesehen, die man fürchtet und mit der man nichts zu schaffen haben mag, sondern als die Essenz des Lebens. Deswegen steht die Zeit auch nicht im Gegensatz zum Ewigen; sie ist vielmehr das, wodurch sich das Ewige offenbart.

Die Schöpfer des I Ging (welches nicht das Werk eines einzigen Autors ist, sondern eine über viele Generationen gesammelte und seit mehr als dreitausend Jahren in der Praxis bewährte Weisheit) akzeptierten die Tatsache der ständigen Wandlung, denn sie sahen in ihr die natürliche Ordnung der Dinge, das eigentliche Wesen des Lebens. Sie erkannten darin nicht nur das Prinzip des Vergänglichen und Instabilen, eine Ursache für Leid und Unglück, wie es die

Tatsache der Wandlung für jene bedeutet, die sich verzweifelt an die Vorstellung klammern, allein das Unwandelbare und Ewige sei erstrebenswert. Für sie gab gerade die Wandlung dem Leben seinen Sinn und enthielt ein Element der Stabilität, ein ihr innewohnendes Gesetz oder ewiges Prinzip, das die Menschen sonst immer außerhalb der Welt in einem Bereich transzendentaler Wirklichkeit zu finden hoffen.

Sie hatten erkannt, daß Wandlung sich nicht zufällig oder einer Laune gehorchend vollzieht, und sie entdeckten die Gesetze der Wandlung, nach denen sich jedes Ding oder jeder Seinszustand nur in etwas verwandeln kann, das in seiner Natur schon beschlossen liegt (und nicht in etwas völlig Fremdartiges). Sie entdeckten auch die ebenso wichtigen Gesetze der Periodizität, nach denen die Wandlung in zyklischen Bewegungen vor sich geht (wie beim Wandel der Himmelskörper, der Jahres- und Tageszeiten). Diese Gesetze der Periodizität stellen das Ewige in der Zeit dar, verwandeln die Zeit gewissermaßen in eine höhere Raumdimension, in der alle Dinge oder Geschehnisse – wenn auch für die Sinne verborgen – gleichzeitig existieren. Sie befinden sich im Zustand der Potentialität, unsichtbare Keime zukünftiger Ereignisse und Erscheinungen, die noch keine greifbare Wirklichkeit angenommen haben.

Das I Ging behauptet, daß jene Menschen Meister ihres Schicksals sind, die die »Keime« erkennen und um die Gesetze der Wandlung wissen. Aber wie soll man die Keime, die für die Sinne doch noch nicht faßbar und dem Verstand nicht zugänglich sind, im Zustand gestaltloser Potentialität überhaupt erkennen? – Hier kommt eine Fähigkeit des menschlichen Bewußtseins ins Spiel, die der Mensch der Neuzeit vernachlässigt, wenn nicht sogar völlig vergessen hat: die geheimnisvollen Kräfte unseres Tiefenbewußtseins, unsere Intuition, die die Alten mit Hilfe von Trancezuständen oder Meditation hervorriefen oder durch religiöse Rituale und geheiligte Orakel beschworen, in denen das Individualbewußtsein zugunsten eines umfassenderen, universalen Bewußtseins in den Hintergrund trat.

Gedanken und Sinneseindrücke sind in solchen Bewußtseinszuständen ausgeschlossen, das Tiefenbewußtsein ist von eitlen Wünschen und Motiven befreit und nicht mehr vom Geschnatter des peripheren oder Oberflächenbewußtseins abgelenkt, das gewöhnlich ganz von den Banalitäten des Alltäglichen eingenommen wird. Damit können wir uns der in symbolhafter Form, in Archetypen von tiefgründiger Bedeutung offenbarten Keime bewußt werden, die unsere Zukunft bestimmen. Solange sie nicht zu jenen universalen Archetypen zählen, die für alle Menschen gleichermaßen gültig sind, unabhängig von Rasse, sozialer Herkunft und Kulturzugehörigkeit, unterscheiden sich diese Symbole je nach dem ethnischen, sprachlichen, historischen und kulturellen Hintergrund des jeweiligen Individuums. Eine Auslegung dieser Symbole ist also nur möglich, wenn wir um ihre Bedeutung wissen und sie in Hinsicht auf ihre Herkunft und Anwendbarkeit einzuordnen wissen. In alter Zeit war es die Aufgabe von Priestern und Sehern, solche Symbole zu deuten. Wollen wir uns heute das Wissen erschließen, welches die Alten in Büchern wie dem I Ging verschlüsselt niedergelegt haben, dann müssen wir zuerst in ihre Symbolsprache eindringen und versuchen, sie in die psychologische Sprache unserer Zeit zu übersetzen, eine Sprache, die von unserer religiösen Tradition sowie von der Geschichte unserer jeweiligen Kultur geprägt ist.

Obwohl das I Ging aus der Orakelpraxis früherer Zeiten hervorgegangen ist, ist ihm neben der Orakelfunktion noch eine zweite, ebenso wichtige Seite zu eigen, eine Seite, die es im Laufe der Jahrtausende von einem Orakelbuch zu einer praktischen Lebensphilosophie werden ließ – die Formulierung und Definierung der Wandlungsgesetze. Während die Ritualhandlung und die Antwort des Orakels eine bestimmte Situation beleuchten, indem sie verborgene Bewußtseinsinhalte bewußtmachen, versetzt uns die Kenntnis der Wandlungsgesetze in die Lage vorauszusehen, wie sich die Dinge in Zukunft wahrscheinlich entwickeln werden, und zwar in Abhängigkeit von der Richtung, die wir uns unserem Handeln – von dieser bestimmten Situation ausgehend – zu geben entschließen. So betrachtet sind die Wandlungsgesetze nicht mehr etwas, dem wir sklavisch unterworfen wären; sie werden vielmehr zu einem Instrument des freien Willens.

Das I Ging verbindet Intuition und Erfahrungswissen, indem es uns dazu anleitet, beides mittels einer folgerichtigen Methode auf eine gegebene Situation anzuwenden. Wir müssen dabei nicht nur von unserem Verstand Gebrauch machen (was uns vor einer allzu emotionalen Betrachtungsweise und bloßem Wunschdenken schützt), sondern wir bleiben auch frei in unseren Entscheidungen und für diese voll verantwortlich. Diese Eigenschaft erhebt das I Ging in den Rang einer heiligen Wissenschaft und macht es als Lebensphilosophie praktikabel. Dadurch unterscheidet es sich von einem bloßen Wahrsagesystem, das den Menschen seines freien Willens beraubt und ihn als Spielball eines Schicksals betrachtet, welches seine Zukunft vorausbestimmt, ohne daß er selbst darauf irgendeinen Einfluß ausüben könnte.

Während das Wahrsagen aus eben diesem Grund keinerlei sittlichen Wert besitzt, *determiniert* die Zukunftsschau des I Ging nicht die Zukunft, sondern bringt die schon im Keim gegenwärtigen, aber noch verborgenen Tendenzen des menschlichen Bewußtseins ans Licht, so daß das Individuum einen Ausblick auf die vor ihm liegenden Möglichkeiten erhält und sich damit für die den Umständen angemessene Handlungsweise entscheiden kann. Der Mensch wird damit in die Lage versetzt, in Übereinstimmung mit den wirkenden Kräften und Gegebenheiten seiner Umwelt und seiner Innenwelt zu handeln, anstatt sie zu übersehen oder gar gegen sie zu arbeiten. Er macht sie so zu Partnern, mit denen gemeinsam er seine Zukunft erschafft. Ein Seemann gebietet weder über den Wind noch vermag er die Strömungen des Meeres zu lenken; indem er geschickt auf sie eingeht, kann er ihre Kräfte jedoch für sich nutzbar machen.

Das I Ging zeigt uns, wie wir in Übereinstimmung mit den Kräften des Schicksals und der Wirklichkeit handeln können, denn in ihm sind die Wandlungsgesetze auf ebenso geniale wie einfache Weise formuliert. Das I Ging benötigt dazu nur einen durchgezogenen und einen unterbrochenen Strich, um die Polarität aller Phänomene darzustellen, sowie sechs Platzwerte, um ihre relative Stellen in der Zeit und ihre gegenseitige Bezogenheit im Raum darzustellen.

Wie die Erfindung des Dezimalsystems mit seinen Stellenwerten und die Einführung des Begriffes »Null« zu den wichtigsten Schritten in der Entwicklung der Mathematik zählten und zur Entdeckung neuer geistiger Dimensionen geführt haben, so wurde mit den Hexagrammen des *Buches der Wandlung* ein System von Symbolen geschaffen, mit dessen Hilfe sich unendlich vielfältige Kombinationen und Veränderungen ausdrücken und die ihnen innewohnenden Bewegungen und Wandlungstendenzen aufzeigen lassen, die praktisch alle Situationen des menschlichen Lebens abdekken. Wie die Symbole der Mathematik besitzen auch die Symbole des I Ging den Vorzug, von der Sprache unabhängig und damit universal gültig zu sein. Sie bilden ein stabiles Gerüst oder Skelett, um das herum das Fleisch eines an den Lebensvorgängen orientierten Denkens und einer schöpferischen intuitiven Schau Form angenommen hat. Im Laufe dieser Entwicklung entstand eine Symbolik von Begriffen, Gleichnissen und Bildern, die sich am kulturellen Genius und an der Welt des chinesischen Volkes (Landschaft, Flora, Fauna, Klima und jahreszeitlicher Rhythmus) orientierte. Da diese Symbolik in der chinesischen Sprache und in den Ideogrammen der chinesischen Schrift gewissermaßen wie in einem Heiligtum versiegelt ist, erschließt nur eine gründliche Kenntnis der chinesischen Sprache und Schrift die korrekte Interpretation der komplizierten Beziehungen und der tiefen Bedeutung der Symbole des *Buches der Wandlung*.

Niemand könnte in dieser Hinsicht qualifizierter sein als der Autor dieser neuen Übersetzung, der Chinesisch in Sprache und Schrift mit einer für Menschen des Westens seltenen Geläufigkeit beherrscht und der aus persönlicher Erfahrung gründlich mit allen Aspekten des chinesischen Lebens und der chinesischen Kultur vertraut ist. Diese Kenntnisse sind die Frucht aus zwanzig Jahren Leben und Arbeit in China. Der Autor hat sich nicht nur durch seine Bücher über Kultur und Spiritualität der Chinesen, sondern auch als Übersetzer klassischer Texte der chinesischen Zen-Literatur* bereits einen Namen gemacht.

Da er selbst tief im spirituellen Leben Chinas verwurzelt ist, vermochte er zu erkennen, von welch großer Bedeutung die rechte Einstellung zum und der richtige Umgang mit dem I Ging ist, wenn man es zum Zwecke einer Weissagung befragt oder sich in einer wichtigen Lebenssituation (und nur solche Situationen rechtfertigen den Gebrauch des Buches) Rat daraus holen will. Um dieses Anliegen des Autors zu verdeutlichen, möchte ich deshalb aus einem Brief zitieren, den er mir zu seiner I-Ging-Übersetzung schrieb: »Ich habe die rituell-religiöse Annäherungsweise an die Weissagung und ihre Interpretation besonders betont und aufgezeigt, daß dieser Prozeß eine der yogischen vergleichbaren Form der Meditation darstellt. Die weite Verbreitung des I Ging im Westen (in der Übersetzung Richard Wilhelms) und der Geist, in dem diese Übersetzung zumeist gebraucht wird – nämlich auf einer Ebene, die selten über die der Befragung irgendeines billigen Weissagebuches hinausgeht –, haben mich veranlaßt, eine Neuübersetzung in Angriff zu nehmen, welche so formuliert ist, daß die Benutzer erst dann etwas mit den Antworten anfangen können, *wenn sie sich sowohl der Befragung als auch der Interpretation in wahrhaft religiösem Geist nähern.*«

Allen Verehrern chinesischer Weisheit kann ich deshalb diese Neuübersetung eines der tiefgründigsten Bücher, die in der Frühzeit dieser alten Kultur verfaßt wurden, mit bestem Gewissen empfehlen.

* Huang-po: *Der Geist des Zen,* übers. u. hrsg. v. John Blofeld, Otto Wilhelm Barth Verlag, Neuausgabe 1983.

Einführung

Schon bald nachdem der wackere Antonius den die Sinne überfordernden Genüssen des ägyptischen Hofes erlegen war, haben wir Barbaren aus den Ländern am Rand des Westlichen Meeres begonnen, unsere Kinder mit Geschichten von den wunderbaren Schätzen des Ostens zu füttern. Allzuoft haben wir dabei jedoch nur an schwere Parfums, Seidenbrokat, Jadeschnitzereien, feine Porzellane, Damaszener-Klingen und prachtvoll gefaßte Steine gedacht. Zweifellos haben auch schon einige wenige unserer Vorfahren im Osten nach Schätzen des Geistes gesucht, aber erst Mitte unseres Jahrhunderts begann sich der Durst nach geistiger Erfrischung aus Quellen östlich des Sees Genezareth auch in breiteren Kreisen bemerkbar zu machen. Gruppen und Individuen, die sich darum bemühen, Lehren, welche aus Indien oder dem Fernen Osten zu uns gekommen sind, in die Praxis umzusetzen, gehören zu den neueren Erscheinungen im Rahmen der westlichen Gesellschaften. Im Vergleich zu den Massen von Asiaten, die sich nach Westen »orientieren«, um uns jene Geheimnisse abzuschauen, mit deren Hilfe sich die äußerlichen Kräfte der Natur nutzbar machen lassen, nimmt sich die Schar der westlichen Morgenlandfahrer noch recht bescheiden aus. Von der Notwendigkeit getrieben, Mittel gegen Epidemien, Analphabetentum, Armut und nackte Not zu finden, haben viele Asiaten ihre traditionelle Blickrichtung aufgegeben. Sie konzentrieren sich nun nicht mehr darauf, die Kräfte des eigenen Bewußtseins zu beherrschen, sondern wollen lernen, die äußeren Naturgewalten zu bändigen, um ihren Kindern das Leid zu ersparen, das ihnen davon droht. Dies ist nur zu verständlich, jedoch auch bedauerlich, wenn man um die Werte weiß, die sie dafür aufgeben. Andererseits ist es ermutigend zu sehen, daß sich ein stetig wachsender Strom von Menschen aus dem Westen ostwärts ergießt, auf der Suche nach einem, der sie lehren kann zu beherrschen, was in ihnen liegt. Und gleichzeitig, vielleicht durch ihre Suche begünstigt, machen sich weniger grundlegende und lebenswichtige Einflüsse Asiens in der westlichen Welt bemerkbar. Sie beeinflussen unsere Architektur und Innenarchitektur, die Gartenarchitektur, die Formen von Gebrauchsgegenständen, die Porzellanmuster und vor allem die Kochkunst.

Es kann wohl nicht ausbleiben, daß so mancher, dessen Interesse an Asien sich an diesen Einflüssen entzündet hat, früher oder später neugierig darauf wird, was sich wohl hinter der Fähigkeit verbirgt, etwa Felsen und Moose so zu arrangieren, daß man davon unwillkürlich tief innerlich berührt wird, oder was jenen Gemälden Leben und Bewegung schenkt, die nur mit einigen wenigen schwarzen Tuschestrichen gewissermaßen aufs Papier geworfen wurden. Wie wir schon aus den heutigen Verlagskatalogen ersehen können, sind viele unserer Zeitgenossen tiefer in die Kultur des Fernen Ostens vorgedrungen als jene Dilettanten des 18. Jahrhunderts, denen es genügte, ihre Kenntnisse von exotischem Nippes mit einigen Blüten aus der chinesischen Philosophie aufzuputzen. Inmitten jenes Durcheinanders von Modeerscheinungen in Literatur und Lebensstil schlägt etwas von der wirkenden Kraft der östlichen Spiritualität im Westen feste Wurzeln, einer Spiritualität, die sich in solch unterschiedlichen (und für uns exotischen) Formen wie dem Zen und anderen Disziplinen buddhistischer Bewußtseinsschulung, dem hinduistisch geprägten Yoga, dem tibetischen Tantrismus und der Sufi-Mystik manifestiert. Von denen, die sich auf einen solchen geistigen und spirituellen Schulungsweg begaben, sind mittlerweile zumindest einige so weit, weniger mit der Bewältigung und Beherrschung ihrer Umwelt beschäftigt zu sein, als vielmehr tief in ihrem eigenen Herzen den eigentlichen Sinn des Lebens zu suchen.

Auch wenn das kirchlich organisierte Christentum in vielen westlichen Ländern an Einfluß verliert, verfolgt uns auch heute noch eine von Christus selbst gestellte Frage: »Was nützte es dem Menschen, wenn er die ganze Welt gewönne und nähme doch Schaden an seiner Seele.« Das drohende Echo dieser unbequemen Frage ist eine Frage, die sich uns heute mit immer größerer Dringlichkeit stellt: »Was nützt es dem Menschen, in die tiefsten Geheimnisse des materiellen Universums einzudringen, wenn er seine Erkenntnisse dann zur Ausrottung aller Lebensformen auf unserer Erde benutzt?« Selbst wenn diese immer bedrohlicher werdende Gefahr nicht bestünde, würde uns unsere Voreingenommenheit für solche Beschäftigungen wie die Steigerung der Ernteerträge oder das Überbrücken von Flüssen auch weiterhin den schlimmsten Leiden hilflos ausliefern, denn diese Leiden betreffen weniger unsere physische Existenz als vielmehr unser Gemüt und unsere Gefühle. In der Tat fallen ja gerade solche Menschen, die wohlhabend genug sind, sich alle Mühsal vom Leibe zu halten, geistigen und seelischen Qualen anheim. Wäre einmal das Hauptziel, dem sich die meisten Nationen verschrieben haben – nämlich die vollständige Befriedigung der materiellen Bedürfnisse aller Bürger –, erreicht, so würde sich sehr bald herausstellen, daß dieser Triumph hinter unseren hochgespannten Erwartungen weit zurückbliebe. Natürlich muß der Kampf gegen Krankheiten, Hunger, Armut und Analphabetentum weitergehen, besonders in den vielen Ländern, in denen diese Probleme das Überleben in Frage stellen. Doch warum soll mit der Beherrschung der Außenwelt nicht auch die der Innenwelt einhergehen?

In den westlichen Sprachen sind bereits zahlreiche Übersetzungen östlicher Originaltexte erschienen, verfaßt von Autoren, die einen großen Teil ihres Lebens der Selbstüberwindung und Selbstfindung gewidmet haben. Das *Buch der Wandlung, I Ging* (Chin.: *I Ching*; Aussprache: I Dsching), macht solche Texte nicht entbehrlich – es hat eine ganz andere Funktion. Es ist jedoch insofern von unschätzbarem Wert, als es nicht nur ganz und gar von den höchsten geistigen Werten durchdrungen ist, sondern darüber hinaus jeden vernunftbegabten und nicht übermäßig ichbezogenen Menschen befähigt, den Gang der zukünftigen Entwicklung nicht nur vorauszusehen, sondern sogar zu *lenken*, wenn er nur einige wenige Bedingungen zu erfüllen gewillt ist! Wenn wir es richtig interpretieren und uns streng an die vom I Ging aufgezeigte universale Gesetzmäßigkeit halten, sind wir nicht weniger hellsichtig als die Götter. Obwohl es sich wegen seiner Eigenheiten und seines hohen Alters nicht gut zu flüssiger, schneller Lektüre hergibt, eignet es sich hervorragend dazu, die Gegenwart zu erhellen und die Zukunft – mit fast schon erschreckender Präzision – vorauszusagen! Wer gern mit den Gesetzen der Natur in Einklang leben möchte, sie jedoch durch direkte Beobachtung und Erfahrung nicht zu durchschauen und zu verstehen vermag, wird im I Ging einen unvergleichlichen Führer finden.

In China sowie in Japan, Korea und Vietnam, Ländern mit überwiegend durch chinesische Einflüsse geprägter Kultur, ist das *Buch der Wandlung* seit jeher in Gebrauch, in der Gegenwart nicht weniger als in ferner Vergangenheit. Konfutse schätzte es so sehr, daß er durch den häufigen Gebrauch die Lederriemen, die die Tafeln seiner Kopie des I Ging zusammenhielten, mehrfach durchscheuerte! Einmal rief er aus, hätte er noch fünfzig Jahre zu leben, er würde sie allein dem Studium des *Buches der Wandlung* widmen. In Japan basierte bis zum Beginn der Meji-Reformation vor etwas mehr als einhundert Jahren sogar das taktische Denken der Militärs auf einem Schema, das ganz von diesem außergewöhnlichen Buch beeinflußt war. Die *Encyclopaedia Britannica* erwähnt dies in dem leicht abschätzigen Tonfall, der typisch ist für westliche Gelehrte, die sich mit einer Sache konfrontiert sehen, welche über ihr Begriffsvermögen hinausgeht. Im gleichen Atemzug fügt sie jedoch hinzu, die Samurai (auf die sich die gesamte Passage bezieht) hätten eine der schlagkräftigsten Armeen gebildet, die die Welt jemals gesehen habe! Viele Japaner glauben auch heute noch, die zahlreichen anfänglichen Siege in den Seeschlachten des Pazifikkrieges seien größtenteils der Tatsache zu verdanken gewesen, daß für die höheren Offiziersränge der japanischen Armee die Lektüre der auf dem I Ging aufbauenden Lehrbücher der Strategie Pflichtlektüre waren. Einer meiner japanischen Freunde bemerkte dazu einmal verbittert: »Hätten sich die Leute im Oberkommando nicht zu ›aufgeklärt‹ gefühlt, das *Buch der Wandlung* zu konsultieren, diese gewaltigen Siege wären nicht einfach verschenkt worden.«

Ich möchte bezweifeln, daß irgend jemand im China Mao Tsetungs dazu ermutigt wurde, das I Ging zu lesen, es sei denn im Rahmen des Studiums alter Literatur, aber ich wäre trotzdem nicht besonders überrascht zu hören, die Strategie seiner Generäle sei davon inspiriert gewesen. Die Bewegungen der chinesischen Armee in den Jahren 1962 und 1963 entlang der indischen Grenzen erinnert sehr stark an die Lehren, die Strategen aus dem I Ging ziehen. Auch in den japanischen Universitäten hat es noch immer den ihm von alters her gebührenden Platz inne. In den Ländern des Fernen Ostens hat es in allen Bevölkerungsschichten auch heute unzählige Verfechter und Bewunderer.

Mit meiner hier vorliegenden Neuübersetzung dieses Werkes wollte ich eine Version schaffen, die in möglichst einfacher Sprache gehalten und mit einer klaren Anleitung zu seinem Gebrauch versehen sein sollte. Jeder des Chinesischen Unkundige sollte sie als Leitfaden dazu benutzen können, das Richtige zu tun und Fehler zu vermeiden, vorausgesetzt natürlich, er geht dabei aufrichtig und vernünftig vor. Es muß einmal klar und deutlich gesagt werden: Das I Ging ist nicht eines jener billigen Wahrsagebücher, die uns zukünftige Ereignisse voraussagen und uns nichts anderes übriglassen, als geduldig auf ihr Eintreten zu warten. Seine Autoren betrachteten die Einzelheiten der Zukunft nicht als unwandelbar, sondern sahen vielmehr, daß sie sich in Übereinstimmung mit bestimmten Kräften und Tendenzen entwickeln. Das I Ging macht also keine endgültigen, schicksalhaften Prophezeiungen, sondern gibt uns Ratschläge und Fingerzeige, die auf einer Analyse des Zusammenspiels der Kräfte des Universums beruhen. Es sagt uns nicht, *was geschehen wird*, sondern *was wir tun sollten*, um mit einer gegebenen Situation in Einklang handeln oder dafür Vorsorge treffen zu können. Es macht uns zu den Baumeistern unserer eigenen Zukunft, hilft uns, Katastrophen zu vermeiden oder zumindest in Grenzen zu halten, und lehrt uns, wie wir aus jeder noch so unangenehmen Situation Nutzen ziehen können. Es ist ein Buch für jene, die das Gute und Wahre höher schätzen als Gewinn um jeden Preis. Es wird uns also zum Beispiel nicht dabei helfen, reich zu werden und unseren Gegnern zu schaden (es sei denn, sie schaden dem Allgemeinwohl), aber es wird uns helfen, aus unserem Leben das Beste zu machen und mit den gegebenen Umständen – was immer diese auch sein mögen – in harmonischer Übereinstimmung leben zu können.

Die Übersetzung Richard Wilhelms ist schon lange in deutscher und englischer Sprache greifbar. Meine Version will sie weder kopieren noch mit ihr konkurrieren – sie soll einem anderen Zweck dienen. Sie ist nicht nur kürzer und einfacher, sondern unterscheidet sich auch in anderer Hinsicht von der Übersetzung Richard Wilhelms. Zum einen beschränke ich mich bei meinen einführenden Erklärungen auf einen einzigen der vielen Aspekte des chinesischen Originals; sie nehmen sich also recht bescheiden aus. Wo sich Richard Wilhelms Version bis zu einem gewissen Grad als ein Lehrbuch versteht, welches die Entwicklung der Formulierungen des Textes aus den symbolischen Diagrammen, auf die sie sich beziehen, aufzuzeigen versucht, richte ich das Hauptaugenmerk auf den Aspekt des Orakelnehmens. Ich tue dies nicht, weil er unbedingt der wichtigste Aspekt wäre, sondern eher, weil die tieferen Aspekte des I Ging so tiefgründig sind, daß – vorausgesetzt ich wäre überhaupt qualifiziert genug, mich mit ihnen zu befassen – eintausend bis zweitausend Seiten zu füllen wären, um ihnen wirklich Gerechtigkeit widerfahren zu lassen. Die chinesischen Gelehrten haben nicht umsonst vermieden, das Terrain zu betreten, auf das Richard Wilhelm sich vorgewagt hat. Wie sie bin auch ich der Meinung, daß Richard Wilhelm über einige Aspekte des *Buches der Wandlung* sehr viel mehr hätte aussagen sollen – oder er hätte sie gänzlich unerwähnt lassen müssen. Seine Arbeit enthält genug Material, um unsere Neugierde zu wecken, doch nicht genug, sie auch zu stillen.

Ein weiterer Unterschied zwischen den beiden Versionen besteht darin, daß meine Übersetzung gewöhnlich einen Sinn ergibt, wohingegen Wilhelms Übersetzung an vielen Stellen unverständlich bleibt. (Einige aufs Geratewohl herausgegriffene Beispiele: »Es mehrt ihn wohl jemand. Zehn Paar Schildkröten können dem nicht widerstreben.« – »Der Geringe mausert sich im Gesicht.« – »Lachende Worte: Ha, Ha! Nachher hat man eine Regel.« – »Das Gestrüpp ist von solcher Fülle, daß man am Mittag die kleinen Sterne sieht.« – »Befreie Dich von Deiner Großen Zehe.« – »Der Weg des Holzes schafft Erfolg.«) Diese geheimnisvoll klingenden Passagen sind wahrscheinlich teilweise auf das Bestreben des Übersetzers zurückzuführen, so nah wie möglich am Original zu bleiben, teilweise aber auch auf schlichtes Unverständnis des Textes. So seltsam es jedoch anmuten mag, mein Vermeiden gänzlich sinnloser Sätze ist nicht nur ein Vorteil. Abgesehen davon, daß so mancher jene ungewöhnlichen Textpassagen in der Wilhelmschen Übersetzung für ein Wahrsagebuch sicherlich angemessen finden und sie ganz in der Tradition der sibyllinischen Sprüche von Orakeln in anderen Teilen der Welt sehen mag, bleibt noch ein weitaus wichtigerer Faktor zu beachten, nämlich die außerordentliche Knappheit des chinesischen Originals. Der Text ist derart verdichtet, daß an vielen Stellen eine Anzahl inhaltlich sehr verschiedener Übersetzungen möglich ist. So ist es auch nicht unwahrscheinlich, daß bei einigen Textstellen ganz bewußt mehrere Bedeutungen impliziert wurden. Da der chinesische Text außerdem kaum Pronomina enthält, habe ich den Sinngehalt schon allein dadurch künstlich beschränkt, daß ich sie den Regeln unserer Sprache entsprechend in meine Übersetzung willkürlich eingesetzt habe. Jeder, der meine Übersetzung zu einer Befragung des I Ging heranzieht, sollte dabei bedenken, daß – nur um ein Beispiel zu geben – der Ausspruch »Zehn Jahre führt er keine nützliche Tätigkeit aus« auch bedeuten kann: »Zehn Jahre führe (führst, führt, führen) ich (du, sie, wir, ihr, sie) keine nützliche Tätigkeit aus – bzw. habe (hat, haben) ausgeführt; werde (wird, werden) ausführen.« Ja, er kann auch bedeuten: »Zehn Jahre konnte(n), (kann, können; werde[n] können) ich (du, er, sie, wir, ihr, sie) keine nützliche (sinnvolle) Tätigkeit finden.« In anderen chinesischen Texten geht meist aus dem Sinnzusammenhang hervor, welche Pronomina und welches Tempus zu wählen sind. Im I Ging jedoch stehen viele Sätze völlig isoliert, ohne den Zusammenhang, der uns bei der Interpretation weiterhelfen könnte. In dem Teil, den ich als Text bezeichne, habe ich willkürlich das Personalpronomen »er« verwandt, wohingegen ich im dazugehörigen Kommentar dem »wir« den Vorzug gegeben habe. Ich bin damit der Vorstellung gefolgt, daß der Text uns eine kleine Geschichte mit symbolischem Gehalt erzählt und der Kommentar diese Geschichte zu unserer eigenen Lage in Beziehung setzt. Ich glaube, daß die meisten Kenner des chinesischen Originals dieses Vorgehen durch die Intention der Schöpfer des I Ging gerechtfertigt wissen. Eine weitere Schwierigkeit ist die Unbestimmtheit der Begriffe – zum Beispiel das »Schlechte«. Damit können »schlechte Menschen« oder »Missetaten« usw. gemeint sein.

Wenn ich auch manche Einwände gegen die Wilhelmsche Übersetzung habe, gebe ich doch gern zu, daß ich ihr viel verdanke. Ich bin ihr zwar kaum gefolgt, ausgenommen an Stellen, an denen sie ganz offensichtlich den chinesischen Text optimal wiedergibt, doch habe ich ihr einen guten Teil des von mir benutzten Vokabulars zu verdanken. Dies gilt besonders für die Namen vieler Hexagramme und natürlich für die Begriffe »Hexagramm« und »Trigramm« selbst, die die chinesische Bezeichnung *Kua* – gleichlautend für *Kua* aus drei und sechs Strichen – treffend differenzieren.

Alle in Klammern stehenden Wörter habe ich selbst hinzugefügt – entweder als zusätzliche Erklärung oder als Ausdruck einer meiner Meinung nach im Text implizit enthaltenen Bedeutung. An einigen Stellen jedoch, wo die Übersetzung des chinesischen Textes zusätzliche Wörter geradezu erfordert – aus stilistischen und grammatischen Gründen –, habe ich auf Klammern verzichtet. Erklärungen zur Struktur der Hexagramme habe ich ebenfalls in Klammern gesetzt. »Der fünfte Strich ist zentral (für das obere Trigramm)« enthält eine Erklärung, derer der chinesische Leser nicht, der westliche, mit diesem Werk nicht vertraute Leser aber wohl bedarf.

Ich kann mich nicht an allen Stellen für die Richtigkeit meiner Übersetzung verbürgen. Aus den verschiedenen chinesischen Versionen, die ich besitze, wird deutlich, daß selbst die berufenen chinesischen Kommentatoren zu den schwierigen Passagen des *Buches der Wandlung* sehr unterschiedliche und zum Teil widersprüchliche Erklärungen abgeben. Ich kann nicht mehr tun als dem Leser versichern, daß meine Wiedergabe der dunklen und unergründlichen Textstellen einen achtbaren und vertretbaren Versuch darstellt, den auch ein chinesischer Experte nur schwer völlig zu widerlegen vermöchte. Darüber hinaus habe ich meine Übersetzung aller Texte und Kommentare, sowohl zu den Hexagrammen als auch zu den einzelnen Linien, an einen chinesischen Freund, K. S. Fung, nach Hongkong geschickt. K. S. Fung ist Kenner des I

Ging und mit der englischen Sprache vertraut. Er hat die Übersetzung auf Herz und Nieren geprüft. Da er vor dem I Ging eine tiefe Achtung empfindet, wollte er sich nicht auf sein eigenes Verständnis allein verlassen und sandte das Manuskript seinerseits an Professor Chan Charm Chuen sowie an Ngan Shin Tung und Wong Shin Tsang.* Es braucht wohl kaum ausdrücklich erwähnt zu werden, daß sie in meinem ursprünglichen Manuskript eine ganze Menge Fehler entdeckten. Da ich ihre Verbesserungen in die endgültige Fassung eingearbeitet habe, bleibt zu hoffen, daß – wenn überhaupt – nur noch sehr wenige schwerwiegende Fehler übriggeblieben sind. Da die westlichen Sprachen jedoch wesentlich weniger knapp und vieldeutig sind als das Chinesische, ist es mir sicherlich an manchen Stellen nicht gelungen, die *ganze* Bedeutung des Originals zu vermitteln. Meine Version gibt die Wahrheit zwar getreulich wieder, aber vielleicht nicht die ganze Wahrheit. Ich habe Chinesisch während meines langen Aufenthalts in China und durch den unmittelbaren Kontakt mit dem chinesischen Volk gelernt. Das ist in vieler Hinsicht für mich persönlich und für meine Kenntnisse des Chinesischen äußerst fruchtbar gewesen. Der Stil des I Ging ist jedoch derart archaisch, daß ich nicht umhinkam, den Mangel einer akademischen Ausbildung unter einem Sinologen von der Qualität eines Arthur Waley zu bedauern. Eine solche Ausbildung hätte mich möglicherweise in die Lage versetzt, die Bedeutung zu bestimmen, die jedes Zeichen während der Entstehungszeit des I Ging besaß. Sollte meine Wiedergabe Fehler enthalten, die den Sinologen nur ein Lächeln entlocken können, dann hoffe ich, es möge ein wohlwollendes und verständnisvolles Lächeln sein.

John Blofeld
Sala Santitham, Bangkok

* Für meine erklärenden Anmerkungen, die diese Herren noch nicht gesehen haben, sind sie nicht verantwortlich.

Erster Teil:

DER UMGANG MIT DEM I GING – BEFRAGUNG UND INTERPRETATION DES ORAKELS

1. Eine Annäherung an das I Ging

Es ist noch nicht sehr lange her, daß sich asiatische Wissenschaftler in größerem Umfang für die materiellen Wissenschaften zu interessieren begannen, die vor allem in den Ländern der westlichen Hemisphäre das Leben – zum Guten wie zum Schlechten – umwälzend verändert haben. Früher waren Asiens Denker vornehmlich mit der Suche nach dem Sinn des Lebens beschäftigt (oder doch zumindest nach der eigentlichen Bestimmung des Menschen) und damit, diese fundamentale Erkenntnis in den Dienst der Selbstverwirklichung und Selbstüberwindung zu stellen. Das chinesische *Buch der Wandlung* ist eine der wertvollsten – wenn auch keineswegs verständlichsten – Hilfen, die rhythmischen Prozesse und Muster des Lebens zu verstehen, um den Menschen dadurch zu harmonischer Übereinstimmung mit ihnen zurückfinden zu lassen. Über die Frage nach Autorenschaft und Entstehungsdatum, der im Westen wesentlich mehr Bedeutung beigemessen wird als in Asien, gehen die Meinungen auseinander. Schon Konfutse – er lebte vor etwa zweitausendfünfhundert Jahren – betrachtete es als ein uraltes Werk, und man kann als gesichert annehmen, daß zumindest einige Partien des I Ging gut dreitausend Jahre alt sind. Es muß also eines der ältesten existierenden Bücher sein. Als Autoren des Kerntextes werden König Wên (etwa 1150 v. Chr.) und sein Sohn, der Herzog von Chou, genannt. Der Kommentar, jetzt ein integraler Bestandteil des Buches, wird Konfutse und seinen Schülern zugeschrieben. Diese Zuschreibungen lassen sich weder endgültig beweisen noch widerlegen. Wir können nicht mehr sagen, als daß das Buch sicherlich sehr alt ist und daß, wie die neuesten Forschungsergebnisse beweisen, die Chinesen selbst bei Datierungen ihrer alten Werke häufiger recht haben, als westliche Sinologen bisher glauben wollten. Wie dem auch sein mag, mir scheinen diese Fragen ohnehin nur von akademischem Interesse zu sein. Was mich am *Buch der Wandlung* so ungemein fasziniert, ist die Tatsache, daß es durch seine Antworten alle Zweifel hinsichtlich seines Wertes als Wahrsagebuch beseitigt, wenn man es nur in angemessener Weise auf die Probe stellt.

Meine Bezeichnung *Buch der Wandlung* – anstelle der gewohnten Pluralform *Buch der Wandlungen* – stellt eine Neuerung dar. Der chinesischen Sprache sind Komplikationen wie Numerus, Genus usw. freilich unbekannt, so daß beide Übersetzungen ihre Gültigkeit haben. Meine Wahl des Singulars beruht auf der Überzeugung, daß die chinesischen Autoren diesen Titel wählten, weil sie damit ihre Vorstellung von der Wandlung als der einzigen unwandelbaren Erscheinung des dem Menschen unter normalen Bedingungen wahrnehmbaren Universums zum Ausdruck bringen wollten. In diesem universellen Zusammenhang sind die einzelnen individuellen Wandlungen verhältnismäßig unbedeutend. Die Tatsache der Wandlung selbst, der Wandlungsprozeß, soll hervorgehoben werden.

Ganz gleich, ob wir das I Ging als Wahrsagebuch oder zum Studium der in ihm enthaltenen Grundprinzipien benutzen, es wird, wenn wir uns ganz von seinen Lehren leiten lassen, unser Leben bereichern, uns manche Ängste nehmen und uns für unsere Mitmenschen zu wohlwollenden und vielleicht sogar hilfreichen Gefährten und für uns selbst zu angenehmen Lebensbegleitern werden lassen. Es ist eine Quelle innerer Harmonie und bringt uns mit jenen Mächten in Verbindung, durch deren Wechselspiel alle sichtbaren und unsichtbaren Welten entstehen – mit Ausnahme des *T'ai Chi*, des Absoluten, das deren Urgrund ist. Es stellt uns das großartige Ideal des *Chüntzû*, des Edlen Menschen vor Augen, der vollkommen selbstdiszipliniert und selbstgenügsam ist, frei von allen selbstsüchtigen Zielen und fähig, fest und gelassen mitten im Wirbel widerstreitender Kräfte zu stehen, die den Geringen wie ein Blatt im Wind hin und her werfen, ungeachtet seiner Tränen und Schmerzensschreie. Heiter, von Gewinn oder Verlust unberührt, handelt er energisch, wenn es zu handeln gilt, und vermag – was noch wesentlich schwieriger ist – sich zurückzuhalten, wenn es besser ist, die Dinge auf sich beruhen zu lassen. Sich in alles fügend, in das er sich fügen kann, weiß er sich zurückzuhalten, anstatt seine Kräfte dabei zu vergeuden, das Unmögliche zu versuchen. Er ist gern bereit, die Freuden eines guten Mahles und eines guten Tropfens, seine Ruhe oder eine lange Reise zu genießen, und er ist gleichzeitig fähig, sich mit Anstrengungen, Schmerz, Invalidität, Einsamkeit, Krankheit oder Tod ohne Murren auseinanderzusetzen. In seiner Person vereinigen sich Mitgefühl und geduldiges Hinnehmen. Narren werden ihn für einen noch größeren Narren halten als sich selbst. Die Einsichtigen werden in ihm den unvergleichlichen Weisen erkennen. (Zen-Schüler, die wissen, woran sie einen vollendeten Lehrer erkennen, erkennen den *Chüntzû* sofort, wenn sie ihm begegnen. Aber selbstverständlich kann ihn auch jeder andere, der ein offenes Auge hat, erkennen.)

Das *Buch der Wandlung* wird seit mehr als zweitausend Jahren mehr oder weniger in der Form, die es heute besitzt, als Orakel-Text benutzt, und es ist wahrscheinlich auch schon sehr viel früher in einer älteren und kürzeren Form in Gebrauch gewesen. Wahrscheinlich wird diese offensichtlich okkulte Seite des *Buches der Wandlung*, die die Chinesen als selbstverständlich hinnehmen, bei Menschen aus dem Okzident, besonders jenen, die es noch nie einer ernsthaften Prüfung unterzogen haben, nur Unglauben und spöttische Geringschätzung hervorrufen. Auch mir ist kein anderes Mittel in die Hände gegeben, mögliche Skeptiker zu überzeugen, als sie dazu aufzufordern, die Macht dieses Buches ernsthaft auf die Probe zu stellen – doch macht ihre Einstellung dies praktisch unmöglich. Zu einer korrekten Auslegung der Orakel gehört nämlich eine bestimmte Geisteshaltung, ein auf tiefem Vertrauen beruhender Respekt – auch hierbei befinden sich die Zen-Schüler wieder im Vorteil. Meine eigene Erfahrung hat mich gelehrt, daß die Orakel unfehlbar sind, wenn sie aus lauteren Motiven gesucht und richtig gedeutet werden. Alles wird eintreffen wie vorausgesehen, wenn man sich an die von ihnen gegebenen Fingerzeige hält.

Der weltberühmte Psychologe C. G. Jung – es ist eine wahre Freude, sein erhellendes Vorwort zu der englischen Ausgabe der Fassung Richard Wilhelms zu lesen – besaß den Mut, den Hohn und die Geringschätzung anderer Wissenschaftler herauszufordern, indem er öffentlich bekundete, er glaube an die Voraussagen des I Ging. Er ging so weit, daß er aufzuzeigen versuchte, warum sie stimmen. Wenn ich sie richtig verstehe, geht seine Beweisführung von der Annahme aus, daß jedes momentane Geschehen mit der gegebenen Gesamtsituation verknüpft ist. Deswegen wären nicht einmal die Ergebnisse des (meiner Meinung nach) ziemlich unzureichenden Münzorakels anzuzweifeln: Die Münzen werden fallen, wie es die vorherrschende Situation bestimmt. Jung spricht in diesem Zusammenhang auch von der »Erforschung des Unbewußten«. Damit will er wohl andeuten, daß die Funktion des I Ging darin besteht, aus dem Unbewußten Inhalte ins Bewußtsein zu heben, die zum richtigen Verständnis des gestellten Problems und seiner Lösung notwendig sind. Ich muß gestehen, daß ich diese Erklärung, so sehr ich C. G. Jung auch sonst bewundere, nicht hinnehmen kann – vielleicht weil ich sie nicht vollkommen verstanden habe. Mir scheint diese Argumentation zugunsten des

Münzorakels nicht ganz stichhaltig. Zwar ist es unbestreitbar, daß alles, was in einem bestimmten Augenblick geschieht, eng mit der vorherrschenden Gesamtsituation verbunden ist. Das I Ging erteilt jedoch *unabhängig* vom Zeitpunkt der Befragung auf alle Fragen gleichermaßen sinnvolle Antworten. Wenn ich also danach frage, wie es dem Staat Nigeria in den Jahren 1980 bis 1990 ergehen wird, so wird die korrekte Voraussage kaum davon abhängen, ob ich die Frage am 24. Dezember 1978 um 10 Uhr morgens oder am 17. Januar 1979 um 7 abends stelle. Wäre Professor Jung noch am Leben, würde er mir diesen Punkt sicherlich zufriedenstellend erläutern können. Da er nicht mehr lebt, muß dieser Punkt ungeklärt bleiben. Jedenfalls ist es schon ein aufschlußreiches Faktum, daß eine so bedeutende Persönlichkeit wie Professor Jung, der im übrigen wissenschaftlicher Methodik großen Wert beimaß, offen die Weissagekraft des I Ging bezeugte. Durch seine Bereitschaft, lieber seinen Ruf als Wissenschaftler aufs Spiel zu setzen als zu unterdrücken und unausgesprochen zu lassen, was ihm wahr erschien, lieferte er den Beweis seiner wissenschaftlichen Integrität.

Wie C. G. Jung, so war auch ich bei der ersten Begegnung mit dem I Ging über das besondere Gefühl erstaunt, das bei meinen Befragungen des Buches entstand. Es war das Gefühl, daß meine Frage aufgenommen wurde wie von einem *bewußten Lebewesen* – einem Wesen, das sich aller Faktoren, die in Frage und Antwort mitschwingen – auch der unausgesprochenen – voll bewußt war. Dieses Gefühl war zunächst beinahe erschreckend, und selbst heute noch bin ich geneigt, das Buch so zu behandeln, als wäre es ein sensibles Wesen, befähigt, auf respektlose Behandlung verletzlich zu reagieren!

Ich kann nicht erklären, wie es dem *Buch der Wandlung* gelingt, Antworten zu geben, die eine solche, schon unheimlich zu nennende Wirkung hervorrufen. Mehrere Erklärungen mögen der Wahrheit ebenso nahekommen wie etwa die Aussagen mehrerer Zeugen, die denselben Verkehrsunfall aus verschiedenen Perspektiven beobachtet haben. Sucht man die Quelle der Wirksamkeit des Orakels in den tieferen Bewußtseinsschichten des Fragenden oder im Unbewußten (welches wahrscheinlich universell und damit gemeinsames Gut aller Menschen ist), im Einen-Geist (des Zen), in Gott oder in einer bestimmten Gottheit, in den Göttern oder im Absoluten der Philosophen, so bin ich bereit, jeder dieser Vermutungen zuzustimmen, sind doch die meisten dieser Begriffe nur ungenaue Beschreibungen einer einzigen unbekannten und nicht zu erkennenden allgewaltigen Wirklichkeit. Anstatt mich um eine eigene Erklärung zu bemühen, halte ich mich an die Aussage zweier passender Sprichwörter – Laotses »Wer weiß, redet nicht. Wer redet, weiß nicht« und die alte Binsenwahrheit »Probieren geht über Studieren«. Mit anderen Worten, ich bin mit den durch den Gebrauch des I Ging erzielten Ergebnissen völlig zufrieden, erdreiste mich jedoch nicht, den erhabenen Vorgang erklären zu wollen, der zu diesen Ergebnissen führt.

Ich hatte schon viele Jahre in China gelebt und bescheidene Kenntnisse in den klassischen buddhistischen Schriften und ein noch wesentlich bescheideneres Wissen um die taoistische Literatur erworben, bevor ich überhaupt begann, mich für das I Ging zu interessieren. Die ungeheuren Schwierigkeiten des chinesischen Originals waren sicherlich einer der Hauptgründe für dieses verspätete Interesse, denn der Text gibt so viele Probleme auf, daß er jedem, der sich nicht darauf spezialisiert hat, größtenteils unverständlich bleiben muß. Mein Interesse wurde schließlich dadurch geweckt, daß ich im Laufe der Zeit bemerkte, wie viele chinesische Gelehrte unterschiedlichster Fachrichtungen – das Spektrum ihrer geistigen Ausrichtung erstreckte sich von Laotse über Konfutse bis Karl Marx – vom *Buch der Wandlung* nur mit dem höchsten Respekt sprachen und mir zu verstehen gaben, daß sie mir wesentlich mehr darüber zu erzählen hätten, wenn ich sie nur von der Echtheit meines Interesses überzeugen könnte. Zu guter Letzt erstand ich mehrere Ausgaben des chinesischen Originaltextes und die englische Version der Übersetzung Richard Wilhelms. Erstere legte ich bald beiseite, denn sie überstiegen mein damaliges Begriffsvermögen beträchtlich, und letztere stopfte ich, ohne viel darin gelesen zu haben, aus mir unerklärlichen Gründen zu zahlreichen anderen Büchern in einen Schrank. Dann kamen die kommunistische Revolution und mein Abschied von China – vielleicht ein Abschied für immer. Durch einen merkwürdigen Zufall gelangte die Wilhelmsche Übersetzung in die Kiste mit den verhältnismäßig wenigen Büchern, die ich bei meiner Abreise mitnehmen wollte.

Erst viel später, ich hatte bereits mehr als zehn Jahre in Südostasien gelebt, veranlaßte mich eine beiläufige Bemerkung dazu, das Buch gründlicher zu studieren und mich in der Orakelbefragung zu versuchen. Mein erster Versuch versetzte mich in ein an Erschrecken grenzendes Erstaunen, so stark war das Gefühl, von einem lebendigen, atmenden Wesen eine Antwort auf meine Frage erhalten zu haben. Auch danach habe ich das Buch niemals zu Rate gezogen, ohne ein wenig von diesem Erstaunen, dieser Ehrfurcht zu spüren, auch wenn es jetzt mehr von freudiger Erregung als von

Schrecken begleitet war. Natürlich will ich damit nicht behaupten, daß die mit schwarzen Buchstaben bedruckten weißen Seiten gewissermaßen ein »spirituell entwickeltes Lebewesen« beherbergen würden. Ich bin hier nur deswegen auf die erstaunliche Wirkung der Orakel eingegangen, weil ich betonen wollte, wie außerordentlich zutreffend und sozusagen persönlich die Antworten in den meisten Fällen sind. Und trotzdem: Würde man mich dazu auffordern, mit aller Bestimmtheit zu sagen, die bedruckten Seiten enthielten *kein* »spirituell entwickeltes Lebewesen« oder würden uns *nicht* mit einem sehr geheimnisvollen Vorgang in Berührung bringen, ich würde wohl ebenso zögern, wie ich zögere, das Gegenteil zu behaupten.

Um diese Haltung ein wenig näher zu erklären, möchte ich Ihnen drei Beispiele von Antworten des I Ging auf meine Fragen geben. Das erste Beispiel illustriert den Fall einer sorgfältig formulierten und treffend beantworteten Frage, wohingegen die anderen beiden zeigen, wie sich das *Buch der Wandlung* mit Humor dagegen wehrt, unangemessene oder unangemessen gestellte Fragen zu beantworten.

Mein Interesse am I Ging erwachte vollkommen etwa gegen Ende des Jahres 1962, ungefähr zu der Zeit, als die Spannungen zwischen Indien und der Volksrepublik China in den tibetischen Grenzgebieten wuchsen und in offene Feindseligkeit übergingen. Bald darauf prophezeiten die Zeitungen in Bangkok (meiner Wahlheimat), daß die chinesischen Armeen ihren schnellen Vormarsch fortsetzen, über das indische Tiefland herfallen und vielleicht einige wichtige Städte besetzen würden, bevor befreundete Nationen zur Verteidigung Indiens bereit sein könnten. Keine der Zeitungen, die mir in die Hände kamen, vertrat eine gegenteilige Ansicht. Da ich sowohl in China als auch in Indien sehr glücklich gewesen war und für beide Völker aufrichtige Zuneigung hegte, war ich tief beunruhigt. Schließlich wandte ich mich im Geiste ernsthaften Befragens an das *Buch der Wandlung*. Die Antwort fiel so ganz anders aus als die Vorhersagen und Meinungen der Leute, daß ich mich entschloß, sie aufzuschreiben. Ich habe diese Aufzeichnung zwar nicht mehr zur Hand, doch wenn ich mich recht erinnere, sah meine Interpretation, obgleich sie wesentlich länger und detaillierter war und sich eng an den Wortlaut des Buches hielt, etwa folgendermaßen aus: Eine Armee in den Bergen (die Chinesen) blickt auf eine sumpfige Ebene (Indien) herab. Wenn ihre Befehlshaber klug sind, dann stoppen sie ihren Angriff in dem Moment, in dem alles zu ihren Gunsten steht, unterlassen weiteres Vordringen und ziehen sich sogar an einigen Stellen zurück. Eine oder zwei Wochen später geschah genau dies. Mehr noch, das I Ging begründete seinen Rat damit, daß die Nachschublinien der Armee schon jetzt zu lang seien, um sich der eigenen Position noch sicher sein zu können, und daß der Gegner (Indien) von befreundeten Nationen wahrscheinlich mächtige Unterstützung erhalten würde. Auf die Dauer würde das moralische Prestige, welches zweifellos dadurch gewonnen wurde, daß man den Vormarsch gestoppt hatte, bevor die Notwendigkeit dafür jedermann offensichtlich geworden war, mehr wert sein als neue militärische Erfolge. Das Buch nannte noch mehrere andere Gründe, an die ich mich jetzt nicht mehr erinnern kann. Ich weiß aber noch sehr genau, daß sie alle in den Zeitungskommentaren auftauchten, die das unerwartete Verhalten der Chinesen erklärten, und sehe noch lebhaft das Erstaunen meiner Freunde, als ich ihnen meine Aufzeichnungen zeigte, die vor dem Erscheinen dieser Zeitungskommentare niedergeschrieben worden waren. Nun kann man natürlich einwenden, daß die Richtigkeit der Antwort zum großen Teil auf meiner Auslegung des eigentlichen Wortlautes der beiden Hexagramme und der zwei Wandlungsstriche des ersten Hexagramms beruht habe. Da ich jedoch nicht im geringsten an ein Einhalten der Chinesen geglaubt und mir auch keine Gedanken darüber gemacht hatte, welche möglichen Gründe dafür sprechen würden, ist es nur schwer zu begreifen, wie ich mich selbst mit einer Autosuggestion genasführt haben sollte.

Im folgenden möchte ich nun aus dem Gedächtnis den Weg rekonstruieren, über den ich zu meinen Schlußfolgerungen gelangt war. Als Antwort auf meine Frage erhielt ich das Hexagramm 48 mit Wandlungsstrichen auf dem ersten und zweiten Platz. Durch die Wandlungslinien (d. h. die Verkehrung der ersten beiden Striche in ihr Gegenteil) entsteht Hexagramm 63.

Hexagramm 48 versinnbildlicht einen Brunnen. Da mir das indisch-tibetische Grenzgebiet, wo der mächtige Himalaja steil zur nordindischen Tiefebene abfällt, von Reisen her bekannt war, mußte ich Indien spontan mit dem Brunnen gleichsetzen. Die Chinesen standen oben am Brunnenrand und blickten in ihn hinab. Von den beiden Trigrammen bedeutet das eine u. a. »das Sanfte«, »das Leichte« und das andere »Wasser«. Das Wasser, der Inhalt des Brunnens, setzte ich mit dem indischen Volk gleich, und davon ausgehend fiel es mir nicht mehr schwer, im Leichten oder Sanften seine Politik der erklärten Gewaltlosigkeit und Neutralität zu erkennen. Die Bedeutung der beiden Trigramme überzeugte mich also von der Richtigkeit meiner Annahme, Indien (das ganze indische Kernland mit Ausnahme der Grenzgebiete im Himalaja) mit dem Brunnen gleichzusetzen. Der diesem Hexagramm beigefügte Text enthält drei Gedanken, die auf die Situation zu passen schienen. Der Brunnen, der nicht zunehmen und nicht abnehmen wird, deutete an, daß Indien kein Land südlich der gebirgigen Grenzgebiete verlieren würde. Das zu kurze Seil besagte, daß die Chinesen ihre Nachschublinien nicht gefahrlos strecken könnten. Täten sie dies, würde »ihr Eimer zerbrechen«: Sie würden eine ernsthafte oder gar vernichtende Niederlage hinnehmen müssen.

Als nächstes untersuchte ich den Text und die Kommentare zu den beiden Wandlungsstrichen auf dem ersten und zweiten Platz des Hexagramms. Der Kommentar zum ersten Wandlungsstrich legte nahe, daß ein weiterer chinesischer Vormarsch nicht erfolgreich sein würde und daß für einen klugen, umsichtigen Befehlshaber der Zeitpunkt gekommen sei »aufzugeben«, d.h. den Vormarsch zu stoppen und sich vielleicht sogar aus einigen Positionen zurückzuziehen. Der Kommentar zum zweiten Wandlungsstrich deutete an, daß es zusätzlich zu den bereits erwähnten taktischen Gründen auch noch strategische und politische Gründe für ein Einhalten gebe. China würde in diesem Konflikt unmöglich die Zustimmung anderer Länder gewinnen können, ganz gleich, ob sie zum gegnerischen Lager zu zählen, befreundet oder neutral waren.

Der Text und der Kommentar zu Hexagramm 63 bekräftigten meine bisherigen Schlußfolgerungen. »Gelingen im Kleinen« schien mir zu besagen, daß die Chinesen ihre lokal begrenzten Gebietsgewinne im Himalaja nicht einbüßen würden. Die Aussicht auf Belohnung für das Beharren auf *rechtlich* vertretbaren Positionen erschien mir rätselhaft, bis mir einfiel, daß die Chinesen die McMahon-Linie niemals anerkannt hatten. Sie konnten argumentieren (und sicherlich waren sie auch fest davon überzeugt), daß sie einen rechtmäßigen Anspruch auf jene Gebiete hätten, die frühere chinesische Regierungen ebenfalls beansprucht hatten. Ein Vorstoß in die indische Tiefebene (d.h. in den Brunnen hinein) hingegen würde kaum den Schutz der Legalität genießen. Der letzte Satz des Hauptkommentars zu diesem Hexagramm lautet: »Der Anfang ist zweifellos glücklich, aber schließlich kommen die Angelegenheiten in völliger Verwirrung zum Stillstand, denn der Weg erschöpft sich.« Die letzten vier Worte dieses Passus werden oft als »von da ab ruht der Segen des Himmels nicht mehr auf ihm (oder wird nicht mehr auf ihm ruhen)« interpretiert. Mit anderen Worten, die Chinesen würden bei einem durch keinerlei moralische und rechtliche Rückendeckung abgesicherten Vorrücken in die indische Tiefebene ihr Schicksal herausfordern. Die Antwort bestärkte mich also in der Annahme, daß die Chinesen lokal begrenzte Erfolge erzielen würden, ein weiterer Vormarsch jedoch aus taktischen, strategischen und moralischen Gründen nicht ungestraft bleiben könnte.

Mein zweites Beispiel stammt aus der Zeit, nachdem sich diese Vorhersage gerade erfüllt hatte. Durch diesen und einige andere Erfolge war ich ganz aus dem Häuschen und stellte, durch ein Beispiel aus C. G. Jungs Vorwort zum Wilhelmschen I Ging inspiriert, bald wieder eine Frage. Ich fragte das I Ging, ob ich mich nun als befähigten Interpreten der Orakel betrachten und frei davon Gebrauch machen könnte, um dadurch das Leben jener Freunde positiv zu beeinflussen, die bereit waren, dem *Buch der Wandlung* zu vertrauen. Mit anderen Worten, die Frage entsprang einem unlauteren Motiv: Eigendünkel! Die Antwort wirkte heilsam und ernüchternd. Ich wurde belehrt, daß jeder, der das *Buch der Wandlung* für andere, die sich auf seine Deutung der Antworten verlassen würden, auslegen möchte, hohe intellektuelle und moralische Qualitäten besitzen müsse. Einige dieser Eigenschaften waren aufgeführt, auf andere wurde angespielt. Der wirklich vernichtende Satz kam zum Schluß. Ich las ihn, als würde mir das *Buch der Wandlung* sagen: »Bildest du dir etwa ein, diese Qualitäten wirklich zu besitzen?« Wäre ich von einem Menschen, dessen Meinung ich schätze, überraschend getadelt worden, ich wäre nicht heftiger errötet.

Nur ein einziges Mal unterlief mir noch ein ähnlicher Schnitzer. Es geschah während einer Abendgesellschaft bei mir zu Hause. Einer meiner Gäste überredete mich dazu, einer Dame aus Frankreich die Macht des I Ging zu demonstrieren. Darauf hätte ich mich natürlich nicht einlassen sollen. Erstens würde kein Chinese, der das *Buch der Wandlung* ernsthaft bewundert, im Traume daran denken, die Macht des Buches in einem Experiment zur Schau zu stellen, ebensowenig wie Sie daran dächten, das Wissen eines in Ihrem Haus als Gast weilenden Professors vor allen anderen Gästen zu prüfen, um herauszufinden, ob er von seinem Fach etwas versteht oder ob er ein Stümper ist. Zweitens hatten wir alle etwas getrunken, obwohl keiner betrunken war. Unser Geist befand sich also kaum in dem Zustand gesammelter Gelassenheit, der für eine erfolgreiche Auslegung der Orakel unbedingt erforderlich ist. Da ich zudem nicht sonderlich daran interessiert war, meinem französischen Gast die Macht des I Ging zu demonstrieren, und da ich auch weit davon entfernt war, sie von der meinigen überzeugen zu wollen, war meine Einwilligung zu diesem Experiment leichtsinnig, und dafür wurde ich gründlich bestraft. Mit der Miene eines Erwachsenen, der sich zwar nichts aus Kindern macht, aber trotzdem mit herablassender Freundlichkeit auf ihr Spiel eingeht, erklärte Mademoiselle sich bereit, mich darum zu bitten, ihr vorauszusagen, was ihr das kommende Jahr bringen würde. Aus Gründen, die mir erst später einleuchteten, dauerte die Erstellung der Antwort mit ihren zahlreichen zu berücksichtigenden Wandlungsstrichen und anderen Verzögerungen so lange, daß, als ich endlich fertig war und meine Deutung vorlesen konnte, jeder der Anwesenden so gelangweilt war wie Mademoiselle selbst. Aus Höflichkeit war die Konversation bald verebbt und für fast eine Stunde begnügten sich meine Freunde damit zuzuschauen, wie ich mit Stift und Papier zu Werke ging – nicht gerade ein unterhaltsamer Anblick. Irgendwie war ich so stark von jedem kleinsten Detail der Antwort eingenommen gewesen, daß ich sie erst beim Vorlesen im Zusammenhang erkannte. Meine schnell zu Papier gebrachten Entwürfe füllten mehrere Seiten. Es fiel mir schwer, meine eigene Schrift zu entziffern. Es dauerte demnach eine geraume Zeit, bis ich die Antwort verlesen hatte. Ich stammelte mich Satz für Satz hindurch und als ich schließlich zum Ende kam, war dabei nicht mehr herausgesprungen als:

»Wenn du tugendhaft sein möchtest, verhalte dich tugendhaft in Wort und Tat. Wenn du genießen möchtest, dann tue, was dir beliebt. Wenn du reisen willst, so reise. Wenn du es vorziehst, zu Hause zu bleiben, so bleibe zu Hause.« – usw.

All meine Anstrengungen und die Langeweile, die meine Gäste hatten ertragen müssen, sie wurden mit nichts Besserem belohnt als mit einer Sammlung scheußlicher Platitüden! Noch Wochen danach konnte ich besagte Dame in Erinnerung an diesen Vorfall nicht treffen, ohne zu erröten.

Jeder, der sich von der Befragung des *Buches der Wandlung* sinnvolle und aufschlußreiche Hinweise erhofft, sollte sich die Moral dieser Geschichte zu Herzen nehmen. Es ist ein Buch, das man auf keinen Fall leichtfertig behandeln darf. Wie einer meiner chinesischen Freunde kürzlich schrieb:

»Die Antworten, die wir aus dem *Buch der Wandlung* gewinnen können, mögen so bedeutsam sein, daß sie uns vor einer lebenslangen Torheit zu bewahren vermögen. Wir müssen es mit dem Respekt behandeln, der ihm aufgrund seines ungeheuren Alters und seines reichen Schatzes an Weisheit gebührt. Kein einziger Mensch ist der gleichen Achtung würdig, denn dieses Buch ist nicht weniger als ein göttlicher Spiegel, der die Vorgänge der unermeßlichen und niemals endenden kosmischen Wandlung reflektiert. Diese besteht aus jenen endlosen Verkettungen von Handlungen und Interaktionen, die die zehntausend Dinge zusammenbringt und trennt, welche aus dem *T'ai Chi* – der unbewegten Wirklichkeit, die der drei Welten der Form, der Begierde und der Formlosigkeit zugrunde liegt – entspringen und in es zurückfließen. Das I Ging verfügt über die Allwissenheit eines Buddha. Es wendet sich an die vergängliche Welt, als ob es aus dem Schoß der Wandlung selbst sprechen würde. Wandlung ist der eine unveränderliche Faktor inmitten der zahllosen Veränderungen und Transformationen materieller und geistiger Objekte, die uns, wenn das Auge der Weisheit geschlossen ist, als ein sinnloses Fließen erscheinen. Nur weil sie sich alle in Einklang mit den unerschütterlichen Gesetzen entwickeln und Facetten oder Aspekte jener makellosen Reinheit und Stille sind, die manche *T'ai Chi* oder *Tao* und andere *Bhūtatathatā*, Schoß der *Tathāgatas* (Buddhas), Ursprung von allem und allen nennen, können sie sich in ihrer unendlichen Vielfalt in dem (scheinbar) engen Rahmen (der 64 Hexagramme) widerspiegeln.«

Um das eben Gesagte in anderen Begriffen zu wiederholen: Alles sinnlich Wahrnehmbare ist dem Wandel unterworfen, also in Bewegung. Das Unwandelbare, für die Christen der dreieinige Gott, ist nur jenen wahrnehmbar, die erfahren haben, was je nach Kultur als Vereinigung mit Gott, als Höchste Vollkommene Erleuchtung oder als Eintauchen in das Tao bezeichnet wird. Das *Buch der Wandlung* erfüllt die Aufgabe, die vielschichtigen, ineinandergreifenden Wandlungszyklen so zu deuten, daß man aus ihnen die Fortschritte der individuellen Veränderungen ersehen kann und daß der Fragende dadurch sichere Hinweise erhält, die ihn davor bewahren, wie ein dahintreibendes Blatt von tosendem Wasser in einen Strudel hineingerissen zu werden. Wenn es auch nicht in unserer Macht steht, Wind und Wellen mit einer schlichten Handbewegung oder mit machtvollen, magischen Worten Einhalt zu gebieten, so können wir doch lernen, verhängnisvolle Strömungen zu umschiffen, vorausgesetzt, wir verfahren in Übereinstimmung mit den gerade vorherrschenden Wandlungstendenzen. Auf diese Weise können wir gefahrlos alle aufeinanderfolgenden Stürme dieses und der kommenden Leben überstehen, bis zu der – wahrscheinlich fernen – Zeit, wenn wir, zum Herzen der Wandlung vorgedrungen, in die unwandelbare, nicht mehr differenzierbare Stille eingetreten sind, die zugleich Ursprung und Ziel alles Seienden ist.

Ehrfürchtiger Respekt – obgleich unentbehrlich – ist nicht die einzige Voraussetzung für eine einwandfreie Auslegung des *Buches der Wandlung*. Eines der vielen Hindernisse ist nicht zuletzt die überaus altertümliche Ausdrucksweise, die es erschwert zu verstehen, was selbst den Zeitgenossen der Autoren des *Buches der Wandlung* schwer verständlich gewesen sein muß. Wie bei allen Orakeln der Welt ist der Sinn esoterisch, so daß der Geist so lange getäuscht und in Verwirrung gestürzt wird, bis die Intuition, gründliches Nachdenken und einige unvorhersehbare Erfahrungen zu einer plötzlichen Einsicht führen. Wahrscheinlich haben sich die Autoren manchmal mit voller Absicht unklar ausgedrückt, denn unter den Weisen des Ostens war es schon immer Brauch, bei der Vermittlung der Lehren Begriffe zu verwenden, die Mißbrauch oder Besudelung durch Nichteingeweihte verhindern sollten. Der Hauptgrund für unsere Verständnis- und Interpretationsschwierigkeiten im Umgang mit dem I Ging ist jedoch in der großen Zeitspanne zu suchen, die uns von Konfutse und seinen Schülern – ganz zu schweigen von König Wên und seinen Zeitgenossen – trennt. Selbst Chinesen sind also gezwungen, sich eingehend mit der altertümlichen Sprache des I Ging zu befassen, wenn sie es verstehen wollen. In unserem Falle wird die Fremdartigkeit zusätzlich durch die Unterschiede gesteigert, die zwischen der Kultur des Okzidents und der Kultur Chinas bestehen. Die Kultur Chinas fußt größtenteils auf intuitiven Gedankenverbindungen, die einem nach innen gerichteten Bewußtsein entspringen. Fundamente der Kultur des Okzidents sind ein nach außen gerichteter Geist, der den Prinzipien der von den Griechen entwickelten Logik und den Gesetzen empirischer Wissenschaftlichkeit folgt. Wie sollten uns auch Autoren, die räumlich und zeitlich so weit von uns entfernt sind, nicht obskur erscheinen? Mit meiner Übersetzung habe ich versucht, diese Schwierigkeiten zu überbrücken, ohne dabei jedoch so weit zu gehen, daß die Übersetzung dem Original nicht mehr gerecht werden könnte oder durch unangemessene und unvollständige Interpretation die eigentliche Bedeutung entstellen würde. Außerdem habe ich meine Erklärungen zu dem Verfahren, nach dem die chinesischen Autoren jeden Satz aus dem Aufbau der Linien und Hexagramme ableiten, sehr allgemein gehalten. Diese Zusammenhänge sind so vielschichtig, daß ich mich mit meinem beschränkten Wissen nicht an Erklärungsversuche heranwagen möchte.

Wer die Orakel lieber in so unverständlichen Begriffen präsentiert haben möchte, daß sie ihm dunkel und geheimnisvoll erscheinen, wird die Wilhelmsche Übersetzung der meinigen vorziehen, denn sie klingt teilweise derart obskur, daß sie auch den glühendsten Verehrer esoterisch verschleierter Geheimnisse zufriedenstellen wird. Ein gewisser Verlust an sprachlicher Bildhaftigkeit war der Preis, den ich dafür zu zahlen hatte, meine Übertragung so verständlich zu halten, wie der chinesische Text nur erlaubt.

Eine weitere Schwierigkeit besteht darin, zwischen der Frage und der Antwort des Orakels einen Zusammenhang herzustellen. Dazu gehört vor allem Intuition. Leider ist jedoch Intuition gerade die Fähigkeit, die bei Menschen der westlichen Hemisphäre im allgemeinen am wenigsten differenziert ist. Wer schon etwas Übung in Zen oder mit einem anderen den Intellekt transzendierenden Schulungsweg hat, wird die dabei gewonnenen Erfahrungen für seine Beschäftigung mit dem I Ging äußerst nützlich finden. In den meisten Fällen wird es einige Wochen oder Monate kontinuierlichen Übens bedürfen, bevor man eine gewisse Geübtheit erlangen kann. Ohne diese vorbereitende Übung ist es nicht ratsam, wichtige Entscheidungen auf der Grundlage der Voraussagen zu treffen, denn die Gefahr, daß wir sie mißverstehen, ist groß, auch wenn unsere Interpretationen oft richtig sind. Andererseits dürfen wir davon ausgehen, daß jeder, der zu vollkommener Unvoreingenommenheit fähig ist, und deswegen auch nicht sein Wunschdenken mit dem eigentlichen Sinn der Hexagramme verwechselt, die notwendige Geübtheit erwerben kann. Sollten anfänglich einige Voraussagen des I Ging falsch erscheinen, dann ist es ratsam, sie zusammen mit der Frage und den sich ergebenden Wandlungsstrichen und Hexagrammen schriftlich niederzulegen. Später wird man dann sehen, daß der Fehler nicht in der Voraussage liegt, sondern auf das mangelnde Wissen des Interpreten zurückzuführen ist. Ein geübter Interpret wird, wenn er das *Buch der Wandlung* befragt, entdecken, daß die erhaltenen Antworten niemals falsch sind! C. G. Jung illustriert dies mit dem Beispiel von Konfutse, der während all der Jahre, in denen er aus den Ratschlägen des I Ging lernte, es nur einmal für »falsch« befand. Tatsächlich jedoch riet es ihm in diesem Fall nur, seine temperamentbedingte Heftigkeit zu mildern, die er selbst noch nicht als solche erkannt hatte.

Man könnte nun meinen, die Anzahl der möglichen Antworten

sei ziemlich begrenzt, denn schließlich enthält das *Buch der Wandlung* nur vierundsechzig Hexagramme. Tatsächlich jedoch sind mehrere tausend Antworten möglich. Wie wir noch sehen werden, enthält das erste Hexagramm, welches wir durch die Auszählung der Wahrsagestäbchen herausfinden, doch gewöhnlich einen oder mehrere Wandlungsstriche. Jeder Wandlungsstrich fügt der Grundbedeutung des Hexagramms wichtige Elemente hinzu oder modifiziert sie und führt, indem er sich in sein Gegenteil kehrt, zur Bildung eines zweiten Hexagramms, welches wir dann ebenfalls in Betracht ziehen müssen. Trotzdem ist ein Buch natürlich ein festgelegtes und damit statisches »Ding«. Wenn es einmal gedruckt ist, liegen die Reihenfolge und die Stellung der Wörter im Text fest, und das Vokabular ist entsprechend begrenzt. Befragt man das I Ging also danach, ob man seinen Sohn zum Studieren nach Oxford oder nach Harvard senden soll, dann kann die Antwort nicht einfach »Oxford« lauten, denn dieses Wort ist aus einleuchtenden Gründen nicht im Text enthalten. Vorausgesetzt, die Frage hat gute Gründe und wird in ernster Absicht an das *Buch der Wandlung* herangetragen, dann wird man zweifellos eine korrekte Antwort erhalten. Wahrscheinlich würde die Entschlüsselung dieser Antwort jedoch die Fähigkeiten der meisten Interpreten weit überfordern. Um dem Risiko möglicher Mißverständnisse aus dem Wege zu gehen, ist es deswegen sinnvoll, die Frage neu zu formulieren. So könnte man zum Beispiel anstelle einer Entweder-oder-Frage zwei Fragen stellen, eine für jede Universität.

Eine andere Kategorie von Fragen, die leicht zu verschwommenen Antworten führen, sind die Fragen, die sich auf keinen klar definierten Zeitraum beziehen. Das I Ging sagt im allgemeinen Ereignisse voraus, ohne sich dabei eindeutig festzulegen, wann diese Ereignisse eintreffen werden. Es ist daher sinnvoll, diese Eigenheit bei der Formulierung der Frage zu berücksichtigen. Wir könnten zum Beispiel fragen: Was geschieht mit diesem oder jenem Vorhaben oder mit dieser oder jener Person in den nächsten drei Monaten, drei Jahren – oder während eines anderen der Frage angemessenen Zeitraums? Ein geübter Interpret wird den Gebrauch solch simpler Methoden vielleicht verschmähen. Vor nicht allzu langer Zeit bat mich ein chinesischer Freund, der kürzlich in Taipeh seinen Dienst im Außenministerium angetreten hatte, das I Ging danach zu befragen, wann er seinen ersten Posten im Ausland erhalten werde. Das erste Hexagramm, das ich in Antwort auf diese Frage erhielt, implizierte, daß die Darbringung geleistet, das Opfer jedoch noch nicht vollzogen worden sei. Das zweite sprach vom Überqueren des großen Flusses. Augenblicklich nahm mir mein Freund das I Ging aus der Hand und erklärte sich schon nach einer oder zwei Minuten mit der Antwort zufrieden. Ich hingegen zerbrach mir immer noch den Kopf, was diese vagen Hinweise wohl meinen könnten. Er klärte mich auf:

»Die meisten Beamten unseres Ministeriums warten sehnsüchtig auf den Augenblick ihrer Versetzung auf einen Posten im Ausland. Um eine möglichst gerechte Lösung zu garantieren, hängt eine solche Versetzung vom Dienstalter ab, obwohl dies keine unüberwindliche und starre Regel ist. Daß die Darbringung geleistet, das Opfer jedoch noch nicht vollzogen wurde, heißt, daß ich erst kürzlich in den öffentlichen Dienst eingetreten bin und deswegen noch nicht lange genug gedient habe, meinen Dienst als ein Opfer für das Wohl des Staates betrachten zu dürfen. Ähnlich, wie in den alten Zeiten der Wert jedes Rinder- oder anderen Opfers genau festgelegt war, ist es auch der Wert jener ganz anderen Arten von Opfern der heutigen Zeit. Mit anderen Worten, ich sollte mir wahrscheinlich keine allzugroßen Hoffnungen auf eine durch günstige Umstände herbeigeführte, ungewöhnlich frühe Berufung auf einen Auslandsposten machen. Die Überquerung des großen Flusses kann mit Sicherheit als Überquerung des Ozeans gedeutet werden, denn die Zeiten haben sich geändert, und keiner würde heute mehr daran denken, daß die Landstriche südlich des Yangtse die abgelegensten und entferntesten Orte sind, in die man reisen kann. Außerdem bemerkt der chinesische Herausgeber, daß einige Worte des Textes darauf hindeuten, die Voraussage würde sich so bald als möglich erfüllen. Betrachtet man beide zusammen, so wird offensichtlich, daß ich nicht ins Ausland gesandt werde, solange ich mich nicht aufgrund meines Dienstalters dafür qualifiziert habe, aber es wird auch klar, daß ich über diese Zeit hinaus (wie so viele andere) keine unnötige Verzögerung in Kauf nehmen muß.«

Diese Anekdote illustriert eine der Kernlehren der I-Ging-Philosophie, nämlich, daß die Wahrnehmung und Erfüllung der Verpflichtungen gegenüber Volk und Staat der Erfüllung der heiligen Pflichten vergleichbar ist, die man dem Herrscher des Himmels schuldet. Es ist also recht und billig, wenn mein Freund zwischen seinem Eintritt in den Staatsdienst und der vorbereitenden Darbringung des Opfers, die dem eigentlichen Vollzug vorausgeht, einen Zusammenhang sieht. Die Antwort, die er erhielt, birgt mehrere Nuancen, welche einem westlichen Interpreten leicht entgehen können. Das I Ging mag also von westlichen Händen nicht so leicht zu handhaben sein wie von chinesischen, ja anfänglich ist sogar fest damit zu rechnen. Doch werden uns kontinuierliche Praxis und sorgfältiges Studium des Textes nach und nach mit der ihm zugrundeliegenden Symbolik vertraut machen. Da bei der Deutung der Antworten der Intuition überdies eine wichtigere Rolle zufällt als dem Verstand, wird jeder, der mit dieser Fähigkeit umzugehen gelernt hat, selbst die geheimnisvollsten Antworten ohne Schwierigkeiten verstehen können. Das *Buch der Wandlung* ist mehr daran interessiert, inneres Glück und Harmonie zwischen uns und unserer Umwelt herzustellen als uns auf der Straße zum weltlichen Erfolg weiterzuhelfen, besonders dann, wenn dieser Erfolg wahrscheinlich andere in Bedrängnis bringen und unseren Charakter und geistigen Frieden nur negativ beeinflussen würde. Fragen danach, wie wir Bedingungen, über die wir ohnehin nur eine begrenzte Kontrolle ausüben können, harmonisch entsprechen können, werden nützlichere Antworten hervorbringen als Fragen, die darauf abzielen, Mittel und Wege zu materiellem Gewinn zu entdecken.

Damit ist nicht gesagt, daß wir alle Fragen zu wirtschaftlichen und finanziellen Angelegenheiten ausklammern müßten, schließlich ist oft genug unser Wohlergehen und das Schicksal der von uns Abhängigen davon betroffen, Wetteinsätze, Börsenspekulationen und alle anderen Methoden, die, ohne anderen zu dienen, zu schnellem Reichtum führen sollen, sind dem Geist des I Ging jedoch so fremd, daß sie sich nicht zum Gegenstand einer Befragung eignen. Angesehene chinesische Gelehrte werden sich nur in seltenen Ausnahmefällen zu Befragungen dieser Art hergeben. Der gewöhnliche Wahrsager, der sein Geschäft an der Straßenecke betreibt, wird allerdings kaum von vergleichbaren Skrupeln geplagt, denn er ist ja selbst hauptsächlich an den für ihn abfallenden Gebühren interessiert. Da er die Fragen jedoch nur mechanisch herunterleiert und sich wenig darum kümmert, sein Bewußtsein in einen Zustand erhöhter Empfänglichkeit zu versetzen, werden seine Antworten nicht sehr oft wirklich wertvoll sein, und wenn ja, dann höchstens, weil der Zufall seine Hand im Spiel hat oder der Wahrsager überdurchschnittlich schlau und gewitzt ist. Natürlich sind wir alle nur Menschen und deswegen sicher gelegentlich versucht, Fragen zu stellen, die sich nicht eben durch den höchsten sittlichen Wert auszeichnen. Es ist wirklich schwer zu wissen, wo man die Grenze ziehen muß, denn wir können diesbezüglich keine starren Regeln aufstellen. Wie dem auch sei, man tut gut daran zu denken, daß man die nützlichsten Antworten dann erhält, wenn man bei der Befragung Selbstbezogenheit und Egoismus hintanstellt. Die chinesischen Experten stimmen fast ausnahmslos überein, daß jeder Mißbrauch des Buches für egoistische oder gar frivole Zwecke für den Fragenden zum, möglicherweise endgültigen Verlust des *ling* führt – seiner Fähigkeit, vom *Buch der Wandlung* Antworten zu erhalten und diese Antworten so treffend zu deuten, daß die Genauigkeit ans Wunderbare grenzt und fast einer übernatürlichen Fähigkeit gleichkommt.

Diejenigen unter Ihnen, die bereits mit Zen oder den Lehren des Taoismus in Berührung gekommen sind, werden vielleicht vor dieser sehr moralistisch anmutenden Annäherung zurückzucken. Ich gebe Ihnen insofern recht, als so viele mahnende Worte (ganz entgegen meinen sonstigen Gewohnheiten) entweder eine Entschuldigung verlangen oder einer näheren Erklärung bedürfen. Zweifelsohne ist meine Einstellung auf die starke Dosis Konfuzianismus zurückzuführen, die sich jeder, der sich mit diesem Buch über Wochen und Monate beschäftigt, einverleibt. Schließlich machen die Konfuzianischen Kommentare ungefähr die Hälfte der heutigen Form des Buches aus. Doch haben mich zumindest noch zwei weitere Gründe dazu bewogen, einem Buch, das sich mit Kräften und Energien befaßt, welche über den Rahmen konventioneller Moral hinausgehen, mit einer solchen Einstellung zu begegnen. Wenn, und dies ist der erste Grund, meine Übersetzung so vielen Menschen wie möglich nützliche Dienste leisten soll, muß ich unbedingt darauf hinweisen, wie wichtig die Motive der Befragung für den Wert der Antworten des I Ging sind. Auch wenn wir es leichtfertig als abergläubische Vorstellung abtun, daß das *Buch der Wandlung* »nicht geneigt ist«, nicht richtig gestellte oder ungehörige Fragen zu beantworten, so bleibt es doch eine Tatsache, daß selbst die vorkonfuzianischen Textteile von der Warte einer hochentwickelten Sittlichkeit geschrieben worden sind. Nur selten sagen sie uns, dieses oder jenes würde mit Sicherheit eintreffen. Sie machen uns statt dessen darauf aufmerksam, daß der Edle Mensch (d. h. der beinahe vollkommene Mensch) gut beraten wäre, dies zu tun oder jenes zu unterlassen. Der zweite Grund ist meine feste Überzeugung, daß man die Transzendierung sittlicher Werte in Zen und Taoismus nur im Kontext aller ihrer Lehren verstehen kann, ein Punkt, der von westlichen Möchtegern-Adepten nur allzuoft übersehen wird. Obwohl diese beiden geistigen Schulungswege alle begrifflichen Gegensatzpaare – einschließlich Tugend und Sünde, Gut und Böse usw. – als nicht der Wirklichkeit gemäße Unterscheidungen ansehen, die über die Erscheinung der Wirklichkeit einen täuschenden Schleier werfen, war diese hohe esoterische Lehre nie dazu bestimmt, uns von allen Skrupeln und Hemmungen zu befreien und uns als antinomistische Blankovollmacht zu dienen, unseren lodernden Begierden überallhin zu folgen, ganz gleich, wohin sie uns treiben. Vielmehr wird als selbstverständlich vorausgesetzt, daß der ernsthafte Schüler (und nur für diesen besitzen diese hohen Lehren überhaupt Relevanz) eine Stufe der Entwicklung erreicht hat, auf der er unmöglich noch wünschen kann, sich selbst oder andere zu täuschen, zu verletzen, aus dem Gleichgewicht zu werfen oder anderweitig zu schädigen. Unter meinen vielen Lehrern in Asien – ob sie nun Zen-(Ch'an-)Meister, tantrische Lamas oder taoistische Einsiedler waren – gab es nicht einen, der nicht zuweilen jenen Schülern, welche in ihrer Entwicklung noch nicht über die Stufe hinausgelangt waren, auf der man normativer Regeln bedarf, um Selbstbeherrschung und Selbstbeschränkung zu lernen (und ich zählte selbstverständlich dazu), Lektionen erteilt hätte, die den konventionellen Sittlichkeitsbegriffen doch sehr nahekommen.

Zwischen den westlichen Moralvorstellungen und dem, was für das I Ging, den Zen-Buddhismus oder den Taoismus in dieser Hinsicht die Norm ist, bestehen allerdings zwei gravierende Unterschiede. Einer dieser Unterschiede betrifft das Wesen des Bösen und der andere die Funktion des Geschlechtslebens. Das Christentum – so wie es allgemein gepredigt wird – scheint die Ansicht zu vertreten, daß bestimmte Gedanken, Worte und Taten an sich böse und verwerflich sind. Die Buddhisten, Taoisten und meiner Meinung nach auch die Autoren des I Ging halten dagegen, daß sie weniger eine Frucht des Bösen als vielmehr das Resultat einer grundlegenden Unwissenheit sind, in dem Sinne, daß ein Mensch, der zu einer umfassenden Einsicht gelangt ist, gar nicht versucht sein wird, anderen oder sich selbst zu schaden. Die meisten Weisen des Ostens empfehlen, das Leben anzunehmen, wie es ist, und prophezeien all jenen nichts als Kummer und Enttäuschungen, die sich von ihrer Habgier dazu verleiten lassen, dem Lauf der Dinge entgegenzuarbeiten, oder die versuchen, das Wirken universeller Gesetze zu stören, nur um dadurch für sich einen möglichst großen Gewinn herauszuschlagen.

Was nun das Sexualverhalten angeht, so gibt es auch heute noch nicht wenige christliche Dogmatiker, die außerehelichen Geschlechtsverkehr entschieden als allerschlimmste Sündhaftigkeit betrachten, so daß er in ihren Augen ein vergleichsweise größeres Übel darstellt als viele Verhaltensweisen, die die Bewohner des Fernen Ostens weit eher verurteilen würden. In deren Augen ist ein außereheliches Verhältnis nur dann ein Vergehen, wenn dadurch einem der Beteiligten oder einem Dritten Leid zugefügt wird. Keuschheit wird nur dann zur Pflicht, wenn sich ein Mensch dazu entschlossen hat, alle seine Energien auf die Erlangung des Höchsten Zieles zu richten – Erleuchtung, Eintauchen in das Tao oder wie er es sonst noch zu nennen gelernt haben mag. Andererseits werden jedoch Gier und die Zerstörung des Friedens und Glücks anderer als unvereinbar mit selbst den elementarsten Stufen geistiger Entwicklung betrachtet.

Mit diesen weit ausholenden Erklärungen wollte ich deutlich machen, was – und was nicht – die Chinesen als Hindernis betrachten würden, zu einer Geisteshaltung zu gelangen, die der Befragung des I Ging angemessen ist. Allgemein könnte man sagen, daß ein Lebensstil, für den absichtliche Täuschung und Verletzung anderer Lebewesen undenkbar sind – ein Lebensstil, bei dem Ich und Egozentrik nach und nach abnehmen, wie ein Ballon, aus dem man langsam die Luft herausläßt –, die Fähigkeit steigert, vor und während der Befragung einen im höchsten Maße empfänglichen und sozusagen »leeren« Zustand des Bewußtseins zu erreichen.

2. Der Hintergrund des I Ging

Auch wenn das I Ging sich mit den unermeßlichen kosmischen Kräften befaßt und seine Aussprüche universell gültig sind, ist es doch stil- und inhaltsmäßig ein genuin chinesisches Werk. Man unterschied in China nicht so sehr zwischen den Pflichten, die der einzelne der Familie, dem Staat und den Göttern gegenüber hat. Vielmehr betrachtete man alle diese Verpflichtungen als sich überschneidende Teile eines Ganzen. Gleichermaßen machen auch nur wenige Chinesen zwischen der einen oder anderen Religion große Unterschiede. Wir mögen uns zwar berufen fühlen, von einem chinesischen Bekannten als Konfuzianer und/oder Taoisten und/oder Buddhisten zu sprechen, er selbst jedoch wird uns vielleicht, wenn er über diese Angelegenheit einmal wirklich gründlich nachgesonnen hat, lächelnd eröffnen, daß er alles und gleichzeitig noch etwas mehr ist. Es gibt in der traditionellen chinesischen Religiosität Schichten, die in keine der obengenannten Kategorien passen. Sie existieren schon mehrere Jahrtausende und haben es – merkwürdig genug – noch nicht einmal zu einem Namen gebracht! Wenn ein älterer oder doch zumindest ein Chinese in den mittleren Lebensjahren einmal von seinem *Chiao* (seiner Religion) spricht – was, nebenbei bemerkt, höchst selten geschieht –, so spricht er von einer auf seine eigenen Bedürfnisse abgestellten, individuellen Mischung konfuzianistischer, taoistischer, buddhistischer (und noch anderer, wesentlich älterer, namenloser) Elemente. Das *Buch der Wandlung* ist ein Spiegel dieser typisch chinesischen Einstellung zu Religion, Kosmologie und Metaphysik, und sei es auch nur deshalb, weil es seine endgültige Form gewonnen hatte, bevor die Unterschiede zwischen den einzelnen Religionen hervorgetreten waren. Buddhistische Elemente sind in ihm nicht enthalten, denn diese ursprünglich indische Religion kam erst lange nachdem das I Ging definitiv Gestalt angenommen hatte nach China. Selbst die Möglichkeit späterer buddhistischer Einschiebungen ist relativ gering, obwohl in den späteren Kommentaren einige Textstellen in einer Weise interpretiert werden, die auf buddhistisches Gedankengut schließen läßt. Trotzdem werden Schüler des Zen-Buddhismus am *Buch der Wandlung* viel Vertrautes finden, zum Teil wahrscheinlich, weil jene, die einmal mit der *Wirklichkeit* konfrontiert waren, ihre Erfahrung in mehr oder weniger ähnlichen Begriffen beschreiben müssen.

Der eigentliche Text (König Wên und dem Herzog von Chou zugeschrieben) geht auf eine Zeit zurück, in der Taoismus und Konfuzianismus noch nicht als separate Systeme nebeneinander existierten. Wenngleich die Kommentare durchweg Konfuzianisches Gedankengut darstellen, so beinhaltet doch der Text Ideen und Denkmodelle beider Religionen. Diese beiden Religionen sind durchaus nicht unvereinbar miteinander, obwohl das Setzen unterschiedlicher Schwerpunkte (vielleicht unglücklicherweise) dazu geführt hat, daß sie sich in die divergierenden Richtungen des Dienstes an der Gemeinschaft und der inneren Erfüllung entwickelt haben. Wie so viele grundlegende Vorstellungen des Christentums und des Islams ihre gemeinsame Wurzel in den jüdischen Schriften des Alten Testaments haben, so sind im *Buch der Wandlung* die Grundprinzipien des Taoismus und des Konfuzianismus miteinander verflochten.

Ich besitze weder die Kenntnisse, noch steht mir an dieser Stelle der Raum zur Verfügung, über diese beiden altehrwürdigen chinesischen Religionen eine gelehrte Abhandlung zu schreiben. Trotzdem muß ich zur Information all jener Leser, die sich dem I Ging ohne jegliche Vorkenntnis des klassischen chinesischen Denkens nähern, etwas über die gemeinsamen Vorstellungen dieser beiden alten chinesischen Religionen sagen. Ich möchte ganz bescheiden beginnen, indem ich meinen Ausführungen zwei paradoxe Aussprüche voranstelle, die dem Begründer des Taoismus zugeschrieben werden: »Wer (über das *Tao*) spricht, kennt es nicht, und wer es kennt, spricht nicht (darüber)« und »Das *Tao*, das sich in Worte fassen läßt, ist nicht das wahre *Tao*!« Mit dem wenigen Selbstvertrauen, das mir diese Aussprüche noch belassen, will ich mich nun daran versuchen zu erklären, was ich unter den gemeinsamen Vorstellungen des Taoismus und Konfuzianismus verstehe.

Zum einen gibt es das *T'ai Chi* – das Universale Prinzip, den Urgrund, das Absolute, das Ewige, das Unwandelbare, das sich Unaufhörlich Wandelnde, das Eine, das All. Nichts liegt außerhalb des *T'ai Chi*; es gibt nichts, das es nicht in seiner Gesamtheit enthält. Alle Dinge entstehen aus ihm, und doch kommt nichts aus ihm hervor. Alle Dinge kehren in es zurück, und doch gibt es nichts, das in das *T'ai Chi* zurückkehrt. Es ist alle Dinge, und doch ist es kein Ding.

Das am leichtesten zu beobachtende Wirken des *T'ai Chi* ist das *I* (ausgesprochen: Yi), die Wandlung. Auf der durch die Sinne wahrnehmbaren Ebene des Seins gibt es nichts, das sich nicht bewegt, nichts, das sich nicht verändert oder wandelt. Jedes Ding tritt ins Dasein, entwickelt sich, verfällt oder entschwindet aus dem Dasein. (Gleichzeitig – jedoch von anderer Warte aus betrachtet, die weder höher noch niederer steht – bewegt sich nichts, wandelt sich nichts, tritt nichts ins Dasein, entwickelt sich nichts, verfällt nichts und entschwindet nichts aus dem Dasein. Beim Wahrsagen beschäftigen wir uns jedoch mit Dingen und Ereignissen, die uns auf der Ebene des alltäglichen Lebens, d.h. auf der Ebene der Wandlung begegnen.) Die Wandlung, die niemals an ein Ende kommen wird, vollzieht sich nach bestimmten und beobachtbaren Gesetzen. Wenn wir darauf vertrauen, daß uns das I Ging die Zukunft sichtbar macht, verlassen wir uns nicht auf einen magischen Trick, sondern wägen den allgemeinen Trend der Entwicklung ab und suchen nach Möglichkeiten, mit diesem Trend übereinzustimmen, indem wir alles, was uns zu einem voraussagbaren Zyklus von Ereignissen bewußt wird, als zusammenhängend betrachten.

I (die Wandlung) entsteht durch die Interaktion der beiden komplementären Aspekte des *T'ai Chi – Yin* und *Yang*. *Yang* steht für den Himmel, das Aktive, den positiven Pol, das Männliche, Feste, Starke, Lichte usw.; *Yin* für die Erde, das Passive, den negativen Pol, das Weibliche, Nachgebende, Schwache, Dunkle usw. Durch ihre innige Verbindung in einem unterschiedlichen Mischungsverhältnis von *Yin* und *Yang* entstehen alle Stoffe und Gegenstände des Universums. Fadenscheinige Vergleiche zwischen Philosophien des Altertums und modernem wissenschaftlichem Denken sind wohl nur selten wirklich nützlich, doch ist in diesem Fall die Versuchung zu groß, als daß ich ihr widerstehen könnte. Die alte Theorie von neunzig einzelnen und nicht mehr teilbaren Elementen, aus deren Verbindung alle Stoffe und Objekte entstehen, hat, wie uns bekannt sein dürfte, der Erkenntnis Platz gemacht, daß sich alle Dinge auf Atome reduzieren lassen und daß deren individuelle Eigenschaften vom unterschiedlichen Verhältnis von Protonen und Elektronen im Atom herrühren. Ich besitze nicht die notwendigen naturwissenschaftlichen Kenntnisse, um etwas darüber sagen zu können, inwiefern sich dieses wissenschaftliche Modell mit der Vorstellung von *Yin* und *Yang* vergleichen ließe. Auf den ersten Blick ist die Ähnlichkeit jedoch verblüffend. Beide Denkmodelle stimmen darin überein, daß alle Stoffe aus ein und derselben Materie bestehen (wenn wir es überhaupt noch *Materie* nennen dürfen) und daß ihre Unterschiede einzig und allein auf die unendlichen Kombinationsmöglichkeiten ihrer positiven und negativen Ladungen zurückzuführen sind – zumindest erlauben uns beide Modelle diese vage Bezeichnung.

Im *Buch der Wandlung*, das zweifellos einem Denkmodell folgt, welches bei seiner schriftlichen Fixierung bereits ein hohes Alter aufwies, wird der Wandlungsprozeß als ein Weg vom Einen zu einer unendlich großen Menge veranschaulicht. Aus praktischen Gründen nimmt man an, dieser Weg würde vom Einen zur Zwei (*Yin* und *Yang*), danach zur Acht (den acht Trigrammen), zur Sechzehn (durch bestimmte Hexagramme versinnbildlicht), zu zweiunddreißig (von diesen und sechzehn weiteren Hexagrammen versinnbildlicht) und schließlich vierundsechzig (den vierundsechzig Hexagrammen) Bestandteilen führen. Mit anderen Worten, jeder weitere Schritt nach der Acht besteht in der Verdoppelung des vorangegangenen Zahlenwertes. Es ist sicherlich auf eine willkürliche Entscheidung zurückzuführen, daß zwischen den vierundsechzig Hexagrammen und der unendlich großen Menge der Erscheinungen* keine weiteren Entwicklungsschritte mehr liegen. Diese Eingrenzung beruht auf der Absicht, das System nicht so kompliziert zu machen, daß das normale menschliche Begriffsvermögen nicht mehr folgen könnte. Trotz dieser willkürlichen Beschränkung auf eine bestimmte Anzahl von Zeichen stehen dem I Ging auf unsere Fragen viertausendsechsundneunzig mögliche Antworten zur Verfügung – für den Großteil der Fälle bestimmt genug.

Parallel zum *T'ai Chi* gibt es in dem, was man das »Zentrum der Dinge« nennen könnte, wäre das *T'ai Chi* nicht unendlich und hätte damit keinen Mittelpunkt, das *Tao* – den Weg. An vielen Textstellen scheint der Begriff mehr oder weniger synonym mit dem seines hehren Ahns zu sein. Wie seine wörtliche Bedeutung nahelegt, hebt die Wahl dieses Begriffes den funktionalen Aspekt des Absoluten im Gegensatz zu dem statischen hervor, denn wo es einen Weg gibt, gibt es auf ihm wahrscheinlich auch Bewegung. Obwohl man beide nicht als verschieden voneinander betrachten sollte (sie existieren nur aus praktischen Gründen als zwei verschiedene Begriffe), beinhaltet das Wort *Tao* viele andere Bedeutungen, die man trotz aller engen Verbindung nicht als mit dem

* Oft bezeichnet als die »zehntausend Dinge«, wobei »zehntausend« keine Anzahl im mathematischen Sinne bezeichnet, sondern die Bedeutung von »eine unendlich große Zahl« hat. (Anm. d. Übers.)

T'ai Chi identisch betrachten darf. Die Taoisten verstehen unter dem *Tao* häufig den »Weg«, dem jeder einzelne folgen muß, wenn er mit den Kräften, die das Universum beherrschen, in Einklang leben und sich nicht vergeblich dagegen stemmen will – eine Anstrengung, die ihn nur überflüssig belasten und letztlich enttäuschen muß. Der Begriff des *Tao* kann aber auch in dem Sinn des »für ein bestimmtes Individuum einzig richtigen Verhaltens« oder »für ein bestimmtes Individuum einzig möglichen Verhaltens« gebraucht werden. In diesem Fall ist es nicht falsch, von dem *Tao* eines Fisches oder dem *Tao* eines Soldaten zu sprechen; dies heißt, wie ein Fisch zu leben und zu sterben oder wie ein Soldat zu leben, einschließlich der Pflicht, den Feind in Stücke zu hacken. Auf den ersten Blick scheint die Einbeziehung des Weges des Soldaten einen Widerspruch zu enthalten, denn es ist nicht unbedingt mit dem *Tao* in seinem höchsten Sinn vereinbar, Menschen in Stükke zu hacken, und sei es auf Befehl. Ich bezweifle jedoch, daß viele Chinesen darin einen Widerspruch sehen würden. Da sie das Soldatentum aus Gründen, die wir aus ihrer Geschichte ersehen können, geringschätzen, würden sie sicher darin übereinstimmen, daß ein Mann einen Fehler beginge, wenn er Soldat werden würde, aber sehr wahrscheinlich würden sie dann hinzufügen, daß er, einmal Soldat geworden, sich wie ein Soldat zu verhalten habe, auch wenn dazu gehört, daß er Menschen in Stücke hackt. Damit folgt er nur dem *Tao* des Soldaten, welches das universale *Tao* ist, gesehen aus der von Scheuklappen eingeengten Sicht seines Marschweges. (Das japanische *Bushido* bedient sich weitgehend solcher Argumente.)

Eine weitere, häufig anzutreffende Bedeutung des *Tao* ist der Weg, der sichere Pfad durchs Leben, von dem wir zwar aus Achtlosigkeit leicht abkommen, zu dem wir jedoch nicht so einfach zurückfinden. Konfuzianistische Autoren verwenden den Begriff des *Tao* laufend in einer oder in allen der eben aufgeführten sozusagen »taoistischen« Bedeutungen; sie fügen ihm jedoch noch eine eigene Interpretation hinzu – *Tao* als der Pfad der Tugend, unter dem sie mehr die Erfüllung aller Verpflichtungen der Gesellschaft gegenüber verstehen und nicht so sehr die Erfüllung eines nach innen gerichteten Weges der Selbstverwirklichung. Da das I Ging aus vortaoistischer und vorkonfuzianischer Zeit stammt, macht es vom Begriff des *Tao* Gebrauch, ohne seine Bedeutung über den textlichen Zusammenhang hinaus zu differenzieren.

Die Vorstellung vom *Tê*, in seiner Grundbedeutung die Funktion oder Kraft des *Tao* im Bewußtsein des Individuums, steht der vom höchsten und edelsten Inhalt des Wortes *Tao* nahe. (Auch hier überschneiden sich die Begriffe inhaltsmäßig, denn *Tao* kann ebenfalls in dieser Bedeutung gebraucht werden.) Wenn ich mein Bewußtsein aller Neigungen, Abneigungen und alles sonstigen Unrats entleere, den ich im Laufe meines Lebens in Verblendung angesammelt habe, kann ich erwarten, von dem Wirken des mir innewohnenden universalen *Tao* – d. h. von meinem persönlichen *Tê* – geleitet zu werden. Aus dieser Vorstellung hat sich eine weitere Bedeutung des Wortes *Tê* entwickelt: Tugend bzw. Befähigung. Der Begriff *Tê* bringt also sowohl moralische Qualitäten als auch eine besondere Kraft oder Befähigung zum Ausdruck. Die Heilkraft einer Pflanze (eines Menschen) ist ihr (sein) *Tê* – ihre (seine) Befähigung zu heilen. Wir können zwar mit gewisser Berechtigung behaupten, daß Laotse den Begriff des *Tê* benutzt, um die Wirkungsweise des universalen *Tao* im Individuum zu beschreiben, wohingegen Konfutse ihn dazu verwendet, moralische Qualitäten hervorzuheben, die durch Erziehung, Übung und Beharrlichkeit erworben wurden, aber trotzdem frage ich mich manchmal, ob diese beiden Weisen einer solchen Behauptung überhaupt zugestimmt hätten. Wenn wir verstehen wollen, was sie uns sagen, müssen wir uns unglücklicherweise auf Kommentare verlassen, die von Männern späterer Epochen verfaßt wurden, in einer Zeit, als es bereits viele verschiedene religiöse Schulen und Richtungen gab – zumindest in den Büchern und zum Zwecke der interschulischen Auseinandersetzung. Trotzdem kann ich mich des Verdachtes nicht erwehren, daß die Chinesen schon immer das Talent besessen haben, gegensätzliche Anschauungen miteinander zu verbinden, ganz gleich, wie grell und schreiend die Widersprüche scheinbar sind.

Ich neige dazu, den Begriff des *Tê* mit den Worten »Befähigung«, »Kraft« oder »Macht« (im Sinne des lateinischen *virtus*) wiederzugeben. Wer sich von diesem Buch wahrsagen lassen möchte, sollte bedenken, daß *virtus* (engl. *virtue*) nicht nur erlernte sittliche Tugend bedeutet, sondern in seiner Grundbedeutung der Vorstellung von männlicher Kraft und Befähigung sehr nahesteht. Mein Versuch, dieses heilige Buch zu übersetzen, kann zwar als *tugendhaft* angesehen werden, der starke grüne Tee, der mich dazu befähigt, bis lange nach Mitternacht zu arbeiten, besitzt jedoch eine besondere *Fähigkeit* oder *Kraft*.

Ein weiteres Schlüsselwort zum Verständnis des I Ging ist *Chih*, das Wollen. Es mag der Wille des Himmels gemeint sein, das Wollen des Herrschers oder das Wollen des Edlen Menschen – und damit unser eigenes Wollen, denn wir sollen uns ja den Edlen Menschen zum Vorbild nehmen. Diese verschiedenen Nuancen von *Chih* sind in ihrer praktischen Bedeutung sehr eng miteinander verwandt, denn der Weise, ganz gleich, ob er ein Fürst ist oder ein gewöhnlicher Sterblicher, erstrebt eine so weitgehende Übereinstimmung mit den Vorgängen in Mikro- und Makrokosmos, daß zwischen seinem eigenen (oder das Ideal auf uns beziehend *unserem eigenen* Wollen) und dem Wollen des Himmels keine Diskrepanz besteht. Ich habe ganz bewußt die Übersetzung »Wollen« und nicht »Wunsch« für diesen Begriff gewählt, da uns das I Ging insofern schmeichelt, als es für wahrscheinlich hält, daß unser Wollen (hochfliegend und von edler Gesinnung) und unsere Wünsche (die, da wir Menschen sind, wohl nicht immer edel genannt werden können) nicht miteinander identisch sind.

Der *Chüntzû* oder Edle Mensch strebt danach, mit den Gesetzen des Himmels und der Erde in harmonischer Übereinstimmung zu leben. Er sucht die Gemeinschaft von heiligen Weisen und flieht die Gesellschaft Unwürdiger, deren Fehlern und Mängeln er jedoch nachsichtig begegnet. Sein Ziel ist höchste Weisheit, höchste Befähigung. Er lebt im Bewußtsein seiner eigenen Fehler und trachtet danach, sie zu berichtigen. Er ist großzügig, bescheiden und mischt sich nicht gern in die Angelegenheiten anderer ein, obwohl ihm seine Verpflichtung gegenüber dem Allgemeinwohl manchmal eine harte Auseinandersetzung mit schädlichen Elementen und Nutznießern aufzwingen. Wie die Väter des Taoismus sind auch wir vielleicht der Meinung, daß seine Verstrickung in öffentliche Angelegenheiten mit seinem Streben nach Weisheit unvereinbar ist. Für Konfutse – und wie es scheint auch für die Autoren des *Buches der Wandlung* – war der Gedanke, daß ein Edler Mensch seine Weisheit nicht in die Dienste eines solcher Weisheit würdigen Fürsten stellen würde, offensichtlich undenkbar. Wir werden Konfutse besser verstehen und seine Anschauungen in etwas positiverem Licht sehen, wenn wir bedenken, daß er trotz seines oft geradezu penetranten Eintretens für die Monarchie öffentlich lehrte, ein Fürst würde die Gunst des Himmels und seine ihm anvertraute Stellung einbüßen, wenn er sich zu frevlerisch und tyrannisch gebärdet. Er ist dann nicht länger der mit einem Mandat des Himmels betraute Herrscher, sondern nur noch ein gemeiner Räuber und Dieb, den jeder angreifen und sogar töten kann, ohne für diese Tat büßen zu müssen. Eine Fähigkeit zeichnet nach meiner Meinung den Edlen Menschen jedoch mehr als jeder andere charakterliche Vorzug aus: Er weiß, wann er *nicht handeln darf*. Dazu gehört, jeder Zen-Schüler wird dem beipflichten, weit mehr Einsicht und Selbstbeherrschung als dazu, im richtigen Augenblick das Richtige zu tun.

An dieser Stelle kann ich mir eine Bemerkung nicht verkneifen, die einige meiner chinesischen Freunde und Lehrer gleichzeitig dumm und geschmacklos finden werden. Nach meiner Meinung ist es nämlich durchaus denkbar, daß Konfutse das I Ging nicht völlig verstanden hat! Wenn man davon ausgeht, daß die Hälfte der heute existierenden Version des Textes auf Konfutse oder seine engsten Schüler zurückgeht und er lange Zeit als Weiser von beinahe gottähnlichen Vorzügen anerkannt wurde, grenzt ein solcher Zweifel fast schon an Blasphemie. Wie dem auch sei, ich betrachte Konfutse als eine historische Persönlichkeit, die irgendwo zwischen zwei grundverschiedenen Menschentypen anzusiedeln ist: zwischen jenen, die wir heute als Zen-Schüler, Taoisten, Sufis, tantrische oder christliche Mystiker bezeichnen würden, und jenen anderen, die dem typischen Christen oder Kommunisten unserer Tage gleichen. Es sind dies im ersten Falle Menschen, für die Tugend nicht in der Übernahme des Verhaltenskodex einer der sogenannten Heilslehren besteht, sondern darin, im Einklang mit dem ihnen innewohnenden »Wesen« zu handeln, welches dem Ich so unendlich überlegen ist. Es sind andererseits jene Vertreter einer unantastbaren »Autorität«, welche sich mit der sauberen und äußerst moralischen Ansicht zufriedengeben, daß bestimmte Dinge eindeutig gut und andere durch und durch böse und verdorben sind. Daraus schließen sie, wir sollten lieber streng bestimmten Verhaltensregeln folgen, als uns von unseren inneren Eingebungen leiten zu lassen. Diese Verhaltensregeln stammen von Gott höchstpersönlich oder doch zumindest von Leuten, die klüger sind als wir. Also erübrigt es sich für uns, den jeweiligen Umständen jeder einzelnen Situation besondere Beachtung zu schenken. Wenn ich Konfutse mit dieser Beurteilung richtig eingeordnet haben sollte – mein Urteil fußt auf meiner Lektüre Konfuzianischer Werke –, dann kann es durchaus sein, daß der Kommentar zum Text nicht tief genug ist, um den Text in seiner Tiefe völlig auszuloten. In diesem Fall müßte das Wort *Tê* überall als grundsätzlicher verstanden werden als in der ihm ebenfalls beigelegten Bedeutung konventioneller Moral und Sittlichkeit. Der Edle Mensch – das Muster, dem nachzufolgen wir alle aufgefordert sind – ist also weniger wegen seiner strengen Moral und seinem tiefen Pflichtgefühl zu bewundern, sondern vielmehr, weil er mit der sich spontan in ihm manifestierenden Intuition übereinstimmt, die sich entfalten kann, sobald alle Leidenschaften vertrieben und alle Gedanken zur Ruhe gekommen sind. Ich bin weit davon entfernt zu empfehlen, wir sollten den Konfuzianischen Kommentar bei unserer Auslegung der Antworten des I Ging ignorieren. Ich will nicht mehr sagen, als daß es vielleicht klüger ist, dem Text ein wenig mehr Gewicht beizumessen als dem Kommentar.

Wir müssen uns vor der Ansicht hüten, der Text enthielte eigenständige taoistische und konfuzianische Elemente, die wir fein säuberlich voneinander trennen könnten. Er ist zweifellos von Männern verfaßt worden, deren Einsicht in die kosmischen Gesetze das Siegel der Authentizität trägt. Sie sind der letztlichen Wirklichkeit sehr nahegekommen, haben sie vielleicht unmittelbar gesehen. Leider hindert uns die Altertümlichkeit der Sprache daran, festzustellen, ob bestimmte Sätze willkürlich aufgegriffene Bilder enthalten oder ob es sich dabei um sorgfältig ausgewählte Begriffe handelt, die auf eine geistige Wahrheit weisen sollen, welche sich aufgrund ihrer Tiefe einer direkten Darstellung entzieht. Einige dieser sogenannten Bilder muten so ungewöhnlich an, daß man unwillkürlich an eine Geheimsprache erinnert wird, zu der nur Eingeweihte den Schlüssel besitzen. (Dies trifft besonders auf die Hexagramme 41 und 54 zu, fällt jedoch im chinesischen Original eher ins Auge als in meiner Fassung, die überall dort, wo eine wörtliche Übersetzung keinerlei Sinn ergeben würde, eine freiere Wiedergabe enthält.)

C. G. Jung bemerkt in seinem Vorwort zur Übersetzung Richard Wilhelms mit Recht, daß die Chinesen es seit jeher vorziehen, nicht in rein kausalen Zusammenhängen zu denken. Wenn das Gesetz von Ursache und Wirkung wirklich alles in dem Maße bestimmt, wie wir heute generell annehmen, dann bleibt nur wenig Raum zur Entfaltung unserer Intuition. Wahrsagen wird dann zur reinen Beobachtung der Vergangenheit und basiert auf der Annahme, daß bei ähnlichen Ursachen auch die zukünftigen Ergebnisse ähnlich ausfallen müssen. Wenn wir es mit Menschen zu tun haben, ist diese Methode jedoch so gut wie wertlos, denn das menschliche Bewußtsein entzieht sich allen Versuchen, ihm die Zwangsjacke der Kausalität überzuziehen. Die traditionelle chinesische Anschauung sieht in jedem Ereignis die Facette einer Gesamtsituation, in der die Trennungslinien zwischen einem Objekt und dem anderen fiktiver sind, als sie uns erscheinen mögen – obwohl sie deswegen nicht gleich ganz und gar unwirklich sind. Die Chinesen sind ein praktisches Volk, und so bezweifeln sie kaum, daß ein jedes der »zehntausend Dinge« seine eigene reale Identität besitzt.

Sie wären nicht überrascht zu hören, daß sich Dr. Johnson *tatsächlich* den Fuß verletzte, als er, um Bischof Berkeleys Idealismus zu widerlegen, gegen einen Tisch trat! Andererseits sind sie offen genug zu denken, daß die reale individuelle Identität der »zehntausend Dinge« sie nicht der Möglichkeit beraubt, »eins« zu sein, wenn man sie nur auf andere und keineswegs weniger annehmbare Weise betrachtet. Deswegen betrachten sie die Zyklen des Fortschritts und der Rückbildung, die aufeinander folgen oder parallel verlaufen, nicht nur als die Totalität sich gegenseitig durchdringender Kausalketten, unendlich an Zahl, sondern auch als *einen* Prozeß, in dem das Gesondertsein der daran beteiligten Objekte und Ereignisse in einer Hinsicht real, in anderer Hinsicht jedoch fiktiv und irreal ist. Der Mensch mag sich zwar in dem Glauben wiegen, daß er sein eigenes Leben plant (einigen außerordentlich begnadeten Menschen mag dies auch bis zu einem gewissen Grad gelingen), in Wirklichkeit wird er jedoch von Stürmen und Strömungen umhergeworfen, die jenseits seiner Kontrolle liegen. Wenn er das Leben akzeptiert, wie es ist, und sich diesen Strömungen überantwortet oder wenn er sogar seine geringen Kräfte mit ihrer überwältigenden Macht vereint, dann kann er sich wahrer Gelassenheit erfreuen, und seinen Plänen ist Erfolg beschieden. Zwingt er sich jedoch dazu, gegen den Strom zu schwimmen, dann sind übertriebene Anspannung, Frustration, nervöse Unsicherheit, Fehlschläge und Enttäuschung die Folge, und seine Pläne werden sich zwangsläufig nicht verwirklichen lassen. Es ist kein bloßer Zufall, daß eine der am häufigsten im I Ging auftauchenden Wendungen das Zeichen *Shun* ist – ruhige oder sogar freudige Annahme dessen, was war, ist und sein wird.

Der Taoismus lehrt uns – Denk- und Handlungsmodelle aufgreifend, die weitaus älter sind als sein Begründer Laotse (etwa 500 v. Chr.) –, nahe bei der Natur zu leben, die Vorgänge in der Natur genau zu beobachten und uns in unserem Handeln an ihrem Beispiel zu orientieren. Die Kraft des Wassers wird dabei besonders gerühmt. Wasser versucht niemals, unbezwingliche Hindernisse im direkten Ansturm zu nehmen, sondern umgeht sie, indem es ruhig seinem Lauf folgt. Alle Flüsse münden ins Meer, obwohl sie auf alle Senken zustreben und dem leichtesten Weg folgen. Zur wahren Lebenskunst gehört nicht nur zu wissen, wann und wie man handeln muß, sondern auch zu sehen, wann man besser nichts unternimmt. Klug handeln heißt, nur dort einzugreifen, wo es notwendig ist. Jedes weitere Tun würde uns wahrscheinlich nur zu permanenter Intervention zwingen und uns in Dinge verstricken, die wir besser auf sich beruhen lassen. Wäre die Welt nur von Taoisten bevölkert, niemand würde schlafende Hunde wecken! Ein geschickter Koch vergeudet seine Kräfte nicht mit unnötigen Bewegungen oder macht sein Hackmesser stumpf, weil er versucht, Knochen damit zu zerteilen; vielmehr wird er sein Hackmesser genau auf den Gelenkspalt richten. Ein Baum überlegt sich nicht, wie er an Wasser herankommt und wie er dieses Wasser aufnehmen soll, er nimmt es auf, wann immer es kommt. Tiger erlegen keine Beutetiere, nur weil sie Spaß am Töten haben oder weil sie sich im Beweis ihrer Stärke sonnen wollen, sie töten, wenn sie hungrig sind. Wer klug ist, hört auf seine Bedürfnisse, wenn sie sich melden, vermeidet aber sorgfältig alles, was neue Bedürfnisse wecken würde. Wir haben keinen Grund, daran zu zweifeln, daß Konfutse vieles von dieser Lehre in sein System übernahm, nicht anders als der Buddha, der vieles von den zeitgenössischen religiösen und philosophischen Strömungen Indiens aufnahm, und nicht anders als Christus, der einen großen Teil der jüdischen Religion in seine Lehre inkorporierte. Der grundsätzliche Unterschied zwischen Konfutse und Laotse besteht jedoch darin, daß Laotse einen Übungsweg empfiehlt, der zu einem Rückzug aus den Angelegenheiten der Welt führt, wohingegen Konfutse im Übungsweg ein Mittel sah, einen Mann soweit zu bilden, daß er in den ständig sich erweiternden Kreisen der Familie, des Staates und schließlich »aller Dinge unter dem weiten Himmel« – der ganzen bekannten Welt – die ihm gemäße Rolle ausfüllen kann.

Das I Ging hat sehr viel über kluges Regieren, kompetentes Verwalten und militärische Operationen zu sagen, denn seine Autoren betrachteten das *ganze* Leben und wußten deswegen, daß es Handlungsweisen gibt, die mit dem Rhythmus des Kosmos übereinstimmen, und andere, von denen man dies nicht behaupten könnte, ganz gleich, ob sie nun den Kosmos, die Nation, die Familie oder das Individuum selbst betreffen. Wenn wir also mit Hilfe des I Ging wahrsagen wollen und auf unsere Befragung eine Antwort erhalten, die, obwohl unsere Frage weder mit Regieren noch mit Verwalten das geringste zu tun hat, wie eine Lektion in praktischer Politik klingt, müssen wir nur die in der Antwort implizierte Bedeutung auf die Ebene unserer Frage übertragen. Um nur einmal ein Beispiel zu nennen: Im Falle eines Studenten, der noch vor seiner Promotion steht, oder eines Universitätsassistenten ohne Habilitation, kann unter dem »Herrscher« möglicherweise der Universitätspräsident oder der Leiter des Fachbereiches gemeint sein. Der »Minister« ist – dieses ergibt sich durch die Logik des

Systems – der vorsitzende Professor eines bestimmten Studienganges oder eine andere wichtige Lehrperson. Aus dem »Königreich« wird die Universität oder der Fachbereich, je nach dem, wie die Frage gestellt wurde. Es ist unmöglich, feste Regeln niederzulegen, aber trotzdem sollte der Fragende eigentlich ohne Schwierigkeiten sehen, wie er das im Text enthaltene Prinzip auf seine Frage übertragen kann.

Militärische Aktionen werden im I Ging gewöhnlich als Strafexpeditionen gegen Aufrührer und Rebellen geschildert – eine Angelegenheit, über die sich religiöse Führer gewöhnlich ausschweigen, obwohl sie in der Praxis selten davor zurückschrecken, den Knüppel oder gar das Schwert zu schwingen. Wenn wir bedenken, daß das I Ging von einem Zustand innerstaatlicher Harmonie ausgeht, in der sich Herrscher und Untertanen vereint darum bemühen, zum Nutzen aller zu wirken, werden wir in der Bestrafung der Rebellen keinen Ausrutscher mehr sehen, der aus dem Rahmen dieses ansonsten edelgesinnten und humanen Buches herausfällt. Die »Rebellen« sind nicht bloß Personen, die einem bestimmten Herrscher feindlich gegenüberstehen oder die ein bestimmtes Regierungssystem ablehnen, es sind Leute, die sich in ihrer Verblendung der natürlichen Entwicklung in den Weg stellen und die universale Harmonie zerstören; damit setzen sie sich selbst und zahllose andere großer Gefahr aus. Überdies sind die zahlreichen Hinweise auf Politik und Kriegskunst Spiegelbild der Zustände, die in den vielen kleinen Fürstentümern vorherrschten, welche dem Kaiser von China in alter Zeit nur ein Lippenbekenntnis leisteten. Der Anteil der des Lesens und Schreibens Kundigen war im Verhältnis zur Gesamtbevölkerung sehr gering, der Anteil der wirklich Gebildeten noch kleiner. Die wenigen Gebildeten waren durchweg der Ansicht, daß sie zum Allgemeinwohl am besten dann etwas beisteuern könnten, wenn sie sich in die Dienste eines Fürsten stellen würden, der zumindest so viel guten Willen zeigte, sie die Staatsgeschäfte in einer Weise besorgen zu lassen, daß Glück und Wohlstand gedeihen konnten. Die Bücher, die in jenen Zeiten entstanden, waren fast ausnahmslos zur Belehrung der herrschenden Fürsten und ihrer gebildeten Ratgeber gedacht. Da man den Buchdruck noch nicht kannte, mußte jedes Exemplar einzeln handschriftlich kopiert werden. Es konnte also gar nicht viele Bücher geben, so daß jene für die hohen Regierungsbeamten verfaßten Werke für besonders wertvoll gehalten werden mußten. Das I Ging war keine Ausnahme, auch wenn es noch andere, weit über diesen Rahmen hinausgehende Bestimmungen erfüllt. Andererseits erleichterte die chinesische Grundeinstellung zum Leben als einer Ganzheit jedem einzelnen, die in den Büchern über Regierungskunst und Staatsverwaltung enthaltenen Prinzipien auf sein eigenes Leben zu übertragen. Wenn Konfutse also lehrt, daß das Wohl des Staates vom sittlichen Niveau der in ihm lebenden Familien und damit von der Korrektheit jedes einzelnen abhängt, gibt er keinen nichtssagenden Gemeinplatz von sich, sondern betont die fundamentale Einheit des Ganzen und seiner Teile – eine Einstellung, die den meisten der philosophischen Schulen des alten China gemeinsam ist.

In unserer heutigen Zeit immer größerer Spezialisierung in Erziehung und Ausbildung werden immer feinere Aufteilungen, immer neue und nicht mehr rückgängig zu machende »wissenschaftliche Schubladen« ersonnen, so daß wir nur noch in den Werken der größten wissenschaftlichen Kapazitäten dann und wann eine Ahnung jenes fundamentalen Einsseins zu spüren bekommen, welches die kleinen »Wissenschaftsbeamten« mit ihrer behenden Geschäftigkeit vor unseren Blicken zu kaschieren trachten. Wenn wir Aussprüche von der Art hören wie »Alles Leben ist eins«, müssen wir wohl unwillkürlich an jenen berühmten Rufer in der Wüste denken. Wer nimmt sich beim ersten Hören denn überhaupt noch die Zeit, über alle Implikationen eines solchen Ausspruchs nachzudenken? Wahrscheinlich einige wenige, denn es gibt Menschen, die sich von der zunehmenden Komplexität des modernen Lebens eingeengt und von den gegenwärtigen Bildungsidealen angeödet fühlen. Bestimmte Lebensbereiche werden auf Kosten anderer überbetont, und wir lernen sehr viel über ein Spezialgebiet – über alle anderen Wissensgebiete jedoch so gut wie nichts. Wer durch diese Entwicklung bereits irritiert ist, wird das I Ging nicht als zu seltsam empfinden und schnell von seinen Lehren profitieren. Wer den entgegengesetzten Standpunkt vertritt, wird es wahrscheinlich als unverständliches Kauderwelsch ablehnen und sich darüber verwundern, wie jemand, der »die Segnungen einer modernen Erziehung« genossen hat, nur auf die Idee kommen kann, den unzusammenhängenden Äußerungen sogenannter »Weiser« einer längst vergangenen primitiven Feudalgesellschaft Beachtung zu schenken. Nun, im besten Fall läßt sich hoffen, daß ihre Verwirrung diese Menschen dazu führt, ihr Urteil nochmals zu überdenken und allmählich zu bezweifeln, ob ihr eigener Lebensstil wirklich der Weisheit letzter Schluß ist.

3. Die Symbolik des I Ging

Die Beziehung, die zwischen den vierundsechzig Hexagrammen und den ihnen beigefügten Texten herrscht, ist ein schwieriges Thema, dem man auf wenigen Seiten kaum gerecht werden kann. König Wên und der Herzog von Chou legten den Wortlaut der Texte nach einer eindeutigen und klaren Methode aus dem Verhältnis aller Linien eines Hexagrammes fest. Ich muß mich an dieser Stelle jedoch auf einige wenige grundlegende Überlegungen beschränken, nach denen sie ihre Wortwahl getroffen haben. Allgemein läßt sich sagen, die Reihenfolge der Hexagramme symbolisiert die Sequenz der Wandlungen, die alle Erscheinungen des Universums – von der mikrokosmischen bis zur makrokosmischen Ebene – fortwährend in Zyklen durchlaufen. Wenn wir unsere Angelegenheiten im Kontext der zutreffenden Teilabschnitte dieser Wandlungszyklen sehen, werden wir mit ziemlicher Treffsicherheit voraussagen können, ob sie sich positiv oder negativ entwickeln werden, ja in einigen Fällen werden wir sogar Möglichkeiten entdecken, die Entwicklung zu unseren Gunsten zu lenken. Der Wert der Voraussagen – einmal angenommen, daß unsere Interpretation der Antworten korrekt ist – wird davon abhängen, inwieweit wir bereit (und unserem Temperament nach fähig) sind, uns in Richtung der vom *Buch der Wandlung* gegebenen Hinweise zu bewegen, d. h. inwieweit wir uns bereitwillig in die unvermeidlichen Wechselfälle fügen, ganz gleich, ob sie nun Mehrung oder Minderung bedeuten. Wenn wir gegen die Strömung ankämpfen, unterbrechen wir mutwillig die Harmonie, die zwischen uns und den Kräften des Kosmos besteht, auch wenn wir damit zeitweilig Erfolg haben können. Letztlich werden wir durch solches Verhalten jedoch enttäuscht werden müssen, wie ein kleines Insekt, das versucht, einen Elefanten aus dem Weg zu räumen. Wir können nicht fortwährend versuchen, den Kräften entgegenzuarbeiten, die das Leben lenken, genausowenig, wie wir die Wahl haben, geboren zu werden oder nicht zu sterben. Es steht jedoch in unserer Macht, ihre unmittelbare Wirkung im kleinen zu beschleunigen oder zu hemmen, vielleicht sogar erfolgreich genug, daß wir uns zeitweilig in der Annahme wiegen, die Voraussagen des *Buches der Wandlung* wären nicht richtig. Diese Möglichkeit besteht jedoch nur selten, denn das Buch sagt nur in Ausnahmefällen, daß dieses oder jenes eintreffen wird. Es sagt uns statt dessen meist, daß wir unter den gegebenen Umständen gut beraten wären, in einer bestimmten Weise zu handeln. Manchmal zeigt es uns Wege, wie wir vor uns liegende Schwierigkeiten überwinden können. Ein andermal warnt es uns und macht uns darauf aufmerksam, daß jene Schwierigkeiten unüberwindlich sind und daß wir gut daran täten, einzuhalten oder uns zurückzuziehen. Die Entscheidung liegt bei uns. Wenn wir uns einmal entschieden haben, entziehen sich die Ereignisse gänzlich unserer Kontrolle.

Die Linien

Die vierundsechzig Hexagramme, auf denen die Voraussagen beruhen, bestehen alle aus zwei Trigrammen, also insgesamt sechs Linien. Die Linien sind entweder gebrochen (nachgiebig) oder durchgezogen (fest). Die gebrochenen Linien sind die *Yin*-Linien (oder *Yin*-Striche), die durchgezogenen die *Yang*-Linien (oder *Yang*-Striche). Die *Yin*-Striche versinnbildlichen das *Yin*-Prinzip – irdisch, rezeptiv, negativ, weiblich, dunkel usw., die *Yang*-Striche die entgegengesetzten Eigenschaften – himmlisch, aktiv, positiv, männlich, licht usw. Keines von beiden ist besser oder schlechter als das andere, denn beide Prinzipien haben gleichberechtigt an der Ganzheit des Daseins Anteil. Unter bestimmten Umständen werden sie zu Wandlungslinien, d. h. sie bewegen sich auf den ihnen entgegengesetzten Pol zu und verschmelzen schließlich damit. Ein sich wandelnder *Yin*-Strich wird durch —×— dargestellt, ein sich wandelnder *Yang*-Strich durch —○—. Die Hexagramme werden zuerst so behandelt, als enthielten sie nur feststehende Linien. Wenn sich einige Linien wandeln und in ihr Gegenteil kehren, entsteht ein neues Hexagramm.

Die Trigramme

Es gibt insgesamt acht Trigramme, mehr Kombinationen sind bei nur zwei Arten von Linien nicht möglich. Nach der Überlieferung wurden sie vom Kaiser Fu Hsi (2852–2738 v. Chr.) entdeckt, dem ersten verzeichneten Herrscher der chinesischen Geschichte; er wird jetzt allgemein als legendäre Figur angesehen. Es wird gesagt, daß er sie zuerst auf einem Schildkrötenpanzer sah. Ganz gleich, ob diese Geschichte nun der Wahrheit entspricht oder symbolisch gemeint ist, die Trigramme sind mit Sicherheit ungeheuer alt, weit älter als selbst das ehrwürdige *Buch der Wandlung*. Sie repräsentieren vornehmlich aktive und passive Aspekte der Natur wie Donner, Wind, Berg, See usw. Sie werden auch mit den Elementen, den Jahreszeiten, den Stunden und vielen anderen Dingen gleichgesetzt. Das Trigramm *Ch'ien* (☰) steht mit seinen drei festen Linien für das *Yang*-Prinzip und alle seine Eigenschaften, folglich ist es außerordentlich aktiv. *K'un* (☷), aus drei nachgiebigen Strichen gebildet, steht für das *Yin*-Prinzip und alle seine Eigenschaften, einschließlich des passiven Hinnehmens. Zusammen repräsentieren sie das gesamte Universum (wörtlich: Himmel und Erde) in seiner fundamentalen *Yin-Yang*-Polarität, nur einen Schritt von der vollkommenen Einheit des *T'ai Chi* (des Absoluten) entfernt. In anderer Bedeutung werden sie als die gemeinsamen Schöpfer aller Erscheinungen des Universums – als »Vater und Mutter« – betrachtet; die übrigen sechs Trigramme sind ihre drei »Söhne« und drei »Töchter«. (Einzelheiten über diese Familie können den graphischen Darstellungen im Anhang des Buches entnommen werden.) Jedes Hexagramm ist aus zwei Trigrammen aufgebaut. Zwischen ihnen herrscht je nach ihrer Kombination ein bestimmter Grad an Harmonie oder Disharmonie. Damit entscheiden sie über die genaue Aussage des Hexagramms. Herrscht zwischen den Trigrammen enge Übereinstimmung, dann versinnbildlicht das Hexagramm Glück, Harmonie und eine erfreuliche Entwicklung. Besteht zwischen ihnen ein Mißklang, dann steht das Hexagramm für Disharmonie, Unglück und eine unerfreuliche Entwicklung. Liegt das Verhältnis zwischen diesen Extremen, dann deutet das Hexagramm nicht auf etwas durch und durch Wünschenswertes, aber auch nicht auf etwas vollkommen Schlechtes. Vier Hexagramme stechen aufgrund ihrer Bedeutung besonders hervor: Das Hexagramm 1 (*Ch'ien*, Himmel usw.), welches aus zwei *Ch'ien*-Trigrammen und damit aus sechs festen Linien besteht, das Hexagramm 2 (*K'un*, Erde usw.), welches aus zwei *K'un*-Trigrammen und damit aus sechs nachgiebigen Strichen besteht, das Hexagramm 11 (*T'ai*, Friede), bestehend aus dem Trigramm *K'un* über dem Trigramm *Ch'ien* und damit aus drei aufeinanderfolgenden *Yin*-Strichen über drei aufeinanderfolgenden

Yang-Strichen, und das Hexagramm 12 (*P'i*, Stillstand), in dem die Position dieser Trigramme umgekehrt ist (die *Yang*-Striche liegen über den *Yin*-Strichen). Ihre hervorstechende Bedeutung liegt in dem besonderen Verhältnis von *Yin*- und *Yang*-Linien. Im ersten Fall gibt es nur *Yang*-Linien, das Hexagramm ist vollkommen positiv und schöpferisch. Im zweiten Fall gibt es nur *Yin*-Linien, das Hexagramm symbolisiert das Empfangende in seiner höchsten Vollkommenheit. Im dritten und vierten Fall sind gleichviel *Yin*- und *Yang*-Linien vorhanden, nicht vermischt, sondern nur benachbart. Es ergibt sich gewissermaßen von selbst, daß *T'ai*, welches für seine drei schwachen Striche die sicherste aller möglichen Grundlagen besitzt, von äußerst günstiger Vorbedeutung ist, während *P'i* äußerst ungünstig ist, denn die drei festen (und damit starken und schweren) Linien lasten auf den drei nachgiebigen (und damit schwachen und zerbrechlichen) Linien. Die letzten beiden Fälle sind ein sehr gutes Beispiel für eine der Methoden, die zur Interpretation der Hexagramme herangezogen werden. Hier die Hexagramme in ihrer symbolischen Form:

Ch'ien (1)	*K'un* (2)	*T'ai* (11)	*P'i* (12)
䷀	䷁	䷊	䷋

Die Kerntrigramme

Wie wir gesehen haben, setzt sich jedes Hexagramm, wenn wir es in seiner Grundstruktur betrachten, aus zwei übereinanderliegenden Trigrammen zusammen. Das untere Trigramm wird als das erste angesehen und das obere als das darauf folgende, denn die Trigramme und Hexagramme werden immer von unten nach oben gelesen. Neben den beiden Teiltrigrammen enthält jedes Hexagramm noch zwei ineinander verschränkte Kerntrigramme. Das erste Kerntrigramm setzt sich aus den Linien 2, 3 und 4, das zweite aus den Linien 3, 4 und 5 des eigentlichen Hexagramms zusammen. Nehmen wir aufs Geratewohl ein Beispiel: Das Hexagramm ䷑ besteht aus den Trigrammen ☴ und ☶ und besitzt deswegen ☱ und ☳ als Kerntrigramme. In einigen Fällen, wie zum Beispiel in dem Hexagramm ䷍, ist eines der beiden Teiltrigramme mit einem der beiden Kerntrigramme identisch. Bei der Festlegung des Hexagramm-Textes zogen die Autoren grundsätzlich beide Trigrammpaare in Betracht. Finden wir zum Beispiel in einem Text ein Wort, das auf die Bedeutung »Schönheit« weist, ohne daß *Li* (Schönheit, das Flammende) eines der beiden Teiltrigramme ist, dann erkennen wir *Li* vielleicht in einem der beiden Kerntrigramme – dies muß aber nicht unbedingt der Fall sein, denn der Wortlaut des Textes berücksichtigt außerdem noch viele andere Erwägungen.

Das Verwandtschaftsverhältnis der Trigramme

Die Trigramme bilden, wie wir bereits erwähnt haben, eine Familie, bestehend aus Vater, Mutter, einem ältesten, einem mittleren und einem jüngsten Sohn und einer ältesten, mittleren und jüngsten Tochter. Die jeweilige Stellung der beiden Trigramme eines Hexagramms innerhalb der Familie hat großen Einfluß auf die Bedeutung des Hexagramms. So entsteht zum Beispiel aus dem Nebeneinander zweier Tochter-Trigramme die Textpassage, die von zwei Frauen unter dem gleichen Dach spricht, ein besonders eindeutiger Hinweis auf die Beziehung, die zwischen der Struktur eines Hexagrammes und dem beigefügten Text besteht.

Die Reihenfolge der Hexagramme

Die traditionelle Anordnung der Hexagramme ist keineswegs rein zufällig. Unter anderem lenkt sie unsere Aufmerksamkeit auf die bedeutende Rolle, die der Gegenwirkung im System der kosmischen Wandlungen zufällt, denn oft geschieht es, daß ein Hexagramm *in gewisser Hinsicht* das Gegenteil des vorangegangenen Hexagramms versinnbildlicht – obwohl selten das absolute Gegenteil. So symbolisieren zum Beispiel die Hexagramme »Friede« und »Stillstand« nicht polare Gegensätze, aber doch wird das erste erwünscht, wohingegen das zweite eher zum Klagen und Jammern Anlaß gibt. Ihr Nebeneinander bekräftigt, was uns die Geschichte lehrt: Lange Perioden des Friedens führen leicht zur Stagnation. Während Zeiten, über denen nicht der Schatten des Krieges lastet, setzt der Mensch seine Erfindungsgabe bestenfalls zögernd dazu ein, seine Lebensbedingungen zu verbessern. Bricht jedoch Krieg aus, dann greift er tief in die Tasche, so daß sich wissenschaftliche und gesellschaftliche Veränderungen rapide und sprunghaft vollziehen. Wir dürfen also mit gutem Recht behaupten, daß sich Fortschritt proportional zum Ausmaß der Bedrohung entwickelt. Die Stellung dieser Hexagramme mag uns über einen solch traurigen Stand der Dinge hinwegtrösten, denn die Plazierung von »Stillstand« nach »Frieden« legt uns nahe, daß ihr Verhältnis zueinander schon immer ganz natürlich so war. Wir sollten die Gesamtsituation besser einschätzen können, wenn wir bei unserer Betrachtung eines Hexagramms auch das vorangehende und folgende Hexagramm berücksichtigen.

Die Angemessenheit der Linien

Ziehen wir diese verschiedenen Faktoren in Betracht, dann sehen wir, daß eine nachgiebige oder eine feste Linie (oder zwei oder drei Linien von derselben Art oder eine bestimmte Kombination von beiden Arten von Linien) darauf hinweist, ob eine Situation günstig oder ungünstig ist. Die Konfuzianischen Kommentare spielen häufig darauf an, daß eine bestimmte Linie auf ihrem Platz angemessen oder unangemessen ist. In meinen Anmerkungen habe ich dazu nur wenige Erklärungen hinzugefügt, denn ich befürchtete, den Leser mit technischen Einzelheiten zu ermüden. Mit einiger Übung wird er selbst bald erkennen, warum eine Linie für den Platz, den sie im Hexagramm einnimmt, besonders angemessen oder unangemessen ist. So erscheint zum Beispiel das Hexagramm 28 in dieser Form: ䷛. Betrachtet man es von oben nach unten, dann sieht man, daß sich die nachgiebige Linie unten in hoffnungsloser Lage befindet, denn sie muß mit ihrer unzureichenden Kraft das Gewicht der vier starken (und damit schweren) Striche tragen, die unmittelbar über ihr liegen. Betrachtet man das Hexagramm horizontal, dann geben beide Linien Anlaß zu bösen Ahnungen, denn der Gesamteindruck erinnert an einen schweren Balken, der in seiner Mitte so schwach ist, daß er nicht einmal sein eigenes Gewicht tragen kann, geschweige denn irgendeine zusätzliche Last. Im allgemeinen, vorausgesetzt natürlich, daß andere Erwägungen die Situation nicht grundsätzlich ändern, ist eine nachgiebige Linie über einer festen Linie gut plaziert, denn Schweres kann Leichtes gut tragen. Das umgekehrte Verhältnis führt manchmal zu unbefriedigenden Ergebnissen. Aufgrund ihrer Stellung als zentrale Linien der Teiltrigramme fällt in jedem Hexagramm den Linien 2 und 5 besondere Bedeutung zu; von unten nach oben gelesen stehen die Linien eines Trigramms für Erde, Mensch und Himmel. Die Tatsache, daß die zentrale Linie eines Trigramms dem Menschen zugeordnet ist, mag einer der Hauptgründe dafür sein, daß die Linien 2 und 5 oft durch eine Bemerkung über den ihrer Stellung angemessenen (oder unangemessenen) Charakter vor allen anderen hervorgehoben werden. Die vom Text verkündeten Vorzeichen – sie reichen von »höchstes Glück« zu »Unheil« – sind zum großen Teil davon abgeleitet, wie angemessen (oder unangemessen) die betreffenden Linien auf ihrem Platz sind.

Die Beziehung der Linien zueinander

Jedes Hexagramm besitzt eine oder mehrere »herrschende Linien«, eine davon ist meistens – aber nicht immer – die Linie auf dem fünften Platz.* Überdies geht man davon aus, daß die restlichen Linien gegenseitig miteinander in Beziehung stehen, Beziehungen, die an das Verhältnis zwischen einem Herrscher, seinem Hauptberater oder Minister und den übrigen Beamten und Gefolgsleuten erinnern. Sehr oft haben die Linien 1 und 6 nur geringe Bedeutung, denn sie befinden sich gewissermaßen am Rande der eigentlichen Situation. Linie 6 repräsentiert manchmal einen Weisen, der nicht mehr in die Belange der Welt verstrickt ist. Die Linien 2 und 4 versinnbildlichen manchmal Frauen und/oder Söhne oder in anderem Kontext auch subalterne Beamte. Die Beziehungen der Linien zueinander sind für den Hexagramm-Text von nicht geringerer Bedeutung als der Verwandtschaftsgrad, der zwischen den beiden Teiltrigrammen besteht.

Die Reihenfolge der Linien und Teiltrigramme

Die von einem Hexagramm versinnbildlichte Umgestaltung, ganz gleich, ob es sich um eine vollkommene Wandlung oder um einen Teilaspekt einer umfassenderen Veränderung handelt, beginnt bei der unteren Linie und setzt sich nach oben fort. Daraus folgt, daß die unteren Linien (oder das untere Teiltrigramm) für die Anfangsstadien der jeweiligen Gesamtentwicklung stehen.

* Siehe Seite 280: Die Tabelle der herrschenden Linien.

Die Wandlung einzelner Linien

Das vierte Kapitel erklärt die Handhabung der Wahrsagestäbchen und zeigt uns, daß aus einer bis jetzt statischen Linie unter Umständen eine Wandlungslinie werden kann. Diese Wandlungslinien sind aus mindestens zwei Gründen wichtig: 1) Indem sie sich in ihr Gegenteil kehren, bringen sie ein zweites Hexagramm zum Vorschein, dessen Text und Kommentar die Bedeutung des Ausgangshexagramms modifizieren. 2) In widersprüchlichen Situationen wiegt die Bedeutung einer Wandlungslinie schwerer als die Voraussage des Gesamthexagramms. Es kann durchaus sein, daß ein Hexagramm für unsere Vorhaben eine in jeder Hinsicht ungünstige Beurteilung abgibt und uns sagt, es wäre für uns am besten, auf weitere Schritte zu verzichten, oder uns sogar rät, bereits gewonnene Positionen aufzugeben, die Wandlungslinie uns hingegen versichert, uns wäre ein Erfolg auf ganzer Linie beschieden, würden wir unsere Pläne nur entschieden genug verfolgen. In diesem Fall müssen wir das im Hexagramm enthaltene Verbot in den Wind schlagen. Eigentlich existiert zwischen den beiden Aussagen auch gar kein Widerspruch. Wenn die Aussichten für ein Vorhaben wie das unsrige allgemein auch ungünstig sein mögen, können besondere Umstände (symbolisiert durch die Wandlungslinie) es wünschenswert oder sogar unvermeidlich machen, daß wir ohne Verzug unseren Weg gehen – obwohl uns die Warnung des Hexagramms natürlich nahelegt, dabei noch wesentlich vorsichtiger zu verfahren als gewöhnlich.

Der Wortlaut der Orakeltexte

Wir haben bereits erfahren, daß der den Hexagrammen beigefügte Text König Wên und die Linienkommentare seinem Sohn, dem Herzog von Chou, zugeschrieben werden. Für unsere Betrachtung spielt es keine große Rolle, ob sie nun wirklich die Autoren sind oder nicht. Auch wenn dies durch die Vielzahl der dabei zu beachtenden Faktoren erschwert wird, kann man das System entdecken, nach dem die Texte aus den symbolischen Darstellungen der Hexagramme entwickelt wurden. Im klassischen Chinesisch sind Artikel, Präpositionen, Konjunktionen und Adverbien mit hauptsächlich syntaktischer Funktion kaum anzutreffen. Deswegen ist fast jedes Wort des I Ging – Substantive, Adjektive, Verben und beschreibende Adverbien – von Bedeutung und läßt sich direkt aus der Hexagramm-Struktur herleiten. Da überdies die Wortklassen nicht eindeutig voneinander unterscheidbar sind, ist es leicht möglich, daß ein und dasselbe Wort an verschiedenen Stellen für eine andere Wortklasse steht, wodurch viele Textstellen mehrere gleichermaßen gültige Bedeutungen erhalten. Noch folgenreicher ist jedoch die Tatsache, daß den chinesischen Schriftzeichen, ihrem Ursprung nach Piktogramme, für alle Zeiten das Bildhafte anhaften wird. Infolgedessen kann selbst eine komplizierte Ereigniskette oder ein vielschichtiger Zusammenhang mit einem Zeichen in geradezu telegrafischer Knappheit ausgedrückt werden. Wir können nun also leicht verstehen, warum kaum Wörter mit rein syntaktischer Funktion nötig waren, die Zwischenräume der entscheidenden Wörter des Textes – jedes dieser Wörter ist unmittelbar von der Plazierung der Linien und Trigramme abgeleitet – zu überbrücken. Es fällt auf, daß der Text zu den meisten Hexagrammen weit mehr als sechs Wörter enthält, obwohl das Hexagramm selbst doch nur aus sechs Strichen besteht. Jeder Strich soll also in Übereinstimmung mit dem Gesamtbild mehrere Wörter und damit Bedeutungen zulassen. Es ist sicherlich nicht falsch zu sagen, daß die Hexagramme in gewisser Hinsicht als kurzer Kode behandelt wurden, aus dem sich nach bestimmten Regeln Botschaften von unterschiedlicher Länge und Genauigkeit entwickeln lassen. (Die Richtigkeit dieses Vergleichs wird durch die Tatsache unterstrichen, daß einige Sinologen im *Buch der Wandlung* ausschließlich ein Kode-Buch gesehen haben.)

Menschen oder Dinge, die mit der Kraft des Schöpferischen ausgestattet sind – der Himmel, die Sonne*, der Herrscher usw. –, werden, wie nicht anders zu erwarten, von starken Strichen repräsentiert, wohingegen nachgiebige Linien auf Eigenschaften wie Passivität und willige Annahme hindeuten. Eine gründliche Beurteilung aller vorherrschenden Einflüsse bestimmte, welcher der vielen Möglichkeiten in jedem einzelnen Fall der Vorzug gegeben wurde. So wird der Edle Mensch zum Beispiel nicht immer (wie wir erwarten würden) aus einem *Yang*-Strich hergeleitet. Unter Umständen, vorausgesetzt der *Yin*-Strich befindet sich in einer Position, aus der er einem oder mehreren *Yang*-Strichen »beistehen« kann, wird der Edle Mensch auch aus einem *Yin*-Strich hergeleitet.

Im großen und ganzen ist nicht davon die Rede, daß die *Yang*-

* Im Chinesischen wie in vielen anderen Sprachen ist das natürliche Geschlecht der Sonne männlich, also schöpferisch. (Anm. d. Übers.)

Linien den *Yin*-Linien überlegen wären; dennoch wird eine gewisse Inferiorität der *Yin*-Linien impliziert, denn sie bezeichnen oft Personen von geringen Fähigkeiten oder allgemein etwas Unwürdiges. Wir werden jedoch auch entdecken, daß selbst *Yang*-Linien für unerwünschte Personen oder Eigenschaften stehen können, wenn ihre Stellung im Hexagramm unangemessen ist. Eigentlich ist es vollkommen unsinnig, nach der Überlegenheit einer Art von Linien zu fragen, denn *Yin* und *Yang* sind für alle Situationen *gleichermaßen* lebenswichtig. Formbarkeit und Geschmeidigkeit sind ebenso wichtig wie schöpferische Kraft und Tätigkeit. Dem Umstand, daß die meisten Wörter mit Bedeutungen wie Eintracht, freudiges Annehmen, Sanftheit, Anmut usw. *Yin*-Strichen entlehnt sind, können wir entnehmen, welch positiven Beiklang die *Yin*-Striche sehr oft besitzen. Wenn beide Arten von Linien angemessen kombiniert sind, d. h. wenn *Yin*- und *Yang*-Linien sich aufgrund ihrer Plazierung gegenseitig stützen, schließt der Text daraus Begriffe wie Empfänglichkeit und günstige Übereinstimmung. Wörter wie Streit, Zweifel, mangelndes Vertrauen, Treulosigkeit usw. tauchen hingegen oft dann auf, wenn die Linienkombination unangemessen ist.

Der Text sagt zu verschiedenen Hexagrammen, daß es besonders wichtig ist, ihrem Rat rechtzeitig zu folgen. Betrachtet man das I Ging nur unter dem Gesichtspunkt des Wahrsagens, aller philosophischen, religiösen und kosmologischen Implikationen beraubt, dann ist eine solche Aussage als ein Hinweis darauf zu verstehen, daß sich der Erfolg nur dann einstellen wird, wenn wir dem Rat des Orakels zur rechten Zeit folgen. Es gibt eine Zeit, in der Gewinn natürlich ist, Zeiten des Fortschritts, Zeiten des Einhaltens, der Fülle oder des Leerens. Es ist offensichtlich wichtig für uns zu wissen, welche der beiden Alternativen uns offensteht.

Die besondere Eigenschaft, die jedem Hexagramm innewohnt, ist seine »Kraft« oder »Befähigung«. Je nachdem, ob die Linienordnung im Hexagramm auf eine für unsere Vorhaben ungünstige oder günstige Situation deutet, hat es scheinbar unangenehme oder angenehme Eigenschaften. Im eigentlichen Sinn jedoch gibt es kein einziges Hexagramm mit nicht wünschenswerten Eigenschaften, denn der kosmische Entwicklungsprozeß kann auf *keine* seiner Komponenten verzichten. Wäre ein allmächtiges Wesen dazu in der Lage, auch nur eine dieser Komponenten aufzuheben, Chaos müßte unausweichlich folgen. Gäbe es ein Füllen ohne Leeren, ein Erschaffen ohne Zerstören, das Leben würde unter dem gehäuften Auftreten von Wesen und Objekten ersticken müssen.

In dem Vorwort zu einer chinesischen Ausgabe des I Ging wird erklärt, daß sich alle Hexagrammtexte – einmal davon abgesehen, daß sie die Bedeutung des Hexagramms erhellen – auf vier Faktoren beschränken: Kraft, Form, Gehalt und Verwandlung (des Hexagramms). Wir haben bereits gesehen, daß mit »Kraft« seine Eigenschaften gemeint sind – schöpferisch, empfänglich, still usw. Seine »Form« sind die in ihm enthaltenen Teiltrigramme und Kerntrigramme, sein »Gehalt« die Plazierung der beiden Linienarten auf den sechs Plätzen und seine »Verwandlung« das »Kommen und Gehen der festen und nachgiebigen Linien«. »Kommen und Gehen« werden mit dem Von-außen-Kommen und dem Von-innen-Gehen erklärt. Das Kommen impliziert, daß etwas gerade geschieht, das Gehen, daß sich etwas auflöst.

Die Terminologie des I Ging läßt uns vermuten, daß die Religion in China, nicht anders als heute, bereits in ältester Zeit durch eine Reihe scheinbarer Widersprüche gekennzeichnet war. *T'ai Chi*, das Absolute, wird in den I-Ging-Texten gar nicht erwähnt, denn in seiner undifferenzierten Form läßt es sich vom Menschen, solange er in den verschiedenen Zuständen des Normalbewußtseins verharrt, nicht beobachten. Das *T'ai Chi* läßt sich nur aus der Interaktion von *Yin* und *Yang* erkennen, einer Interaktion, die beständig im Menschen und in der Außenwelt stattfindet. Trotzdem können wir aus dem Ton, in dem das I Ging seine Philosophie präsentiert, auf ein unpersönliches Absolutes schließen, über das weder Gott noch Götter Macht haben, welches aber dessen ungeachtet in den Vorgängen des Kosmos tätig wird. Aus dieser Sachlage schließen die Chinesen jedoch nicht automatisch, die Existenz von Göttern sei mit der Wirklichkeit unvereinbar, denn sie sehen in ihnen nicht unsterbliche Wesenheiten, die außerhalb der kosmischen Prozesse und unabhängig von den Gesetzen des Universums existieren. Trotz ihres übermenschlich langen Lebens, trotz ihrer besonderen Kräfte und mehr oder weniger ätherischen Körper sehen die Chinesen in den Göttern zumeist weder die Schöpfer des Universums – noch Allmächtige oder Unsterbliche. Wie wir Menschen, so sind auch sie Beschränkungen unterworfen. Sie werden geboren und müssen sterben – wenn auch nach sehr langer Zeit. Dazwischen sind sie wie alle anderen Geschöpfe den Gesetzen des Universums unterworfen. Verstoßen sie dagegen, so müssen auch sie leiden, Enttäuschungen hinnehmen und Schande über sich ergehen lassen. Es mag also seltsam anmuten, daß das I Ging trotzdem einen Höchsten Himmlischen Herrscher erwähnt, dem die jahreszeitlichen Opfer gewidmet waren, welche ihm gewöhnlich von den

Feudalfürsten dargebracht wurden. Es wird nicht sehr viel über ihn gesagt, doch lassen die Äußerungen der Schriften keinen Zweifel daran aufkommen, daß er, wenn er auch nicht der Schöpfer des Universums ist, eine außerordentliche Fülle an Macht über das Wohl der Menschen, Götter und Dämonen besitzt. Wie sich dieser Höchste Himmlische Herrscher mit dem unpersönlichen *T'ai Chi* vereinbaren läßt, darüber schweigt sich das Buch aus. Ein Vergleich mit indischen Vorstellungen, die in Brahma gleichzeitig die Höchste Gottheit und ein unpersönliches Absolutes sehen, würde sich gewissermaßen anbieten, doch kenne ich in der chinesischen Literatur keine Quelle, welche diesen Vergleich rechtfertigen würde. Es ist deswegen wahrscheinlicher, daß die Vorstellungen vom *T'ai Chi* und vom Höchsten Himmlischen Herrscher in friedlicher Koexistenz nebeneinander bestanden haben, da die Chinesen – ihr geringes Interesse an Fragen der Metaphysik ist geradezu typisch – sowohl die abstrakte Kosmologie der Weisen akzeptieren als auch den mehr volkstümlichen Glauben an einen Höchsten Himmlischen Herrscher. Darin sehen sie keinen Widerspruch, oder besser gesagt, der offensichtliche Widerspruch kümmert sie wenig. Die Chinesen scheinen schon immer der Maxime gefolgt zu sein, übernatürliche Wesen mit höchstem Respekt zu behandeln und gleichzeitig peinlich darauf zu achten, so wenig wie möglich mit ihnen zu tun zu haben. Es kann auch sein, daß die Weisen des alten China, um im Volk Disziplin, Ehrfurcht und Angst vor den Folgen schlechter Taten zu wecken, keinen Einwand dagegen hatten, das Absolute zu personifizieren, denn abstrakte Prinzipien lassen sich Ungebildeten nur schwer verständlich machen – eine Erklärung, für die es viele ähnliche Beispiele aus anderen Teilen der Welt gibt.

Die Wendungen »nichts mehr zu bedauern« und »kein Verstoß« tauchen häufig im *Buch der Wandlung* auf. Wenn uns Probleme oder gar Gefahr drohen, geschieht es oft, daß wir bereuen, was in der Vergangenheit geschah, und wir sehen ein, daß, hätten wir uns nur anders verhalten, diese unangenehme Situation gar nicht erst entstanden wäre. Wir leiden also nicht nur daran, sondern zusätzlich auch noch unter unserem Bedauern. Sind wir jedoch für die sich über uns zusammenballenden Schwierigkeiten offensichtlich nicht verantwortlich, dann gibt es nichts mehr zu bedauern. Da uns diese Einsicht oft neuen Mut und neue Entschlossenheit schenkt, unterscheidet das I Ging sehr genau zwischen Problemen, die wir uns selbst eingebrockt haben, und Problemen, an denen wir keine Schuld tragen. Die Wendung »kein Verstoß« hat eine ähnliche Bedeutung. Sie besagt, daß wir unschuldig sind, wie unangenehm die Umstände vielleicht auch noch werden mögen. Außerdem scheint sie für den Fall, daß wir unseren Absichten weiter folgen wollen, keinen zusätzlichen Vor- oder Nachteil vorauszusagen. Andererseits machen uns Worte wie »Verstoß«, »Bedauern«, »ernstzunehmende Schwierigkeiten« und »Unheil« mit wachsender Eindringlichkeit darauf aufmerksam, daß wir von unserer jetzigen oder beabsichtigten Handlungsweise Abstand nehmen müssen.

Eine andere Wendung, auf die wir immer wieder treffen, ist »fest im Rechten und Wahren« oder »Ausdauer auf dem rechten Weg« – im Chinesischen das einsilbige Wort *Chên*. Es besagt, daß die Entschlossenheit, mit der wir unsere Pläne verfolgen, aller Rückschläge, Schwierigkeiten und Hindernisse ungeachtet, uns zum Erfolg führen wird – *vorausgesetzt, daß unsere Handlungsweise moralisch zu rechtfertigen ist.* Hätte ich dieses Zeichen wie Richard Wilhelm mit einem einzigen Wort – Beharrlichkeit – übersetzt, ich hätte seiner Bedeutung Gewalt angetan. Die Autoren des *Buches der Wandlung*, die mit dem Erfolg um des Erfolges willen nicht viel im Sinn hatten, sondern statt dessen besonders für beispielhafte Selbstbeherrschung und alle Beiträge zum Allgemeinwohl Bewunderung hegten, hätten in reiner Beharrlichkeit, ohne Berücksichtigung des moralischen Wertes unserer Handlungen, keine außerordentliche Tugend sehen können.

Es fällt auf, daß das *Buch der Wandlung* über die Hexagramme 1 und 2 mehr als über alle anderen zu sagen hat – teilweise, weil zu diesen Hexagrammen zusätzliche Kommentare erhalten geblieben sind, die zu den anderen Hexagrammen fehlen; möglicherweise sind sie verlorengegangen, möglicherweise nie geschrieben worden. Ihre außergewöhnliche Hexagrammstruktur mag ein weiterer Grund für die umfangreichere Behandlung des »Schöpferischen« und des »Empfangenden« sein: das »Schöpferische« besteht nur aus *Yang*-Strichen, das »Empfangende« nur aus *Yin*-Strichen. In ihrer reinen Klarheit sind sie das Muster für alle *Yin-* und *Yang-Prinzipien* – makelloser Himmel, unbefleckte Erde, unverfälschte Kreativität und vollkommene Empfänglichkeit. Die übrigen Hexagramme hingegen versinnbildlichen Situationen, die aus der Wechselwirkung des Schöpferischen und des Empfangenden – gewissermaßen ihrer Eltern – entstehen.

4. Die Handhabung des I Ging – Methoden der Befragung und der Interpretation

Alle in diesem Kapitel vorgestellten Anweisungen entstammen verschiedenen chinesischen Ausgaben des *Buches der Wandlung*. Ich gebe sie ungekürzt wieder, weil ich mir nicht anmaßen möchte, jene Anweisungen, die vielleicht nicht gerade nach dem westlichen Geschmack sind, einfach wegfallen zu lassen. Es liegt bei jedem einzelnen zu entscheiden, inwieweit er den Anweisungen folgen möchte. Gegen den Einwand, das I Ging bestünde wie jedes andere Buch aus soundso vielen bedruckten zwischen Vorder- und Rükkendeckel eingebundenen Seiten, läßt sich nicht viel erwidern. Geht jemand so weit und gebraucht das I Ging als Sitzkissen oder Fußstütze, so leidet es offensichtlich nicht darunter oder fühlt sich verletzt wie ein feinfühliger Mensch, dem man eine ähnliche Behandlung angedeihen lassen würde. Wer jedoch Ehrfurcht und Freude am Dasein hat, wird sich kaum so verhalten, auch wenn er aus seinem Vorbehalt allen Ritualen gegenüber zögern wird, vor jeder Befragung ein Räucherstäbchen anzuzünden und sich vor dem *Buch der Wandlung* auf die Erde niederzuwerfen. Im Osten hingegen sind Ritualhandlungen, die die Missionare abwertend als »Götzenverehrung« oder »Aberglauben« zu bezeichnen pflegten, selbst für gebildete und »aufgeklärte« Menschen annehmbar, nicht so sehr wegen des günstigen Effekts, den diese Handlungen auf den Gegenstand der Verehrung ausüben könnten, sondern eher, weil solche Handlungen auf das Bewußtsein des Ausführenden einen positiven, ja sogar heilsamen Einfluß ausüben. Manche Rituale des tantrischen Buddhismus, von den Buddhologen aufgrund ihrer rein mechanischen Natur tief verachtet, machen die Unterschiede in der Einstellung sehr deutlich. Obwohl sich in diese Form des Buddhismus unbestreitbar rein mechanische Praktiken eingeschlichen haben – mit Wasserkraft angetriebene Gebetsmühlen sind ein Beispiel dafür –, beziehen die Kultgegenstände, Mantras und Visualisierungen ihre unbestreitbare Wirksamkeit allein aus den Bewußtseinskräften, die sie verkörpern. Dies sollten wir bedenken, wenn wir uns überlegen, bis zu welchem Grad wir dem traditionellen chinesischen Ritual bei der Befragung des *Buches der*

Wandlung folgen wollen. Sollten wir uns dazu entscheiden, Teile des Rituals fallenzulassen, so muß dadurch nicht unbedingt ein Verlust entstehen. Aber es ist vielleicht klüger, sich buchstabengetreu an die Anweisungen zu halten, als sich durch allzugroße Weglassungen auf Irrwege leiten zu lassen. Es ist leicht verständlich, wenn wir davor zurückschrecken, einige dieser Handlungen vor einem Publikum auszuführen, welches uns deswegen höchstwahrscheinlich verhöhnen und verspotten würde. Diese Situation ist jedoch sehr unwahrscheinlich, denn es gibt einen wichtigen Grund dafür, das *Buch der Wandlung* nur zu befragen, wenn wir allein sind. Solange wir noch nicht auf eine lange Erfahrung zurückblikken können, ist es nämlich höchst unwahrscheinlich, daß uns die Nähe anderer Menschen zu jenem Zustand geistiger Empfänglichkeit vordringen läßt, ohne den unsere Interpretation des Orakels so mangelhaft sein muß, daß sie leicht zu gefährlich irreführenden Ergebnissen führen kann.

Aufbewahrung des I Ging und der Wahrsagestäbchen

Wenn wir es nicht gerade benutzen, sollten wir das *Buch der Wandlung* in Seide oder Tuch einwickeln und an einem Ort aufbewahren, der nicht niedriger ist als die Schulterhöhe eines aufrecht stehenden Mannes. Es wird empfohlen, sich vor einer Befragung die Hände zu waschen; danach sollten wir das Buch aus seiner Stoffhülle wickeln und den Stoff wie ein Tischtusch über die Fläche breiten, auf die wir das Buch legen wollen. (Die Anschauung, ein heiliger Gegenstand verlöre etwas von seiner Macht, wenn er mit einer rituell unreinen Oberfläche in Berührung kommt, ist keineswegs nur in China verbreitet.)

Als Wahrsagestäbchen benutzt man am besten dreißig bis fünfzig Zentimeter lange Schafgarbenstengel, jedoch sind auch stricknadelförmige, an den Enden angeflachte Holzstäbchen ein guter Ersatz. Wir sollten sie in einem verschließbaren Behälter aufbewahren, der zu keinem anderen Zweck benutzt wird. Es kann eine simple Schachtel oder eine kunstvoll verzierte Dose sein. Das Material ist nicht von Bedeutung, aber der Behälter muß sauber sein und hübsch aussehen.

Der Wortlaut der Frage

Ist der Befragende auch gleichzeitig der Fragesteller, dann wird er sich den Wortlaut der Frage genau überlegt haben, bevor er mit der zeremoniellen Befragung beginnt. Befragt er das I Ging im Auftrag einer anderen Person, dann sollte er sich gemeinsam mit dem Fragesteller auf den Wortlaut der Frage geeinigt haben, denn ihre äußere Form ist sehr bedeutungsvoll. Vor allen Dingen ist zu bedenken, daß man *keine* Entweder-oder-Fragen stellen darf. Hier als Beispiel einige geeignete Frageformen:

Ist es unter den und den Umständen ratsam, dieses oder jenes Vorhaben in Angriff zu nehmen?

Was geschieht, wenn ich dieses oder jenes tue?

Was wird mit diesem oder jenem Projekt (Person, Organisation, Land) während eines Zeitraums von soundso viel Monaten (Jahren, Jahrzehnten) geschehen?

Welche Einflüsse stellen sich dem Fortschritt dieses oder jenes Unternehmens hindernd in den Weg?
Auf welche Weise läßt sich dieses oder jenes vollbringen?

Die Antworten lassen nur selten klar erkennen, zu welchem Zeitpunkt eine bestimmte Handlung notwendig oder ein bestimmtes Ereignis eintreffen wird. Wenn es angebracht erscheint, sollte die Frage deswegen nach dem Muster des dritten Beispiels formuliert werden, denn auf diese Weise läßt sich der Zeitraum zumindest ein wenig präzisieren. Nur in Ausnahmefällen wird man über eine bestimmte Stunde oder einen bestimmten Tag Auskunft erhalten. Wenn die Vorgänge im Kosmos auch im großen und ganzen beständigen Gesetzen folgen, so bleiben die Einzelheiten doch variabel, und die Umstände – einschließlich unseres bewußten Eingreifens oder der Intervention von anderer Seite – mögen dazu beitragen, daß die Folgen einer bestimmten Entwicklung beschleunigt oder verzögert eintreten. Die Autoren des *Buches der Wandlung* betrachteten die Zukunft nicht als unveränderbar. Sie dachten vielmehr in den Begriffen gewaltiger Wandlungszyklen, die einem regelmäßigen Rhythmus folgen und deren Ergebnisse deshalb vorausschaubar sind, in Zeitspannen wie der Abfolge der vier Jahreszeiten oder dem Lauf eines Flusses, dessen Wasser sich früher oder später unausweichlich ins Meer ergießen müssen, auch wenn sie jetzt noch durch eine Schlucht brausen, sich durch felsige Untiefen ihren Weg bahnen oder ruhig und träge dahinfließen. Sie waren keine Fatalisten und vertraten durchaus nicht den Standpunkt, der Mensch könne sein Schicksal nicht beeinflussen und mitgestalten. Wenn er mit dem Strom schwimmt, kann er seinen Weg in vernünftigen Grenzen selbst bestimmen. Selbst wenn er versuchen sollte, gegen den Strom zu schwimmen, und sich gern in gefährliche Strudel begibt, kann er seinen Untergang durch seine eigenen Handlungen beschleunigen oder hinausschieben.

Zuweilen erhält man auf Fragen, die mit einem Wort oder mit einem Satz beantwortet wären, eine unerwartet ausführliche Antwort. Das I Ging ist mit seinen Ratschlägen großzügig, und es könnte durchaus sein, daß ein Sachverhalt, den wir bisher nicht in Betracht gezogen haben, den Ausgang unseres Vorhabens beeinträchtigt. Überdies lassen sich wohl nur wenige bedeutende Fragen mit einem einfachen Ja oder Nein beantworten. Es ist also sehr angeraten, keinen Aspekt der Antwort (bewußt oder unbewußt) zu ignorieren; Textstellen, die anfänglich völlig irrelevant erscheinen, mögen sich im Laufe der Entwicklung als sehr bedeutsam entpuppen.

Einleitung der Befragung

In China kehrte jeder, der eine Autorität oder die Macht des Gesetzes vertrat, bei einer öffentlichen Audienz sein Gesicht in Richtung Süden. In Übereinstimmung mit diesem Brauch sollten wir das *Buch der Wandlung* gebrauchsfertig auf einen Tisch legen, der in der Mitte des Zimmers steht und nach Süden ausgerichtet ist. Unmittelbar davor (also noch ein wenig südlicher) steht auf demselben oder auf einem niedrigeren Beitisch ein Weihrauchtopf (man kann dazu auch eine kleine mit Asche oder Reiskörnern gefüllte Schale benutzen, in die man das Räucherstäbchen steckt) und die Schatulle mit den Wahrsagestäbchen. Der Befragende steht mit dem Gesicht zum Tisch. Er blickt also nach Norden.

Zuerst wirft er sich dreimal nieder, so daß seine Stirn den Boden berührt. Während er noch niederkniet, entzündet er ein Räucherstäbchen und legt (oder steckt) es in den Weihrauchtopf. Danach entnimmt er der Schatulle mit seiner Rechten die fünfzig Wahrsagestäbchen. Er hält sie waagerecht in der Hand und läßt sie dreimal im Uhrzeigersinn über dem aufsteigenden Weihrauch kreisen. Dabei wiederholt er den Wortlaut der Frage, die er vorher sorgfältig formuliert hat. Er ist so gesammelt, daß sein Geist bis auf die eine Frage vollständig leer geworden ist. Verursacht ihm langes Knien große Unannehmlichkeiten, so daß dadurch seine Konzentrationsfähigkeit nachlassen würde, kann er sich nach den Niederwerfungen und der Darbringung des Räucherwerks für den Rest der Befragung an den Tisch setzen.

Die Auszählung der Wahrsagestäbchen

Das Ziel der Befragung ist natürlich, die Antwort des I Ging zu erhalten. Sie beschränkt sich manchmal auf den Text und den Kommentar eines einzigen Hexagramms. Häufiger jedoch gehören zu dem Hexagramm eine oder mehrere Wandlungslinien. In diesem Fall sind mehrere Texte und Kommentare zu beachten: a) Text und Kommentar zum Hexagramm; b) Texte und Kommentare jeder einzelnen Wandlungslinie; c) Text und Kommentar des neuen Hexagramms, das sich ergibt, wenn sich die Wandlungslinien von *Yang* in *Yin* oder von *Yin* in *Yang* gewandelt haben. Das System, nach dem die Wahrsagestäbchen ausgezählt werden, ist viel einfacher, als es auf den ersten Blick erscheinen mag. Man muß nur einmal lernen, es zu beherrschen. Nach einiger Praxis geschieht die Handhabung der Stäbchen fast automatisch, so daß das Auszählen uns nicht mehr daran hindert, unser Bewußtsein im Zustand völliger Offenheit und Empfänglichkeit zu halten.

Nachdem man die fünfzig Stäbchen über dem Weihrauch hat kreisen lassen, sortiert man sofort eines davon aus und legt es in die Schatulle zurück. Erst wenn das Ritual anläßlich einer neuen Frage zu wiederholen ist, wird dieses Stäbchen wieder eine Rolle spielen. Obwohl also für das Ritual genau fünfzig Wahrsagestäbchen notwendig sind, benötigt man zur Auffindung der Antwort, zur eigentlichen Befragung, nur neunundvierzig Stäbchen. Vor jedem Gebrauch der Stäbchen sollte man sich davon überzeugen, ob auch die korrekte Anzahl der Stäbchen vorhanden ist. Schon ein Stäbchen zuviel oder zuwenig führt zu einer fehlerhaften Auszählung und deswegen zu einer unbrauchbaren Antwort. Für den im folgenden beschriebenen Vorgang benötigt ein im Gebrauch des I Ging erfahrener Fragesteller nur die Wahrsagestäbchen und seine beiden Hände. Für den Anfänger ist es hilfreich, zusätzlich zwei kleine Tabletts (etwa von der Größe eines Eßtellers) zu benutzen. Ich werde sie als Tablett A und Tablett B bezeichnen.

Wir legen das Bündel der neunundvierzig Stäbchen auf Tablett

A. Unser Bewußtsein ist immer noch so vollständig wie möglich auf die Frage gerichtet oder befindet sich im Zustand offener Empfänglichkeit. Dann strecken wir rasch unsere Hand aus und teilen das Bündel in zwei Haufen, die wir zu beiden Seiten von Tablett A niederlegen.

Nun entnehmen wir dem Haufen rechts vom Tablett ein Stäbchen und stecken es zwischen den kleinen Finger und den Ringfinger der linken Hand. Daraufhin verkleinern wir den Haufen zur linken Seite des Tabletts um jeweils vier Stäbchen, bis nur noch ein, zwei, drei oder vier Stäbchen übriggeblieben sind. Diesen Rest stecken wir zwischen Ring- und Mittelfinger der linken Hand. Danach verkleinern wir den rechten Haufen um jeweils vier Stäbchen, bis nur noch ein, zwei, drei oder vier Stäbchen dort liegen, die wir zwischen Mittel- und Zeigefinger der linken Hand stecken. (Dieser dritte Schritt in der Auszählung wird überflüssig, wenn wir das System einmal verstanden haben, denn die Restmenge des rechten Haufens läßt sich aus der Restmenge des linken Haufens errechnen.) In unserer linken Hand halten wir nun insgesamt fünf oder neun Stäbchen: 1+1+3 oder 1+2+2 oder 1+3+1 oder 1+4+4. Diese fünf oder neun Stäbchen legen wir auf Tablett B.

Anschließend wiederholen wir denselben Vorgang mit den restlichen Stäbchen von Tablett A. Wir legen sie mit unserer Rechten zu einem Bündel zusammen und lösen es nach demselben Teilungsprinzip auf wie beim ersten Durchgang. Diesmal erhalten wir entweder vier oder acht Stäbchen: 1+1+2 oder 1+2+1 oder 1+3+4 oder 1+4+3. Diese vier oder acht Stäbchen legen wir in sichtbarem Abstand vom ersten Haufen auf Tablett B.

Wir wiederholen diese Auszählung noch einmal mit den restlichen Stäbchen von Tablett A. Wir erhalten vier oder acht Stäbchen, mit denselben möglichen Zusammensetzungen wie beim zweiten Zähldurchgang.

Infolge unserer drei Auszählungen liegen auf Tablett B nun (5 oder 9) + (4 oder 8) + (4 oder 8) Stäbchen. Diese Zahlen zeigen an, ob die unterste Hexagramm-Linie eine *Yin*- oder eine *Yang*-Linie, eine feste (ungebrochene) oder eine nachgiebige (durchbrochene) Linie ist. Sie bestimmen auch, ob sie eine Wandlungslinie ist oder nicht. Die folgende Tabelle enthält deshalb: a) alle Zahlenkombinationen, die wir auf die eben beschriebene Weise der Auszählung der Wahrsagestäbchen erhalten können; b) die Linienart, die der jeweiligen Zahlenkombination entspricht; c) Bezeichnung und Charakter jeder Linienart; d) den rituellen Zahlenwert, der jeder Linie zugeordnet ist. Der Text, der im *Buch der Wandlung* jeder einzelnen Linie eines Hexagramms beigefügt ist, beginnt grundsätzlich mit den Worten: »eine Sechs auf dem und dem Platz« oder »eine Neun auf dem und dem Platz«. Der Text zu diesen Linien kommt für uns nur dann in Betracht, wenn sie *Wandlungslinien* sind. Sechs oder Neun ist der rituelle Zahlenwert, der auf ihre Wandlung deutet. Da es insgesamt vier Arten von Linien gibt, muß es auch vier entsprechende *rituelle Zahlenwerte* geben, denen ich, um sie klar hervorzuheben, die Buchstaben RZ vorangestellt habe.

Haben wir auf diese Weise die unterste Linie des Hexagramms erstellt, dann legen wir alle Stäbchen wieder in einem Bündel auf Tablett A und wiederholen denselben Vorgang der drei Auszählungsschritte, um den (von unten gesehen) zweiten Hexagramm-Strich zu erstellen. Danach wiederholen wir noch vier weitere Durchgänge, bis wir schließlich alle sechs Hexagramm-Striche ausgezählt haben. Für die Erstellung eines Hexagramms benötigen wir also sechs Auszähldurchgänge, bestehend aus jeweils drei Schritten.

Tabelle der Zahlenwerte und Linienarten

(a)	(b)	(c)	(d)
5+4+4	—○—	altes *Yang* (d. h. Wandlungslinie)	RZ 9
9+8+8	—×—	altes *Yin* (d. h. Wandlungslinie)	RZ 6
5+8+8 9+8+4 9+4+8	——	junges *Yang* (d. h. statische Linie)	RZ 7
5+4+8 5+8+4 9+4+4	— —	junges *Yin* (d. h. statische Linie)	RZ 8

Beispiel

Nehmen wir einmal an, wir haben folgende Antwort erhalten:

5+4+8	— —
9+4+4	— —
5+8+8	——
9+8+8	—×—
9+4+8	——
5+4+4	—○—

Zuerst müssen wir nun den Text und den Kommentar zu unserem Antwort-Hexagramm sorgfältig untersuchen.

Danach haben wir uns mit dem Text und dem Kommentar zur ersten (untersten) und dritten Linie zu beschäftigen, denn in diesem Fall sind sie beide Wandlungslinien.

Schließlich müssen wir noch den Text und den Kommentar (aber nicht die Bemerkungen zu den einzelnen Linien) jenes Hexagramms studieren, das aus der Bewegung der Wandlungslinien (in unserem Fall die Linien eins und drei) hervorgeht.

Durch ihre Bewegung (Wandlung) haben sie sich in ihr Gegenteil gekehrt, und es entsteht folglich das Hexagramm:

Wenn eine oder gar beide Wandlungslinien dem Text oder Kommentar des Ausgangs-Hexagramms zu widersprechen scheinen, müssen wir ihnen die Priorität einräumen, denn sie geben uns zu verstehen, daß die Grundsituation durch außergewöhnliche Umstände (die trotz allem natürlich Bestandteil der Grundsituation bleiben) modifiziert wurde. Ergibt sich kein Widerspruch, dann müssen wir die besonderen Hinweise der Wandlungslinie (oder -linien) mit der Aussage des Ausgangs-Hexagramms kombinieren. Erhalten wir als Antwort auf unsere Befragung aufgrund der Wandlung einer oder mehrerer Linien insgesamt zwei Hexagramme, kann sich daraus niemals ein Widerspruch ergeben (ganz gleich, wie widersprüchlich die zwei Hexagramme auf den ersten Blick auch erscheinen mögen), denn sie beziehen sich auf die Anfangs- und Endstadien des gleichen Ereignisses oder der gleichen Ereigniskette. Sie sagen uns vielleicht, daß unser Vorhaben anfänglich gelingt (oder ungünstig verläuft), später jedoch ein Umschwung erfolgen wird.

Diese scheinbar komplizierten technischen Details werden die Konzentrationsfähigkeit des Befragenden anfänglich beeinträchtigen und ihn daran hindern, die Antwort intuitiv und nicht analytisch zu begreifen. Mit fortschreitender Übung wird dieses Hindernis jedoch mehr und mehr von seiner Wirkungskraft einbüßen.

Ohne Wandlungslinien stellen Text und Kommentar des ersten

(und einzigen) Hexagramms die ganze Antwort auf unsere Frage dar. Unabhängig von der Anzahl der Wandlungslinien besteht eine Antwort grundsätzlich aus nicht mehr als nur zwei Hexagrammen.

Schema zum Auffinden der Hexagramme

Oberes Trigramm → / Unteres Trigramm ↓	1 *Ch'ien* ☰	4 *Chên* ☳	6 *K'an* ☵	7 *Kên* ☶	8 *K'un* ☷	5 *Sun* ☴	3 *Li* ☲	2 *Tui* ☱
1 *Ch'ien* ☰	1	34	5	26	11	9	14	43
4 *Chên* ☳	25	51	3	27	24	42	21	17
6 *K'an* ☵	6	40	29	4	7	59	64	47
7 *Kên* ☶	33	62	39	52	15	53	56	31
8 *K'un* ☷	12	16	8	23	2	20	35	45
5 *Sun* ☴	44	32	48	18	46	57	50	28
3 *Li* ☲	13	55	63	22	36	37	30	49
2 *Tui* ☱	10	54	60	41	19	61	38	58

Aus diesem Schema können wir das (oder die beiden) Hexagramm(e), welches (welche) wir als Antwort auf unsere Befragung erhalten haben, leicht entnehmen. Da die Hexagramme grundsätzlich von unten nach oben gelesen werden, bilden die unterste, die zweite und die dritte Linie das untere Teiltrigramm und die restlichen drei Linien das obere Teiltrigramm.

Selbst in China gibt es Leute, die das Orakelnehmen mit Hilfe der Schafgarbenstengel oder Wahrsagestäbchen als zu langsam und beschwerlich empfinden und deswegen den Gebrauch von drei Münzen vorziehen. Meist sind dies jedoch die berufsmäßigen Wahrsager, die mehr an ihrem Honorar als an der richtigen Antwort des I Ging interessiert sind. Obwohl man durch diese einfachere Methode Zeit einspart, schätze ich sie nicht sonderlich und befürworte sie nicht. Da wir das I Ging wirklich nur aus ernstem Anlaß konsultieren sollten, tun wir gut daran, mit allem Ernst an die Sache heranzugehen. Wir sollten uns für jede Befragung ein bis zwei Stunden Zeit lassen, schließlich sind wir ja auch bereit, für den Besuch bei einem Rechtsanwalt oder Psychiater ebensoviel Zeit zu opfern. Das Werfen der Münzen geht jedoch so schnell, daß wir leicht dazu verführt werden, es rein mechanisch, also nicht in der angemessenen geistigen Haltung durchzuführen. Damit durchkreuzen wir jedoch unser eigenes Vorhaben. Schließlich ist es, wenn man langsam vorgeht und sich an die Regeln hält, fast unmöglich, beim Auszählen der Wahrsagestäbchen einen Fehler zu begehen. Hingegen kann schon der kleinste Zufall, wie zum Beispiel eine leichte Unebenheit des Untergrundes, das Ergebnis eines Münzwurfs beeinflussen. Für alle diejenigen, die trotzdem dem Münzorakel den Vorzug geben, zeigt die folgende Tabelle, welche Linienart durch einen Münzwurf entsteht.

Zum Münzorakel benötigen wir drei gleich große Münzen. Eigentlich dürften wir nur eine besondere alte chinesische Münzart (eine runde Münze mit einem quadratischen Loch in der Mitte), die nur auf einer Seite geprägt ist, zum Orakelnehmen benutzen. Diese Münzen sind heute nur noch selten zu finden. Wir müssen unter Umständen also gewöhnliche Geldstücke verwenden. Da die heutigen Münzen jedoch beidseitig beschriftet sind, müssen wir zuerst festlegen, welche Seite unseres Geldstücks der beschrifteten Seite der alten chinesischen Münzen entsprechen soll. Meiner Meinung nach ist es die Seite, die den Münzwert zeigt, denn schließlich besteht die Hauptfunktion der Münzprägung darin, den Münzwert kenntlich zu machen. Wir nehmen alle drei Geldstücke in unsere locker zu einer Höhlung geformten Hände, schütteln sie einen Moment und lassen dann alle gleichzeitig fallen. Das Ergebnis des ersten Wurfs bestimmt, welche Linienart den untersten Platz des Hexagramms einnehmen wird. Der zweite Wurf enthüllt die Linie auf dem zweiten Platz usw. In der Tabelle steht die Abkürzung PR für die Münzseite, die der mit einer Prägung versehenen Seite der alten chinesischen Münzen entspricht; BL ist die (theoretisch) blanke Seite.

Tabelle für das Münzorakel

BL+BL+BL	—○—	altes *Yang* (d. h. Wandlungslinie)	RZ 9
PR+PR+PR	—×—	altes *Yin* (d. h. Wandlungslinie)	RZ 6
BL+PR+PR	———	junges *Yang* (d. h. statische Linie)	RZ 7
PR+BL+BL	— —	junges *Yin* (d. h. statische Linie)	RZ 8

Die Deutung der Antwort

Ob wir uns nun für das Münzorakel oder die Auszählung der Wahrsagestäbchen entschieden haben, die wirklichen Schwierigkeiten kommen erst, wenn wir die Antwort in bezug auf unsere Frage und unter Berücksichtigung aller in ihr implizierten Umstände deuten wollen. Der Erfolg hängt bis zu einem gewissen Grad von unserer Erfahrung ab, noch wichtiger ist jedoch, daß wir unsere Intuition mehr spielen lassen als unser analytisches Denken. Bei allen anderen Schritten können wir durch Übung Vollkommenheit erreichen, zur Deutung gehört neben Geübtheit auch noch ein Gutteil Begabung. Trotzdem müssen wir natürlich zuerst die erlernbaren Aspekte der Deutung meistern. Dies können wir zum Beispiel einfach dadurch erreichen, daß wir von Zeit zu Zeit eine beliebige Seite des *Buches der Wandlung* aufschlagen und uns vorstellen, das aufgeschlagene Hexagramm sei die Antwort auf eine richtige Befragung. Wir untersuchen dann den Text und den Kommentar im Hinblick auf unsere Scheinfrage, ohne dabei schon unsere Intuition ins Spiel bringen zu wollen. Wenn wir auf dieser Ebene der Befragung eine gewisse Sachverständigkeit erlangt haben, können wir einen Schritt weitergehen und mit Hilfe der Wahrsagestäbchen oder des Münzorakels eine richtige Befragung durchführen und der Intuition dabei eine zunehmend größere Rolle einräumen.

Nach einiger Beschäftigung mit dem I Ging würden Sie sich dann vielleicht gern einmal daran versuchen, die Hexagramme unmittelbar von ihrer Struktur her zu interpretieren, ohne die beigefügten Texte und Kommentare heranzuziehen.

Dazu würde jedoch eine langjährige Übung gehören und darüber hinaus eine Ausgabe des I Ging, die wegen ihrer ausführlichen Anmerkungen zur Bedeutung der verschiedenen Linienzusammenstellungen mindestens eintausend Seiten umfassen müßte, bevor wir die notwendige Fertigkeit und Sachkenntnis aufbringen könnten. Eine sorgfältige Beschäftigung mit meiner Übersetzung und der Übersetzung Richard Wilhelms wäre nur eine unzureichende Vorbereitung, obwohl es natürlich kein Mittel dagegen gibt, jemanden von einer solchen vergnüglichen Spielerei abzuhalten. Es ist außerdem durchaus möglich, daß ein ungewöhnlich begabter Mensch damit trotzdem Erfolg haben kann. Dies war für mich auch einer der ausschlaggebenden Gründe, meiner Übersetzung in einem Anhang einige Tabellen und Diagramme beizufügen.

Bei unserer Suche nach den grundlegenden Deutungsprinzipien dürfen wir nicht vergessen, daß die Struktur der Hexagramme auf der Annahme einer innigen Verknüpftheit aller Erscheinungen des Universums fußt – angefangen bei Sonnensystemen, die wir nicht einmal wahrnehmen können, bis herab zu den winzigsten Partikeln, die so klein sind, daß nicht einmal ein Mikroskop sie sichtbar machen kann –, auf der Annahme, daß sich Welten, Nationen, Gruppen von Geschöpfen, einzelne Geschöpfe und sogar mikroskopische Partikel dieser Geschöpfe alle nach denselben fundamentalen Gesetzen richten. Und in der Tat ist heutzutage überall bekannt, daß zwischen dem Verhalten von Welten, die in den weiten Räumen des Universums rotieren, und dem Verhalten von Atomen, die in einem winzigen Stück Materie kreisen, sehr große Ähnlichkeiten bestehen. Falls zwischen der Antwort und unserer Frage inhaltsmäßig keinerlei Bezug besteht, müssen wir die Antwort also nur in eine »andere Tonart transkribieren«. So sind zum Beispiel militärische Begriffe wie Vormarsch (Vorrücken) und Rückzug auf fast alle Situationen anwendbar, ohne daß sich ihre Bedeutung grundlegend verändern müßte, und die Opfer für den Höchsten Herrscher des Himmels könnten andeuten, daß jetzt ein Opfer zu bringen ist. Hinweisen auf die Züchtigung (Bestrafung) von Rebellen können wir entnehmen, daß wir bei Menschen, deren egoistische Interessen dem Allgemeinwohl (wie es vom Rahmen unserer Frage definiert ist) entgegenstehen, hart (aber immer gerecht) durchgreifen müssen.

Hier begeben wir uns jedoch auf schlüpfrigen Boden, denn es mag durchaus sein, daß wir selbst und nicht unser Gegner die Hauptschuldigen sind, da wir bei der Verfolgung unserer Interessen die Grenzen des Schicklichen überschritten haben. In diesem

Fall dürfen wir uns wohl kaum auf den Gedanken der »Bestrafung der Rebellen« berufen, um die Pläne der Gegenpartei zu vereiteln. Es ist wesentlich, immer zu bedenken, daß der Wortlaut des *Buches der Wandlung* in einer Weise abgefaßt ist, die einen Rat oder Beistand zu einer Schandtat von vornherein ausschließt. Seine Antworten setzen bei uns immer angemessene oder doch zumindest vertretbare Motive voraus. Unglücklicherweise lassen wir Menschen uns aus Veranlagung leicht von den Beschönigungen unseres eigenen Verstandes täuschen. Ohne beständige Selbstprüfung können wir uns kaum sicher sein, ob die vorgebliche Reinheit unserer Motive nicht vielleicht doch das Tageslicht scheuen muß. Verlangten wir vom *Buch der Wandlung* einen Rat, wie wir ein vollkommen unlauteres Ziel erreichen, die Antwort würde uns von diesem Ziel eher weg- als zu ihm hinführen, und wir würden uns schnell in der Gesellschaft all jener wiederfinden, die Orakel wie das I Ging als »unsinnigen Aberglauben« abtun.

Wer sich durch solche Schwierigkeiten nicht abschrecken läßt und trotzdem dazu entschlossen ist, dem *Buch der Wandlung* auf seine zukünftige Handlungsweise bestimmenden Einfluß zu gewähren, ähnelt in gewisser Weise jemandem, der im Begriff steht, sich in fremde Gewässer vorzuwagen. Er kann davon ausgehen, sich an seltsamen, bisher unbekannten Orten wiederzufinden, ohne Landkarte und ohne Kompaß, die ihm mehr sagen könnten als die unzureichenden Anmerkungen und einführenden Kapitel, die dieser Übersetzung beigegeben sind. Das Rätselhafte und Mysteriöse mancher Orakel zu verstehen, wird seine ganze Kraft in Anspruch nehmen. Andere, scheinbar einfache Orakel enthalten möglicherweise eine tiefere Bedeutung, zu der er nach bestem Vermögen vorzudringen versuchen muß; und immer wieder wird die Intuition dabei die Schlüsselrolle spielen. Alle Versuche, die Weisheit des Fernen Ostens mit Hilfe logischer Prozesse zu ergründen – für viele von uns Menschen aus dem Westen die einzig denkbare Möglichkeit der Problemlösung –, sind mit Sicherheit fehl am Platz. Wer das I Ging befragt, sollte sein Bewußtsein soweit wie möglich von allen Inhalten – die eigentliche Frage natürlich ausgenommen – entleeren, so daß selbst der Wunsch nach einer Antwort seine Aufmerksamkeit so wenig wie möglich beansprucht. Sein Bewußtsein gleicht einem endlosen Ozean, ohne sichtbare Küste oder Inseln, und nur ein winziges Schiff – die Frage – gleitet ohne Antriebskraft auf der Wasseroberfläche. Wenn er diesen Zustand auch über die leichte Ablenkung hinweg, die durch die Auszählung der Wahrsagestäbchen verursacht wird, bis zur eigentlichen Auslegung der Antwort aufrechterhalten kann, braucht er keinen falschen oder unpassenden Rat mehr zu befürchten. Der beste Weg wird sich ihm in einer Weise offenbaren, die keinen Zweifel mehr zuläßt. Besonders dem Anfänger ist zu empfehlen, der Beschäftigung mit der Auslegung eine stille Meditation vorausgehen zu lassen, in deren Verlauf der Geist allmählich still werden und die Intuition all jene Funktionen übernehmen kann, die der Intellekt für diese Zeit abgelegt hat. Andernfalls wird die affenartige Sprunghaftigkeit des begrifflichen Denkens die Aussagen der Antworten in eine für den Fragesteller wünschenswerte Richtung verdrehen und die Wahrheit mit Wunschdenken vertauschen. Stille. Leere. Aufnahmebereitschaft. Kein sehnsüchtiges Verlangen nach dem, was kommen wird. Bereitwillige Annahme dessen, was tatsächlich kommt. Dies sind die idealen Voraussetzungen für die Interpretation.

Der Abschluß einer Befragung

Die praktischen Anweisungen, die in den meisten chinesischen Fassungen des *Buches der Wandlung* enthalten sind, beinhalten auch die folgende Zeremonie. Wenn die Antwort erhalten und ihre Auslegung sorgfältig niedergeschrieben worden ist und wenn es keine weiteren Fragen mehr gibt, wird noch ein Räucherstäbchen angezündet, und »der Befragende verabschiedet sich mit einer dreifachen Niederwerfung von dem Buch«. Anschließend legt man noch die Wahrsagestäbchen in ihre Schatulle, wickelt das *Buch der Wandlung* in seine Hülle ein und bringt beide an den ihnen vorbehaltenen Platz zurück.

Die Frage der Intuition

Mancher westliche Gelehrte neigt dazu, den Gedanken, sich auf seine Intuition zu verlassen, zu verhöhnen, und gibt damit zu verstehen, daß er die Intuition für die Krücke hält, mit der der Unwissende und Ungebildete seinen Mangel an faktischem Wissen und Erkenntnis kompensieren möchte. Infolge der heftigen Angriffe, die von den »modernen« Erziehungs- und Bildungsidealen auf die alte Kultur der Länder des Ostens erfolgen, wird die natürliche Intuition des Menschen selbst ... in jenen Teilen der Welt zunehmend vernachlässigt, in denen sie einst von erstrangiger Bedeutung war. Bei den meisten Menschen, ob im Osten oder im Westen, büßt diese Fähigkeit also beständig an Intensität ein – bis zur vollständigen Verkümmerung. Aus der Tatsache, daß sie bei jenen Völkern, die sie immer noch für wertvoll halten, jedem Individuum eigen oder doch zumindest für jeden zugänglich ist, erkennen wir, daß die Intuition für den Menschen nicht weniger natürlich ist als der Gesichtssinn oder das Gehör. In Tibet sind einige ihrer Formen, wie zum Beispiel Telepathie, so weit verbreitet, daß dies bei Reisenden aus anderen Teilen der Welt offenes Erstaunen hervorruft. Unter den Zen-Buddhisten Chinas und Japans und bei einigen anderen Gruppen, die sich noch nicht dazu bewegen ließen, ihrer eigenen Geschichte den Rücken zu kehren, ereignen sich tagtäglich Beispiele für die Wirksamkeit der Intuition. Bei den meisten Völkern des Fernen Ostens, bei denen der Prozeß der Verkümmerung der Intuition erst vor kurzem eingesetzt hat, sind Anzeichen dafür zu erkennen, daß dort zumindest noch Spuren dieser Fähigkeit vorhanden sind. Wer in den Ländern des Fernen Ostens gelebt hat, ist immer wieder erstaunt, mit welcher Präzision die Menschen dort die Gefühle einschätzen, die man ihnen entgegenbringt, auch wenn die meisten dieser Gefühle nach außen hin verborgen bleiben. Es ist für einen Menschen aus einem westlichen Land kaum möglich, die Zuneigung eines Chinesen oder Japaners zu gewinnen, wie sehr er auch den Freund spielen mag, solange seine eigenen Gefühle nicht echt sind.

Intuition ist ebensowenig eine übernatürliche Begabung wie die Fähigkeit zu gehen, zu laufen oder zu springen, doch gehört zu ihrer Entwicklung regelmäßige Übung, wie ja auch zum Gehen, Laufen oder Springen regelmäßige Übung gehört. Was auch immer zu einer Abstumpfung des Körpers oder des Geistes beiträgt, beeinflußt sie negativ. Da den Denkern des Ostens eine kategorische Trennung von Körper und Geist unannehmbar erscheint, sollten wir wohl eher sagen: »Was auch immer abstumpft«, und es dabei belassen. Die Abstumpfung des menschlichen Daseins hat viele Ursachen, von denen Freßsucht und andere physische Exzesse nicht einmal die schlimmsten sind. Bosheit, Neid, andauernde Unehrlichkeit und – vor allem – physische und geistige Grausamkeit wirken sich auf die Fähigkeit der intuitiven Wahrnehmung schädlich aus. Das Leid des Opfers ist kaum größer (und manchmal sogar wesentlich kleiner) als das Leid, das sich derjenige selbst zufügt, der die Grausamkeit begeht. Letzten Endes tötet er damit in sich jede höhere Regung. Andere unheilsame und ungesunde Eigenschaften führen, jede auf ihre eigene Weise, zu ähnlichen Ergebnissen.

Würden wir die Intuition bei unserer Beschäftigung mit dem *Buch der Wandlung* ganz außer acht lassen, die Antworten ergäben in den meisten Fällen immer noch einen Sinn, der sich jedoch auf die Oberfläche beschränken müßte. Wer jedoch seine Intuition bis zu einem hohen Grad verfeinert hat, wird manchmal die Bedeutung in ihrer ganzen Tiefe Schicht um Schicht entdecken und dementsprechend davon profitieren. Wer das Gefühl hat, daß er diese Fähigkeit nur verkümmert oder gar nicht besitzt, kann sie heranbilden, indem er gleichzeitig auf zwei Wegen vorangeht. Er kann den Folgen der Verkümmerung einerseits dadurch entgegenarbeiten, daß er seine Genußsucht und alle übrigen für ihn und seine Umwelt schädlichen Neigungen einschränkt, und indem er zweitens täglich eine jener geistigen Übungen praktiziert, die über die Ebene des begrifflichen Denkens hinausgehen und die mangels eines besseren Wortes von Zen-Anhängern und anderen, die um ihren Wert wissen, als »Meditation« bezeichnet werden. Wenn er sich über Monate oder Jahre einem solchen Übungsweg widmet, kann er seine Intuition möglicherweise soweit verfeinern, daß er seine zukünftige Richtung klar und deutlich vor Augen sieht, ohne dafür zum *Buch der Wandlung* greifen zu müssen!

5. Ein Leitfaden zur Interpretation

Der Erstellung eines für alle Fälle verläßlichen Leitfadens zur Interpretation der Antworten des I Ging stehen zwei unüberwindliche Hindernisse im Weg.

Das erste Hindernis besteht darin, daß die Hintergründe einer Befragung sehr vielschichtig sind und daß dabei zahlreiche Faktoren eine Rolle spielen, von denen dem Fragesteller einige bereits bewußt sein dürften, wohingegen andere in diesem Zusammenhang scheinbar bedeutungslos sind, bis entweder die Antwort selbst oder das spätere Geschehen ihre Wichtigkeit enthüllen. Die fünfte Linie in Hexagramm 3, *Chun*, die Schwierigkeit, ist dafür ein gutes Beispiel. Tritt sie als Wandlungslinie in Erscheinung, werden die folgenden Worte zur Antwort gehören: »Fruchtbarkeit läßt sich nicht so einfach zustande bringen.« Je nachdem, ob sich der Befragende die Geburt eines Sohnes oder einer Tochter wünscht, ein ganz bestimmtes Stück Land zu erwerben gedenkt, einem zurückgebliebenem Kind etwas beibringen möchte, einen neuen Amtsbereich übernehmen will, sich aus einer bestimmten Freundschaft Vorteile erhofft oder über eine neue Verkaufsstrategie nachsinnt, werden diese Worte offensichtlich eine andere Bedeutung haben. Ja es mag sogar Fälle geben, in deren Zusammenhang sie bedeutungslos klingen mögen, wie zum Beispiel bei der Frage: »Soll ich meinen Flug in Indien unterbrechen, in der Hoffnung, den Dalai Lama aufsuchen zu dürfen?« Hier scheinen die Worte (wenn man sie aus dem Kontext der Gesamtsituation reißt) entweder belanglos zu sein oder sie könnten besagen, daß diesem Versuch kein Erfolg beschieden wäre. Nehmen wir jedoch einmal an, daß der Fragesteller ursprünglich geplant hatte, geradewegs über Indien nach Osten weiterzufliegen, weil er seine Hoffnung darauf gesetzt hat, die kambodschanischen Behörden zur Annahme seines Lieblingsplanes für die zukünftige Entwicklung dieses Staates zu bewegen, dann könnte ihm das Orakel bedeuten: »Du wirst große Schwierigkeiten haben, deinen Entwicklungsplan durchzubringen.« Daraus ergibt sich, daß eine Verzögerung von zwei oder drei Tagen, die durch einen Besuch beim Dalai Lama entstehen würde, für den Ausgang des Unternehmens unbedeutend wäre. Jedoch heißt es im Text zu der Wandlungslinie weiter: »Ausdauer in kleinen Dingen bringt Heil, in großen Dingen führt sie ins Verderben.« Jeder noch bestehende Zweifel, ob sich das Orakel auf die Schwierigkeit bezieht, die Erlaubnis zu einer Audienz beim Dalai Lama zu erhalten, oder darauf, daß es dem Fragesteller nicht möglich sein wird, seinen Entwicklungsplan durchzusetzen, kann im Lichte jenes Zusatzes mit Sicherheit beseitigt werden, denn er muß schließlich selbst wissen, welches dieser beiden Anliegen für ihn relativ unbedeutend ist.

Das zweite Hindernis besteht darin, daß sich das *Buch der Wandlung* in bezug auf eine konkrete Situation nur selten treffend interpretieren läßt, wenn der Intuition dabei nicht eine entscheidende Rolle eingeräumt wird. Natürlich ist es unmöglich, die Rolle der Intuition genau darzustellen, wenn wir es – wie hier in diesem Leitfaden – mit hypothetischen Fällen zu tun haben.

Wer in der Interpretation des I Ging noch ungeübt ist, mag trotzdem aus den folgenden Beispielen, die sich mit der Interpretation der äußeren Aspekte einer Antwort beschäftigen, ohne dabei ein besonderes Hintergrundwissen oder die Rolle der Intuition zu berücksichtigen, einigen Nutzen ziehen können. Zuerst möchte ich jedoch, auch wenn ich Gefahr laufe, mich zu wiederholen, den Fragesteller davor warnen, sein Wunschdenken oder seine Erwartungshaltung mit Intuition zu verwechseln. Zwar deckt sich das, was von der Intuition ans Licht gebracht wird, oft mit bewußten Hoffnungen oder Erwartungen, doch ist es sehr gefährlich, an eine Übereinstimmung von Intuition und Hoffnung zu glauben, wo eine solche Übereinstimmung tatsächlich gar nicht vorhanden ist. Wahre Intuition entsteht nur dann, wenn sich der Geist durch Zen-ähnliche Sammlung, in der unser Bewußtsein von Hoffnungen, Ängsten, Erwartungen usw. befreit wird, für eine gewisse Zeit aus allen begriffsgebundenen und intellektuellen Prozessen lösen kann.

Erstes Beispiel

Nehmen wir einmal an, der Befragende zieht in Erwägung, seinen momentanen Arbeitsplatz aufzugeben, um eine Stellung im Ausland anzunehmen, die zwar sein Einkommen verbessern und die Aussichten für seine Karriere in glänzenderes Licht setzen würde, ihn andererseits jedoch auch seinen Schritt bereuen lassen könnte. (Der Einfachheit halber führen wir diese Gründe in unserem Beispiel nicht einzel auf; im Fall einer echten Befragung würde ihnen unter den vielen Faktoren, die für die richtige Auslegung des Orakels eine Rolle spielen, ein wichtiger Platz zufallen.) Als Antwort auf seine einfache Frage: »Soll ich die Stellung annehmen, die mir in Tokio angeboten wurde?« erhält er Hexagramm 3, *Chun*, die Schwierigkeit, mit einer Wandlungslinie auf dem vierten Platz und infolgedessen ein zweites Hexagramm, nämlich Hexagramm 17, *Sui*, die Nachfolge (denn aus *Chun* wird bei einer Wandlungslinie auf den vierten Platz – d. h. wenn sich der dort stehende nachgiebige Strich in einen festen Strich verwandelt – *Sui*, die Nachfolge).

Der Text des ersten Hexagramms kündigt Schwierigkeiten an, denen höchstes Gelingen folgt, und verheißt Belohnung für (moralisch gerechtfertigte) Entschlossenheit. Doch rät er davon ab, nach einem neuen Ziel zu suchen oder sich zu einem neuen Bestimmungsort aufzumachen, und empfiehlt, die gegenwärtige Position zu festigen. Im Kommentar zum Text wird wie gewöhnlich die Aussage des Textes bekräftigt, und es wird zusätzlich vor den Schwierigkeiten gewarnt, die eine neue Entwicklung und neues Wachstum gewöhnlich begleiten. Das Zeichen deutet ähnliche Schwierigkeiten an und verweist darauf, daß es jetzt an der Zeit ist, unsere gegenwärtige Situation zu ordnen. (Wenn das I Ging konstatiert, daß sich der Edle Mensch so und so verhält, heißt dies: »Wenn du auf Weisheit und Tugend Wert legst, wirst du dich so und so verhalten.«) Die Wandlungslinie (auf dem vierten Platz) empfiehlt zu zögern, um zukünftigen Wohlstand zu gewährleisten, wohingegen der Linienkommentar in scheinbarem Widerspruch den Fragesteller drängt, seinem Wunsch gemäß zu verfahren. Auch der Text des zweiten Hexagramms (Hexagramm 17) weissagt Gelingen und rät zu Entschlossenheit. Es fügt die feste Versicherung hinzu, daß wir keinen Verstoß begehen werden. Der Kommentar zum Text nimmt besonders auf die beiden Teiltrigramme Bezug und spricht von der Vereinigung von Bewegung und Freude. Er endet mit dem Hinweis, daß es wesentlich ist, in allen Belangen auf den günstigsten Zeitpunkt zu achten und auf diese Weise mit einem grundlegenden Prinzip der Natur übereinzustimmen. Die Symbolik des Zeichens gibt zu erkennen, daß es jetzt nicht angebracht ist zu handeln.

Es gehört einiges Geschick dazu, diese scheinbar widersprüchlichen Standpunkte im Hinblick auf die Eigenheiten der Frage richtig zu interpretieren. Mehrere Textstellen scheinen, isoliert betrachtet, zu beinhalten, daß es sich für den Fragesteller trotz einiger Anfangsschwierigkeiten lohnen würde, die Stellung in Tokio in der festen Absicht zum Erfolg anzunehmen. Andere Passagen scheinen zum gegenwärtigen Zeitpunkt von einer Reise abzuraten und empfehlen statt dessen, die jetzige Position zu festigen; sie betonen, daß eine einschneidende Veränderung jetzt nicht angebracht ist. Meine eigene Interpretation (die alle Informationen über den Hintergrund der Frage, den Charakter und die Fähigkeiten des betreffenden Individuums, sowie die Rolle, die der Intuition dabei zufällt, außer acht läßt) würde etwa folgendermaßen aussehen:

Der Text von Hexagramm 3 zeigt für sich genommen an, daß er zu diesem Zeitpunkt keine Stellung im Ausland annehmen soll, da dies eine Reise und ein neues Lebensziel mit sich bringen würde, daß er vielmehr seine Position an seinem gegenwärtigen Arbeitsplatz festigen muß. Der Kommentar zum Text schränkt diese Aussage ein, denn er betont, daß die Geburt von etwas Neuem Gelingen mit sich bringt, wenn die Anfangsschwierigkeiten einmal überwunden sind. Doch erinnert uns das Zeichen daran, daß noch manche Dinge in Ordnung gebracht werden müssen, bevor wir etwas Neues in Angriff nehmen können. Die Wandlungslinie rät zum Innehalten und drängt gleichzeitig darauf, das Gewünschte zu verwirklichen. Der Text des zweiten Hexagramms (Hexagramm 17) bekräftigt zum Teil die Aussagen des Textes von Hexagramm 3. Ersteres rät jedoch von einer Reise ab, wohingegen Hexagramm 17 mit dem Hinweis auf die Vereinigung von Bewegung und Freude vermuten läßt, daß eine Reise im Gegenteil wünschenswert sei. Die Bestimmtheit, mit der es von einem günstigen Zeitpunkt spricht, verbietet jedoch jegliche Überstürzung, um so mehr, als das Zeichen verdeutlicht, der Zeitpunkt für eine umwälzende Veränderung sei noch nicht gekommen. Ich schließe aus all diesen Fingerzeigen, daß der Fragesteller mit seiner Anstellung in Tokio nichts überstürzen darf. Er kann sie jedoch im Auge behalten (oder aufmerksam alle Gelegenheiten verfolgen, eine ähnliche Stellung zu erhalten). Er sollte fest dazu entschlossen sein, die Gelegenheit beim Schopfe zu packen, seine Aussichten durch einen Auslandsposten zu verbessern, wenn er sich sicher sein kann, daß der Augenblick dazu gekommen ist.

Zweites Beispiel

Jemand ist darüber in Kenntnis gesetzt worden, daß er allen Grund hätte, bei einem Angestellten in seiner Abteilung gefährliche Untreue zu vermuten. Aufgrund der Überzeugungskraft des einwandfreien Leumunds dieses Angestellten und seiner Leistungen wegen widerstrebt es ihm jedoch, die zwar einigermaßen stichhaltigen, doch insgesamt nichts endgültig beweisenden Verdachtsmomente für das Fehlverhalten anzuerkennen. Demgemäß richtet er an das *Buch der Wandlung* die Frage: »Soll ich diesen Mann, da es gute Gründe zu der Annahme gibt, daß er den Interessen seines Amtes zuwiderhandelt und es damit gefährdet, entlassen oder doch zumindest versetzen?« Als Antwort erhält er Hexagramm 5, *Hsü*, Vorbedachtes Untätigsein, mit Wandlungslinien auf dem vierten, fünften und sechsten Platz und folglich als zweites Zeichen Hexagramm 14, *Ta Yü*, der Besitz von Großem. Daraus ergeben sich folgende Hauptgesichtspunkte: Der Text von Hexagramm 5 zeigt drei Dinge an – erstens einen Vorteil, wenn man von sofortiger Handlung absieht; zweitens Weisheit, die in fester Entschlossenheit besteht; und drittens günstige Aussichten für eine Reise, die zu diesem Zeitpunkt unternommen wird. Der Kommentar zum Text unterstreicht, daß es wichtig ist, inaktiv, aber entschlossen zu bleiben. Er fügt hinzu, beträchtliche geistige Klarheit sei notwendig, wenn die Gefahr abgewendet werden soll. Das Zeichen wiederholt, daß es wichtig ist, nicht übereilt zu handeln. Die vierte Linie legt uns nahe, daß wir gut beraten wären, uns zurückzuhalten und den Dingen ihren Lauf zu lassen, selbst wenn es zu gewaltsamen Konflikten kommen sollte. Die fünfte Linie empfiehlt vollkommene Entspanntheit und rät uns, im richtigen Augenblick fest entschlossen das Richtige zu tun. Der Text des zweiten Hexagramms (Hexagramm 14) verheißt jenen Gelingen, die bereits wohlhabend und mächtig sind. Im Kommentar zum Text hallt nach, was im Vorangegangenen über die Notwendigkeit gesagt wurde, fest und stark zu bleiben. Das Zeichen enthält die Worte: »Der Edle Mensch hält die Gemeinen nieder und stärkt die Befähigten.« Meine Interpretation (unter den üblichen Vorbehalten betreffs Hintergrund und Intuition) würde also etwa folgendermaßen aussehen:

Der Text, der Kommentar und das Zeichen von Hexagramm 5 deuten alle darauf hin, daß gegen den Beschuldigten jetzt noch nichts unternommen werden darf. Man muß jedoch weiterhin nach endgültigen Beweisen suchen, wenn es notwendig ist, selbst auf Kosten einer weiten Reise. Es wird ebenfalls eindeutig erklärt, daß durch überstürztes Handeln großer Schaden angerichtet würde und daß der Geist deswegen vor Verwirrung (in diesem Fall wahrscheinlich durch Vorurteile, Gerüchte, Anschuldigungen usw.) bewahrt werden muß. Die Wandlungslinien heben hervor, daß wir der Gefahr entspannt und abwartend begegnen müssen, ganz gleich, wie gefährlich der Gang der Ereignisse auch erscheinen oder tatsächlich noch werden mag. Da der Text von Hexagramm 14 dem bereits Mächtigen oder Wohlhabenden Gelingen prophezeit, scheint der Erfolg unseres Amtes oder unserer Behörde in diesem Fall durch unsere geduldige Inaktivität letztlich nicht beeinträchtigt zu werden. Der Kommentar zum Text fordert Festigkeit und Stärke – doch gegen wen oder was? In diesem Zusammenhang könnte damit durchaus gemeint sein, daß wir uns dem allgemeinen Druck widersetzen müssen, der uns dazu bewegen will, den Beschuldigten zu entlassen, ohne weitere Beweise abzuwarten. Der Passus aus dem Zeichen, der davon spricht, die Gemeinen niederzuhalten und die Befähigten zu stärken, mag uns sagen, daß wir entschlossen auftreten müssen, wenn wir uns nicht zu ungerechten Handlungen verleiten lassen wollen. Aus all diesen Informationen würde ich erstens den Schluß ziehen, daß der Verdächtige möglicherweise eine heimtückische Person ist, denn die Notwendigkeit der Vorsicht wird ausgesprochen häufig betont; zweitens, daß das Amt alle Gefahren überstehen wird, welche aus einer verspäteten Entlassung entstehen könnten; und drittens, daß ich dem Druck widerstehen muß, der nach sofortigen Strafmaßnahmen ruft, solange die Illoyalität des Beschuldigten nicht unbezweifelbar erwiesen ist.

Zwar werden wir bezüglich der Schuld oder Unschuld des Mannes in Zweifel gelassen, denn bestenfalls stellt die Antwort nur die Wahrscheinlichkeit seiner Unschuld fest, doch würde ich den Fragesteller, sollte er über dieses ungenaue Ergebnis enttäuscht sein, mit Bestimmtheit darauf hinweisen, daß er das I Ging unterschätzt, und würde versuchen, die Antwort mit folgendem Gedankengang zu rechtfertigen: »Hätte die Antwort den Verdächtigen für schuldig befunden, Sie wären vor die Wahl gestellt gewesen, ihn entweder zu bestrafen – in diesem Fall hätten Sie es anschließend vielleicht tief bereut, eine so schwerwiegende Entscheidung aufgrund einer Methode getroffen zu haben, die wohl keiner Ihrer Kollegen gutheißen würde – oder ihn ungestraft davonkommen zu lassen. Dann wiederum hätten Sie sich ernsthaft über seine Schädlichkeit für das Amt sorgen müssen, das Sie selbst leiten. Hätte ihn die Antwort andererseits eindeutig für unschuldig befunden, dann würde er dessen ungeachtet von seinen Anklägern auch weiterhin verdächtigt und gemieden, selbst wenn Sie persönlich sich keine Sorgen mehr über ihn machen. Sie werden demzufolge vielleicht manchmal zögern, ihm wie in alten Tagen zu vertrauen, als noch keine Anschuldigungen gegen ihn laut geworden waren. Das I

Ging bedeutet uns mit seiner Antwort also: ›Warte auf einen sicheren Beweis, bevor du etwas unternimmst. Du darfst dir sicher sein, daß du mit deiner Geduld nicht die Interessen gefährdest, die du selbst vertrittst.‹«

Drittes Beispiel

Eine Frau, die für ihren Gatten immer noch Zuneigung verspürt, ist darüber besorgt, mit welchem Leichtsinn er seine Verantwortungen wahrnimmt. Um ihrer selbst und der Kinder willen beginnt sie deswegen, eine Scheidung in Erwägung zu ziehen. Sie stellt ihre Frage mit den einfachen Worten: »Soll ich mich von ihm scheiden lassen oder nicht?« Die Antwort besteht aus Hexagramm 11, *T'ai*, der Friede. Da es keine Wandlungslinien enthält, tritt kein zweites Hexagramm in Erscheinung. Der Text von Hexagramm 11 lautet: »Das Gemeine verliert seine Kraft, das Große und Gute naht heran – Heil! Gelingen!« (Wer die Einleitung sorgfältig gelesen hat, wird sich daran erinnern, daß es aufgrund der Knappheit der chinesischen Sprache möglich ist, das »Gemeine« und das »Große und Gute« gleichermaßen auf Personen und Eigenschaften anzuwenden. Das »Gemeine« kann also je nach den Umständen schlechte, wertlose Menschen oder Schlechtigkeit bzw. Wertlosigkeit bedeuten.) Der Kommentar zum Text betont sehr stark das göttliche Wesen ehelicher Harmonie und sagt jenen, die keinen sittlichen Wert besitzen, Niedergang und Verfall voraus (oder den Verfall moralischer Wertlosigkeit). Das Zeichen unterstreicht auch die Vorzüglichkeit ehelicher Harmonie.

Davon, welche der beiden streitenden Parteien mit Recht als verachtungswürdig und gemein betrachtet werden darf – falls dies überhaupt möglich ist –, hängt ab, wie wir die Aussage über den Niedergang des Gemeinen interpretieren müssen. Ist damit der Ehegatte gemeint? Möglich! Würden ihm jedoch tatsächlich alle guten Eigenschaften fehlen, seine Frau würde wegen einer Scheidung kaum das I Ging konsultieren müssen. Eine andere Frau oder mehrere Geliebte, die ihn von ihr weglocken? Vielleicht! Oder bezieht sich »gemein« auf bestimmte Gewohnheiten oder Eigenschaften ihres Mannes, die ihm der Antwort nach nicht mehr lange anhängen werden? Auch dies ist möglich! Hat die Frau das Gefühl, sie täte ihm Unrecht, wenn sie ihn mit dem »Gemeinen« (nach chinesischer Auffassung ist »gemein« gleichbedeutend mit »verachtenswert«) gleichsetzen würde, dann muß die Aussage über den

»Niedergang des Gemeinen« entweder bedeuten, daß eine (oder mehrere andere) gewissenlose Frau(en) ihren Einfluß über ihn verliert oder daß er im Begriff ist, sich von bestimmten negativen Eigenschaften oder Gewohnheiten zu befreien. In beiden Fällen ist eine Scheidung nicht angezeigt. Im Gegenteil, die starke Betonung der ehelichen Harmonie ist ein deutliches Zeichen dafür, daß die Ehe gerettet werden kann, wenn die Ehefrau die Klugheit besitzt, Vergangenes großmütig zu vergeben. Tatsächlich prophezeit das Vorzeichen einen Grad an ehelichem Glück, der an die Vollkommenheit der Vereinigung von Himmel und Erde erinnert.

Liegen die Umstände anders, dann muß das Orakel auch in ganz anderem Sinn interpretiert werden. Wenn sich der Ehemann durchweg so schlecht benommen hat, daß seine Frau ihn selbst in Momenten, in denen sie ruhig und frei von allem Zorn ist, mit Recht verachten darf, dann scheint eine Scheidung die optimale Lösung zu sein, denn auf sie folgt das »Herannahen von Großem und Gutem«, das Nahen eines zukünftigen Gatten, mit dem sie ein eheliches Glück teilen wird, das so harmonisch ist wie die Verbindung von Himmel und Erde! (Sollte die Frau jedoch nur der Untreue ihres Mannes ein wenig überdrüssig sein, dann darf sie sich durch ihr Wunschdenken nicht zu der irrigen Ansicht verleiten lassen, daß der beste Weg zu ehelichem Glück notwendigerweise in der Scheidung und einer neuen Ehe bestünde.)

Die Tatsache, daß zu ein und demselben Textstück zwei widersprüchliche, ja miteinander unvereinbare Interpretationen möglich sind, sollte uns daran erinnern, wie wichtig es ist, bei unseren Befragungen alle Hintergrundinformationen, die in diesen Beispielen fehlen, zu berücksichtigen und der Intuition die ihr angemessene Aufmerksamkeit zu widmen. Wo die kleinen Details eines Problems und das Spiel der Intuition gleichermaßen in Betracht gezogen werden, gibt es für Zweifel oder widersprüchliche Anschauungen keinen Platz mehr, denn über die zutreffende Interpretation herrscht völlige Klarheit.

Ich habe versucht, mich in den Beispielen an die einfachste Form der Interpretation zu halten. Insbesondere habe ich darauf verzichtet, ausführlich auf die Symbolik der Hexagramme einzugehen, denn dazu würden umfangreiche Kenntnisse über die Wechselbeziehung der Teiltrigramme und die Verträglichkeit bzw. Unverträglichkeit der Linien (untereinander bzw. mit ihrem jeweiligen Platz) notwendig werden. Da man sich dieses Wissen jedoch ohne eine lange Beschäftigung mit der Materie und ohne die Anleitung eines Kundigen unmöglich aneignen kann, ist es sicherer, sich auf die Texte und Kommentare zu verlassen, die zu den einzelnen Hexagrammen und Wandlungslinien gehören. Sie vermitteln uns die Interpretationen, die von König Wên, dem Herzog von Chou und Konfutse oder anderen Menschen erstellt wurden, die ihnen in bezug auf die Kenntnis der Hexagramme und ihrer Komponenten kaum nachgestanden haben dürften. Den Texten und Kommentaren unsere eigene Interpretation der Hexagrammstruktur hinzuzufügen (oder sie gar damit zu ersetzen) wäre in den meisten Fällen wohl etwas tollkühn, auch wenn wir eines Tages dazu in der Lage sein mögen, die Hexagramme in bescheidenem Ausmaß direkt zu interpretieren.

6. Kurzfassung aller beim Gebrauch des I Ging zu beachtenden Regeln

Dieses kurze Kapitel enthält keine neuen Informationen. Wir können es deswegen beim ersten Lesen überspringen. Wer sich jedoch kurz vor einer Befragung die zu beachtenden Regeln ins Gedächtnis zurückrufen möchte, findet hier eine übersichtliche Anleitung.

1. Wenn man es nicht gebraucht, bewahrt man das *Buch der Wandlung* fein säuberlich eingewickelt auf einem höheren Regal- oder Schrankbett auf. Die Wahrsagestäbchen liegen daneben in der eigens für sie reservierten verschließbaren Schatulle.

2. Kurz vor einer Befragung wird das Buch von seinem Regal genommen und zusammen mit den Wahrsagestäbchen, zwei kleinen Tabletts und den notwendigen Schreibutensilien auf einen Tisch gelegt, der die Mitte des Raumes einnimmt und nach Süden ausgerichtet ist.

3. Wenn dies nicht schon vorher geschehen ist, muß die Frage jetzt in eine klare Formulierung gegossen werden. Falls dies in der Natur der Frage liegt, sollte man sie auf einen bestimmten Zeitraum begrenzen, denn nur dann läßt sich die Antwort richtig einordnen.

4. Der Fragesteller wirft sich, das Gesicht nach Norden gewandt, dreimal nieder, entzündet ein Räucherstäbchen und bringt die Frage in der vorher festgelegten Form vor. Sein Bewußtsein ist ganz auf die Frage gesammelt, und er wiederholt sie im Geist oder spricht sie laut aus. Währenddessen nimmt er die Wahrsagestäbchen in seine rechte Hand und läßt sie dreimal im Uhrzeigersinn über dem aufsteigenden Rauch kreisen.

5. Ein Stäbchen legt er sofort in die Schatulle zurück; die übrigen neunundvierzig Stäbchen legt er auf ein Tablett und teilt sie mit einer raschen Bewegung seiner rechten Hand in zwei Haufen.

6. Er führt die drei Schritte des ersten von insgesamt sechs identischen Vorgängen aus und erstellt damit die unterste Linie des Hexagramms, das seine Frage beantworten wird. Die drei Schritte sind:

a) Er entnimmt dem rechten Haufen ein Stäbchen und steckt es sich zwischen den kleinen Finger und den Ringfinger seiner linken Hand. Dann verkleinert er den linken Haufen um jeweils vier Stäbchen, bis nur noch ein, zwei, drei oder vier Stäbchen übriggeblieben sind. Diesen Rest steckt er sich zwischen Ring- und Mittelfinger der linken Hand. Danach verkleinert er den rechten Haufen um jeweils vier Stäbchen, bis nur noch ein, zwei, drei oder vier Stäbchen übriggeblieben sind. (Wenn er es vorzieht, diesen Rest mit Hilfe der Tabelle der Zahlenwerte und Linienarten aus der Anzahl der Stäbchen zu errechnen, die er bei der vorangegangenen Auszählung übrigbehalten hat, braucht er dem rechten Haufen nur die richtige Anzahl von Stäbchen zu entnehmen.) Das einzelne Stäbchen zwischen den beiden letzten Fingern seiner linken Hand ergibt mit den beiden Resten aus den Auszählungen des rechten und des linken Haufens eine Gesamtsumme von fünf oder neun Stäbchen. Diese fünf oder neun Stäbchen legt er nun in einem Haufen auf das zweite Tablett.

b) Die vierundvierzig oder vierzig beim ersten Tablett liegengebliebenen Stäbchen werden wieder zu einem Bündel zusammengenommen, und der Fragesteller zählt sie nach denselben Prinzipien aus, die im ersten Schritt beschrieben worden sind. Als Ergebnis erhält er schließlich vier oder acht Stäbchen, die er in sichtbarer Entfernung von den fünf oder neun Stäbchen der ersten Auszählung ebenfalls auf das zweite Tablett legt.

c) Mit den jetzt noch beim ersten Tablett liegengebliebenen (vierzig, sechsunddreißig oder zweiunddreißig) Stäbchen verfährt er gleichermaßen und erhält zum Schluß ebenfalls wieder vier oder acht Stäbchen. Auf dem zweiten Tablett liegen nun drei kleine Haufen von Stäbchen. Der erste besteht aus fünf oder neun, der zweite und dritte jeweils aus vier oder acht Stäbchen. Aus der Tabelle der Zahlenwerte und Linienarten (siehe S. 74) ist zu ersehen, welche Linienart sich aus der jeweiligen Zahlenkombination ergibt. Diese Linie zeichnet er schließlich als unterste Hexagramm-Linie auf ein Blatt Papier.

7. Er legt die neunundvierzig Stäbchen wieder auf einen Haufen und erstellt von unten nach oben die restlichen fünf Hexagramm-

Linien, indem er jede einzelne auf die in 6. beschriebene Weise auszählt.

8. Er zeichnet ein zweites mit dem ersten Hexagramm bis auf die sich von *Yang* in *Yin* oder von *Yin* in *Yang* kehrenden Wandlungslinien identisches Hexagramm; d.h. eine durchgehende Wandlungslinie wird im neuen Hexagramm zu einer durchbrochenen Linie und umgekehrt, eine durchbrochene Wandlungslinie zu einer durchgehenden. Die Antwort besteht aus dem Text und dem Kommentar zum ersten Hexagramm, den Texten und Kommentaren zu den Wandlungslinien (falls überhaupt Wandlungslinien in Erscheinung treten) und schließlich dem Text und dem Kommentar des zweiten Hexagramms (vorausgesetzt, das erste Hexagramm enthält Wandlungslinien, die zur Bildung eines zweiten Hexagramms führen).

9. Die Interpretation der Antwort muß so objektiv wie möglich geschehen. Sie darf nicht durch Wunschgedanken verfälscht werden. Sie hängt im wesentlichen von drei Faktoren ab: vom Wortlaut der entsprechenden Texte und Kommentare; von der Gesamtsituation, aus der heraus die Frage gestellt wird; und von der Fähigkeit des Fragestellers, der Antwort durch seine Intuition einen eindeutigen Sinn zu verleihen.

10. Nachdem er seine Interpretation niedergeschrieben hat und keine weitere Befragung mehr durchführen muß, entzündet er noch ein Räucherstäbchen, wirft sich dreimal nieder und legt das Buch und die Wahrsagestäbchen an ihren gewohnten Platz zurück.

11. Mit Ausnahme der beim Auszählen zu beachtenden Regeln ist keine der hier aufgeführten Anweisungen absolut bindend. Wir können sie den Gegebenheiten anpassen, doch sollten wir dabei nicht allzu leichtfertig verfahren.

Anmerkungen zur Bedeutung einiger in den Texten und Kommentaren besonders häufig wiederkehrender Wendungen

Erhabenes Gelingen – vollständiger Erfolg, der darauf zurückzuführen ist, daß unsere Ziele mit dem Willen des Himmels übereinstimmen.

Beharrlichkeit auf dem rechten Weg wird belohnt (bringt Heil) – Wir können unsere Pläne getrost verfolgen, vorausgesetzt, wir schädigen damit niemanden und arbeiten dem Allgemeinwohl nicht entgegen.

Kein Verstoß oder *kein Tadel* – Wenn die Umstände auch nicht unseren Wunschvorstellungen entsprechen, so trifft uns doch deswegen keine Schuld, denn sie unterliegen nicht unserem Einfluß.

Nichts gereicht zum Vorteil – Wir sollten von unserem Vorhaben Abstand nehmen.

Es wird sich als vorteilhaft erweisen, den großen Fluß (den großen Ozean) zu überqueren – Es ist ratsam, im Zusammenhang mit unserem Vorhaben eine große Reise zu unternehmen.

Es ist vorteilhaft, einen Großen Mann zu sehen – Es wird von großem Nutzen für uns sein, wenn wir eine Person, die tiefe Einsicht und moralische Kraft besitzt, um Rat oder Hilfe bitten.

Es ist vorteilhaft, ein Ziel (einen Bestimmungsort) im Auge zu haben – Es ist an der Zeit, etwas zu unternehmen, vorausgesetzt, wir haben eine klare Zielvorstellung (ein Ziel oder einen Bestimmungsort).

Beharrlichkeit würde ins Unheil führen – Nur wenn wir unser Vorhaben gänzlich aufgeben, können wir einigermaßen sicher sein.

Erfüllung des Gewollten – Wenn unser Ziel ehrenhaft und würdig ist, werden wir es erreichen. (Es ist zu beachten, daß hier vom »Gewollten« und nicht von einem »Wunsch« die Rede ist. Ein Wunsch kann sowohl Gutes als auch Schlechtes beinhalten.
Das *Buch der Wandlung* sieht im Willen eine edlere – selbstlosere – Form des Wünschens.)

Vorrücken – Dies ist entweder örtlich zu verstehen oder bedeutet in übertragenem Sinn, daß wir mit der Ausführung unserer Pläne fortfahren sollen.

Beschämung – Schande in den Augen der anderen und, wenn wir unser Verhalten einmal unvoreingenommen betrachten, auch in unseren eigenen.

Bedauern oder *Reue* – die Einsicht, daß unsere Schwierigkeiten auf unser eigenes Fehlverhalten oder mangelnde Voraussicht zurückzuführen sind.

Edler Mensch oder *Großer Mann* oder *heiliger Weiser* – Diese drei Begriffe scheinen synonym verwendet zu werden. Sie bezeichnen einen Menschen von höchster Sittlichkeit und Weisheit, jedoch keinen Übermenschen, denn auch der Edle Mensch kann sich irren oder sich in Ausnahmefällen sogar seiner selbst unwürdig erweisen. Wenn er jedoch einmal fehlgeht, bereut er seinen Fehler schnell und bemüht sich um Wiedergutmachung. In vielen, vielleicht den meisten Textstellen, in denen er erwähnt wird, ist impliziert, daß es für uns am besten wäre, den Weg einzuschlagen, der dort als der Weg des Edlen Menschen beschrieben wird. »Der Edle Mensch verhält sich so und so« deutet an, daß wir diesem Beispiel zu unserem eigenen Besten nacheifern oder uns zumindest in unserem Tätigkeitsfeld wie ein Edler Mensch verhalten sollten.

Zweiter Teil:

DAS BUCH DER WANDLUNG
(TEXT UND KOMMENTARE)

Hexagramm 1[1]
Ch'ien[2] Das Schöpferische Prinzip

Teiltrigramme:
unten: *Ch'ien*[2], Himmel, männlich, aktiv usw.
oben: *Ch'ien*[2], Himmel, männlich, aktiv usw.

Text

Das Schöpferische Prinzip. Erhabenes Gelingen! Beharrlichkeit auf dem rechten Weg bringt Heil. 9 auf dem untersten Platz: Der verborgene Drache hält sich vom Handeln zurück. 9 auf den zweiten Platz: Der Drache ist auf offenem Feld zu sehen; es ist ratsam, einen Großen Mann aufzusuchen. 9 auf dem dritten Platz: Der Edle Mensch ist den ganzen Tag lang tätig, und selbst am Abend ist er noch wachsam und auf der Hut. Mißgeschick droht – kein Verstoß! 9 auf dem vierten Platz: Am Rande des Abgrunds umherspringend ist er frei von Tadel! 9 auf dem fünften Platz: Der Drache schwingt sich durch den Himmel; es ist von Vorteil, einen Großen Mann aufzusuchen. 9 auf dem obersten Platz: Ein eigensinniger Drache – Grund zum Bedauern! 9 auf allen sechs Plätzen: Eine Sippe von Drachen ohne Kopf – Heil![3]

Kommentar zum Text

Unerschöpflich ist in der Tat das erhabene Schöpferische Prinzip, der Ursprung von allem, so weit und umfassend wie die Himmel. Es läßt die Wolken hervortreten, den Regen die Fülle spenden und alle Objekte in ihre jeweilige Form fließen. Sein blendender Glanz durchdringt alle Dinge – ausnahmslos vom ersten bis zum letzten. Seine Handlungen, versinnbildlicht durch die einzelnen Linien, erreichen – jede zur rechten Zeit – Vollendung. Besteigt (er) sie, wenn die Zeit reif ist, wird (der Edle Mensch) himmelwärts getragen, wie wenn die sechs Drachen seine Reittiere wären! Das Schöpferische Prinzip wirkt durch die Wandlung. Bringen wir unser Leben also dadurch in Ordnung, daß wir es mit der universellen Harmonie in Einklang bringen, dann werden unsere Festigkeit und Ausdauer reich belohnt. Der Herrscher, der weit über die Massen hinausragt, bringt allen Ländern der Welt Frieden.

Das Zeichen

Dieses Hexagramm versinnbildlicht die Macht der himmlischen Kräfte in Bewegung, mit deren Hilfe der Edle Mensch unablässig bemüht ist, seinen eigenen Charakter zu stärken.

(Hier folgen einige Bemerkungen zu den einzelnen Linien, die ich in die jeweiligen Linienkommentare eingeflochten habe.)

Der Wên-Yen-Kommentar zum Text

Das Erhabene ist vor allem das, was mit Kraft und Befähigung (Tugend) erfüllt ist. Gelingen deutet an, daß sich alles günstig fügen wird. Heil bezieht sich auf das Zusammentreffen all dessen, was Rechtschaffenheit fördert. Beharrlichkeit auf dem rechten Weg ist die richtige Art und Weise, unsere Angelegenheiten zu ordnen. Der Edle Mensch rüstet sich für seine führende Stellung, indem er zur Verkörperung menschlicher Güte wird. Günstige Fügungen befähigen ihn zur vollkommenen Lebensführung. Sein Erfolg im Erlangen materieller Güter versetzt ihn in die Lage, gerecht zu handeln. Seine Beharrlichkeit im Verfolgen des Rechten und Wahren läßt ihn seine Ziele gänzlich verwirklichen. Niemals läßt der Edle Mensch von diesen vier Fähigkeiten.[4] Von ihm darf man wahrlich sagen: »Das Schöpferische Prinzip sichert sein Erhabenes Gelingen. Seine Ausdauer auf dem rechten Weg bringt ihm Heil.«

Weitere Kommentare

Was immer es beginnen mag, das Schöpferische Prinzip bringt alles zu einem erfolgreichen Abschluß. Es besitzt von sich aus die Eigenschaft, Beharrlichkeit im Rechten zu belohnen.

Von Anfang an hat das Schöpferische Prinzip seine Macht dazu gebraucht, allen Dingen unter dem Himmel die Gabe der Schönheit zu verleihen und sich dabei doch niemals der gewährten Wohltaten gerühmt – welcher Edelmut!

Wahrlich, groß ist das Schöpferische Prinzip – fest, im Besitz unermeßlicher Machtfülle, unparteiisch, gerecht, rein und erhaben! Wer die Botschaft seiner sechs Linien zu erfassen versteht, begreift jeden Aspekt der Schöpfung. Himmelwärts reiten wir auf dem

Rücken der sechs Drachen, wenn wir sie zur rechten Zeit besteigen. Die Wolken erscheinen, der Regen spendet seine Fülle, und die ganze Welt ist von Frieden erfüllt!

Die Linien

9 auf dem untersten Platz: Der verborgene Drache hält sich vom Handeln zurück. Was bedeutet dies?

Der Wên-Yen-Kommentar: Nach den Aussagen des Meisters[5] versinnbildlicht diese Linie jemanden, der in seiner Befähigung dem Drachen gleichkommt und trotzdem sein Licht verdeckt. Mit der Welt schließt er keine Kompromisse. Er macht sich keinen Namen. Ohne dies zu bedauern, zieht er sich aus dem weltlichen Treiben zurück. Es bekümmert ihn nicht, wenn niemand nach ihm verlangt. Er tut, was ihm gefällt, und vermeidet, was er bereuen müßte. Fest wie ein Fels steht er, niemand vermag ihn umzustürzen. Mit gutem Recht darf man einen solchen Menschen einen verborgenen Drachen nennen!

Weitere Kommentare: a) Der verborgene Drache, der sich vom Handeln zurückhält, bedeutet, daß die lebenserhaltende Kraft noch nicht aufgetaucht ist. b) Dies wird durch die Position der Linie auf dem untersten Platz des Hexagramms verdeutlicht. c) Ein Drache, der davon Abstand nimmt zu handeln, zeigt an, daß die lebenserhaltende Kraft in der Erde verborgen liegt. d) Das Tätigsein des Edlen Menschen besteht darin, Wertvolles zu tun. Den ganzen Tag über sieht man ihn am Werk. »Verborgen« heißt, daß sein Licht noch nicht erkannt wird, denn er muß seine Lebensführung noch vervollkommnen. Aus diesem Grund unterläßt er es zu handeln.[6]

9 auf dem zweiten Platz: Der Drache ist auf offenem Feld zu sehen. Es ist ratsam, einen Großen Mann aufzusuchen. Was bedeutet dies?

Wên-Yen-Kommentar: Nach den Aussagen des Meisters[5] versinnbildlicht diese Linie einen, der durch seine Befähigung einem Drachen gleichkommt und zu Recht in der Mitte der Dinge steht. Bei allem, was er sagt, aufrichtig, bei allem, was er tut, besonnen, hält er das Schlechte fern und bleibt unbescholten und rein. Er tut viel Gutes für die Welt, ohne sich jedoch damit zu brüsten. Aufgrund seiner umfassenden Befähigung wird er immer bedeutenden Einfluß ausüben. In der Tat, die Passage vom Drachen auf offenem Feld und vom großen Mann deutet auf jemanden, dessen außergewöhnliche Befähigung ihn würdig sein läßt, die höchste Herrschergewalt auszuüben.

Weitere Kommentare: a) Die Vorstellung von einem Drachen, der auf offenem Feld erscheint, läßt darauf schließen, daß des großen Mannes Wirken sich überallhin ausbreitet. b) Diese Passage zeigt an, daß es an der Zeit ist zu handeln.[6] c) Sie bedeutet ferner, daß durch die Macht des Edlen Menschen die ganze Welt zivilisiert wird. d) Der Edle Mensch lernt und forscht, um aller Tatsachen eingedenk zu sein. Er befragt andere, um seine Urteilskraft zu stärken. Er stellt sein Leben unter das Motto der Verzeihung und macht die Güte zur Essenz seiner Lebensführung. Die Passage vom Drachen auf offenem Feld und vom Aufsuchen eines großen Mannes wurde vom Beispiel derart befähigter Menschen inspiriert.

9 auf dem dritten Platz: Der Edle Mensch ist den ganzen Tag lang tätig und selbst am Abend ist er noch wachsam und auf der Hut. Mißgeschick droht – kein Verstoß! Was bedeutet dies?

Wên-Yen-Kommentar: Nach den Aussagen des Meisters[5] erweitert der Edle Mensch ständig seine Fähigkeiten und gibt sich bei seiner Arbeit die größte Mühe. Indem er seine Fähigkeiten erweitert, verwirklicht er Treue und Unbescholtenheit. Indem er auf seine Worte achtet, bleibt er wahrhaftig und vermag deshalb sicherzustellen, daß sein Werk von Dauer ist. Er weiß, was zu tun ist, und indem er es ausführt, erfüllt er die höchsten Erwartungen. In dem Wissen darum, wie er seine Ziele verwirklichen kann, tut er dies, ohne dabei vom rechten Weg abzuweichen. Deswegen wird ihn eine hohe Stellung nicht dazu verleiten, sich aufzublähen; ebensowenig wird er in einer untergeordneten Stellung murren und klagen. Aus diesem Grund ist er immer tätig und bleibt, wenn die Umstände es erfordern, wachsam und auf der Hut. Obwohl also Gefahr drohen mag, trägt er doch nicht die mindeste Schuld daran.

Weitere Kommentare: a) Den ganzen Tag lang tätig sein heißt, daß er sein Werk immer wieder überarbeitet. b) Dies wird im Hinblick auf wichtige Angelegenheiten gesagt. c) Es heißt auch, daß er sein Tun mit den Bedürfnissen der Zeit in Einklang bringt. d) Dies ist eine starke Linie, aber keine zentrale (Linie eines Trigramms). Sie steht nicht hoch genug, um mit dem Himmel übereinzustimmen; für eine Übereinstimmung mit der Erde wiederum steht sie nicht tief genug. Es wird von ihm also harte Arbeit verlangt und, wo sie angebracht ist, auch Wachsamkeit.[6] Die Gefahr an dieser Stelle beinhaltet keine Schuld.

9 auf dem vierten Platz: Am Rand des Abgrunds umherspringend ist er frei von Tadel! Was bedeutet dies?

Wên-Yen-Kommentar: Nach den Aussagen des Meisters[5] sind weder Aufstieg noch Verfall von langer Dauer. Was zählt, ist, sich schlechter Taten zu enthalten. Fortschritt und Rückschritt können sich nicht unbegrenzt fortsetzen. Was zählt, ist, die anderen nicht im Stich zu lassen. Der Edle Mensch erweitert seine Fähigkeiten und gibt sich bei allem, was er tut, große Mühe, so daß er zur rechten Zeit vollendet, was er zu erreichen wünscht. Er ist frei von Tadel.

Weitere Kommentare: a) Obwohl er am Rand eines Abgrunds entlangspringen mag, wäre es kein Fehler, wenn er jetzt vorrückt. b) Diese Passage bedeutet, daß er seine Kräfte mißt. c) Sie bedeutet überdies, daß der Weg, dem das Schöpferische Prinzip folgt, zu einer seiner großen Verwandlungen führt. d) Dies ist eine starke Linie, aber keine zentrale (Linie eines Trigramms). Sie steht nicht hoch genug, um mit dem Himmel übereinzustimmen, für eine Übereinstimmung mit der Erde wiederum nicht tief genug. Trotz ihrer relativ zentralen Stellung (im Hexagramm) ist sie aber auch nicht zentral genug, um mit dem Menschen übereinzustimmen. Dies bedeutet Ungewißheit und deutet auf eine Situation, deren Ausgang zweifelhaft ist.[6] Deswegen heißt es: »Er ist frei von Tadel.«

9 auf dem fünften Platz: Der Drache schwingt sich durch den Himmel; es ist von Vorteil, einen Großen Mann aufzusuchen. Was bedeutet dies? *Wên-Yen-Kommentar:* Nach den Aussagen des Meisters[5] schwingen Musikinstrumente, die den gleichen Ton hervorbringen, in gegenseitiger Resonanz. Menschen, die die gleichen Anlagen haben, spüren einander auf. Wasser fließt dort, wo viel Feuchtigkeit ist. Feuer brennt, wo alles verdorrt ist. Wie die Wolken den Drachen hinterhersegeln und der Wind dem Tiger folgt, richten alle Geschöpfe ihre Blicke auf die Ankunft eines heiligen Weisen. Was seinem Ursprung nach himmlisch ist, fühlt sich zu allem, was oben liegt, hingezogen. Dinge, die ihrem Ursprung nach irdisch sind, fühlen sich zu allem, was unten liegt, hingezogen. Auf diese Weise folgen alle Dinge ihrer eigenen Art.

Weitere Kommentare: a) Diese Passage sagt das Erscheinen eines wahrhaft großen Wesens voraus. b) Sie versinnbildlicht außerdem die höchste Position des Herrschers. c) Sie illustriert die Übereinstimmung mit der Macht des Himmels. d) Ein Edler Mensch (im Text: »Großer Mann«) ist, wer aufgrund seiner Befähigung mit

Himmel und Erde zu Übereinstimmung gelangt. Die Klarheit seines Geistes gleicht der Klarheit der Sonne oder des Mondes. Seine Handlungen entfalten sich wie die Jahreszeiten in vollkommener Ordnung. Seine Freude und sein Schmerz stellen ihn den Göttern und Dämonen gleich. Greift er mit seinen Taten den Fügungen des Himmels voraus, so wird der Himmel ihn bei seinem Vorgehen sicherlich unterstützen. Wartet er, bevor er handelt, jene Fügung ab, dann handelt er im Einklang mit der vom Himmel bestimmten Ordnung.[6] Ja, wenn ihm selbst der Himmel seine vollste Unterstützung gewährt – wieviel mehr also noch die Menschen, von Göttern und Dämonen ganz zu schweigen!

9 auf dem obersten Platz: Ein eigensinniger Drache hat Grund zum Bedauern. Was bedeutet dies?

Wên-Yen-Kommentar: Nach den Aussagen des Meisters[5] kann selbst ein Mensch höchster Befähigung, wenn er a) keine angemessene Stellung innehat; – b) in eine hohe Stellung aufgerückt ist, doch über keine Untergebenen verfügt, die er lenken könnte; c) Gehilfen hat, die ihm trotz all ihrer Kompetenz keine Unterstützung gewähren, nichts unternehmen, das er nicht bereuen würde.

Weitere Kommentare: a) Dies bedeutet, daß seine Tasse nicht lange voll sein wird.[7] b) Es kündigt die Ankunft eines großen Unheils an. c) Damit ist impliziert, daß sich die Dinge früher oder später erschöpfen. d) »Eigensinnig« bedeutet, daß er zwar weiß, wie er vorankommen kann, aber nicht, wie man sich zurückzieht, daß er zwar weiß, wie man anhäuft, aber nicht, wie man losläßt, daß er zwar zu gewinnen, aber nicht zu verlieren weiß.[6] Nur ein heiliger Weiser versteht es, all diese Dinge in vollkommener Rechtschaffenheit zu tun – ganz richtig, nur ein heiliger Weiser!

9 auf allen sechs Plätzen: Dazu gibt es keinen Text. Die Kommentare beziehen sich alle auf die letzten Worte des Haupttextes: »Eine Sippe von Drachen ohne Kopf – Heil!«[3])

Wên-Yen-Kommentar: (nicht vorhanden)

Weitere Kommentare: a) Keine der Kräfte des Schöpferischen Prinzips kann ein Haupt bilden.[8] b) Wenn alle Linien dieses Hexagramms Wandlungslinien sind, ist damit die Weltherrschaft vorausgesagt. c) Diese sechs Wandlungslinien weisen auf ein Begreifen, das in seiner Tiefe und Weite den Rhythmus des Kosmos umschließt!

Anmerkungen:

1. Dieses Hexagramm erfährt in verschiedener Hinsicht eine besondere Behandlung, obwohl auch Hexagramm 2 einige dieser Besonderheiten aufweist. Es ist das einzige Hexagramm, in dem die Aussagen zu den einzelnen Linien im Hexagramm-Text selbst erscheinen. Darüber hinaus treten der Wên-Yen-Kommentar und einige weitere Kommentare nur zu den Hexagrammen 1 und 2 in Erscheinung. Ich habe die Anordnung des chinesischen Originals dahingehend geändert, daß alles, was sich auf den Haupttext und alles, was sich auf die einzelnen Linien bezieht, jeweils für sich erscheint. Die scheinbar völlig vom Zufall bestimmte Ordnung des Originals überrascht wohl kaum, wenn wir das hohe Alter des Buches bedenken. Es ist durchaus möglich, daß Teile des ursprünglich kompletten Wên-Yen-Kommentars und der übrigen Kommentare verlorengegangen und die Reste an entsprechender Stelle (d. h. in dem Text zu den Hexagrammen 1 und 2) eingeflochten worden sind. Die perfekte Ordnung und relative Vollständigkeit der Texte und Kommentare im ganzen übrigen Buch ist äußerst bemerkenswert. Es gibt relativ wenige offensichtlich verfälschte Textstellen.
2. *Ch'ien* ist sowohl der Name des Hexagramms als auch der Name eines Trigramms. Ich habe diesen Begriff trotzdem in beiden Fällen etwas anders übersetzt.
3. Diese rätselhaften Anspielungen auf die Drachen werden in den Linienkommentaren noch genau erklärt werden. Der Drache ist in China schon immer als eine herrliche Kreatur himmlischer Herkunft betrachtet worden. Drachen spenden den Regen, regulieren den Lauf der Flüsse und sind die Herrscher der Ozeane. Der europäische Drache ist also von ganz anderer Art.
4. Die vier Fähigkeiten (Tugenden) sind menschliche Güte, vollkommenes Auftreten, Gerechtigkeit und Weisheit. Die ersten drei werden im Text direkt genannt, die vierte ist mit den Worten »kann er seine Ziele gänzlich verwirklichen« angedeutet.
5. Konfutse.
6. Beim Wahrsagen sollten wir in diesem Satz einen Hinweis auf situationsgerechtes Handeln erkennen.
7. Seine Tasse von Glück und Erfolg.
8. Keine der vier Fähigkeiten des Schöpferischen Prinzips kann über die drei übrigen Vorrang gewinnen. Siehe auch Anmerkung vier. Dort sind die Fähigkeiten im einzelnen aufgeführt.

Hexagramm 2[1]
K'un[2] Das Empfangende Prinzip

䷁

Teiltrigramme:
unten: *K'un*[2], Erde, weiblich, empfangend usw.
oben: *K'un*[2], Erde, weiblich, empfangend usw.

Text

Das Empfangende Prinzip. Erhabenes Gelingen! Eine Stute ist sein Vorzeichen, die Gewinn bedeutet. Der Edle Mensch setzt sich ein Ziel und bemüht sich, es zu verwirklichen. Zuerst geht er in die Irre, doch später findet er seine Richtung. Es wird sich als vorteilhaft erweisen, Freunde im Westen und Süden zu gewinnen. Die Freunde im Osten und Norden gehen uns verloren. Friedvoll und fest im Rechten und Wahren zu bleiben bringt Heil.

Kommentar zum Text

Das erhabene Empfangende Prinzip, es ist wirklich vollkommen! Freudig nimmt es die himmlische Kraft (des Schöpferischen Prinzips) in sich auf, und daraus werden alle Dinge geboren. Dieses Empfangende Prinzip enthält eine ungeheure Fülle von Dingen, und die himmlische Macht (wörtlich: Befähigung/Tugend) dringt ungehindert in das Empfangende ein. Es ist ein allumfassendes, leuchtendes Gefäß, bis an den Rand gefüllt mit mannigfaltigem Inhalt. Die Stute symbolisiert jene (empfangenden, weiblichen) Geschöpfe, die ungehindert in seinen Grenzen umherwandern. Sanft und gewährend, welch ein günstiges Vorzeichen! Die Passage vom Edlen Menschen, der sich aufmacht, um sein Ziel zu verwirklichen, legt nahe, daß sich seine Situation verbessern und zum Normalen zurückkehren wird, auch wenn er aufgrund einer gewissen Verwirrung anfänglich seinen Weg verliert.[3] Freunde im Süden und Westen zu gewinnen heißt, daß wir uns mit unseresgleichen anfreunden sollen. Freunde im Osten und Norden zu verlieren, deutet auf eine Situation, die uns letztlich Freude bringen wird. Das große Heil, zu dem friedvolle Beharrlichkeit führt, kann sich nur deshalb ergeben, weil wir mit den Kräften der Erde in Einklang stehen.

Das Zeichen

Dieses Hexagramm versinnbildlicht die Empfänglichkeit der Kräfte der Erde. Der Edle Mensch offenbart die höchste Befähigung, indem er alle Dinge bereitwillig annimmt.

Der Wên-Yen-Kommentar zum Text

Das Empfangende Prinzip kann, dank seiner außerordentlichen Nachgiebigkeit, mit gewaltiger Macht handeln.[4] Still und ruhig, bleibt seine Befähigung gestaltlos, bis es die subjektive Kraft in sich aufgenommen hat. Erst dann gewinnt es eindeutige Gestalt indem es alles Dasein umfaßt, leuchtet es auf und erstrahlt. Sein wesentliches Merkmal ist das freudige Annehmen. Nachdem es die himmlische Macht in sich aufgenommen hat, verfährt es im Einklang mit den zeitlichen Gegebenheiten. (Die restlichen Passagen dieses Kommentars sind den Linien beigefügt, auf die sie sich beziehen.)

Die Linien

6 auf dem untersten Platz: Rauhreif am Boden kündigt an, daß bald festgefrorenes Eis kommen wird.

Wên-Yen-Kommentar: Das Haus, in dem sich gute Werke häufen, wird Wohltaten im Überfluß erfahren; hingegen sieht sich ein Haus, das Missetaten anhäuft, unweigerlich einer Vielzahl von Plagen gegenüber. Die Ermordung eines Herrschers durch seinen Minister oder ein Vatermord sind nicht die Folge der Ereignisse nur eines Tages und einer Nacht. Die Ursachen dazu haben sich nach und nach angesammelt. Obgleich man sie schon längst hätte erkennen müssen, blieben sie unerkannt und wurden nicht beizeiten beseitigt. Der Passus vom Rauhreif unter den Füßen, auf den bald festgefrorenes Eis folgen wird, deutet darauf, daß Vorsicht geboten ist.[3]

Hauptkommentar: Diese Linie zeigt das Nahen der dunklen Macht (des Winters) an. Nach dem Rhythmus der Natur steht jetzt die Jahreszeit des festgefrorenen Eises vor der Tür.

6 auf dem zweiten Platz: Geradlinig und mit weitreichenden Fähigkeiten ausgestattet. Obwohl wir nichts tun, gelingen all unsere Angelegenheiten.

Wên-Yen-Kommentar: Geradlinigkeit bedeutet Redlichkeit. Weitreichend bezeichnet die Fähigkeit zur Rechtschaffenheit. Der

Edle Mensch ist ehrfurchtsvoll und stärkt dadurch sein inneres Selbst. Seine Rechtschaffenheit befähigt ihn dazu, mit der Welt gerecht zu verfahren. Wenn Ehrfurcht und Rechtschaffenheit in unserem Herzen wohnen, werden wir niemals von unserer hohen Moral abweichen. Geradlinig, mit weitreichenden Fähigkeiten ausgestattet und groß – ganz gleich, was wir unternehmen, es wird sicherlich gelingen. Wir brauchen den erfolgreichen Ausgang unserer Unternehmungen nicht mehr zu bezweifeln.[3]

Hauptkommentar: Die 6 auf diesem Platz zeigt an, daß direktes und geradliniges Vorgehen zur Beherrschung eines großen Gebietes führen. Alles gelingt, obwohl nichts getan wird – dies ist das wunderbare Kennzeichen der Kräfte der Erde.

6 auf dem dritten Platz: Talent (oder Schönheit) zu verbergen, ist der richtige Weg. Obwohl kein unmittelbarer Erfolg winkt, werden alle Bemühungen um das Allgemeinwohl letztlich Erfolg haben.

Wên-Yen-Kommentar: Die dunkle Kraft des Empfangenden besitzt viele Schönheiten, doch hält sie sie verborgen. Im Dienst um das Allgemeinwohl dürfen wir uns nicht erkühnen, alles selbst erledigen zu wollen. Wir sollten es statt dessen den Kräften der Erde gleichtun und uns wie eine Gattin (ihrem Gemahl gegenüber) oder wie ein Mann im Dienste des Königs verhalten. Sie vollenden nichts, und trotzdem kommt im Laufe der Zeit die Erfüllung wie von selbst.[3]

Hauptkommentar: Talent (Schönheit), das (die) jetzt im verborgenen blüht, wird sich entfalten, wenn die Zeit dafür gekommen ist. Wenn es sich erst einmal dem Allgemeinwohl widmet, wird dieses Talent groß und ruhmreich werden.

6 auf dem vierten Platz: Wortkargheit – kein Tadel, kein Lob.

Wên-Yen-Kommentar: Die durch die Kräfte des Himmels und der Erde herbeigeführten Wandlungen bringen einen Überfluß von Pflanzen und Bäumen hervor. Bleiben diese Kräfte jedoch inaktiv, dann meidet der Edle Mensch das Rampenlicht. Diese Linie will sagen: »Befleißige dich äußerster Wachsamkeit!«

Hauptkommentar: Diese Linie bedeutet uns, daß wir mit Hilfe der gebotenen Vorsicht dem Unglück entgehen können.[3]

6 auf dem fünften Platz: Eine gelbe[5] Jacke – erhabenes Heil!

Wên-Yen-Kommentar: Der Edle Mensch, in seinem Innern gelb (befähigt), bemüht sich, die grundlegenden Prinzipien des Lebens zu begreifen, und ist mit seiner begünstigten Stellung zufrieden. Die Schönheit seines Inneren durchdringt sein ganzes Wesen mit Freude und beeinflußt seine Unternehmungen[3]. Dies ist wahre Schönheit!

Hauptkommentar: Diese Linie bezieht sich auf innere (spirituelle oder sittliche) Schönheit.

6 auf dem obersten Platz: Die in der Wildnis kämpfenden Drachen vergießen schwarzes und gelbes Blut.

Wên-Yen-Kommentar: Wenn die empfangende, dunkle Kraft mit der schöpferischen, lichten Kraft zu wetteifern sucht, weil sie deren Mangel bitterlich bedauert[6], ist ein Kampf unvermeidlich. Deswegen wird die dunkle Kraft als Drache (normalerweise ein *Yang*-Symbol) bezeichnet, obwohl sie natürlich immer noch zu ihrer eigenen (*Yin*-)Art zählt, versinnbildlicht durch das Blut (ein *Yin*-Symbol). In Wahrheit deuten schwarz und gelb auf eine Vermischung der Kräfte des Himmels und der Erde.[7] Schwarz steht für erstere, gelb für letztere.

Hauptkommentar: Die Drachen kämpfen, denn ihr Vorrat an Verdienst hat sich erschöpft.[7]

6 auf allen sechs Plätzen: Unerschütterliche Entschlossenheit stellt unsere Angelegenheiten auf eine dauerhafte Basis.[3]

Wên-Yen-Kommentar: (nicht vorhanden)

Hauptkommentar: Damit ist gesagt, daß Beharrlichkeit das Mittel ist, mit dem sich große Ziele verwirklichen lassen.

Anmerkungen:

1. Wie zum ersten ist auch zu diesem Hexagramm der Wên-Yen-Kommentar enthalten. Im Original folgt der Wên-Yen-Kommentar zu den einzelnen Linien unmittelbar auf den Kommentar zum Text. Aus Gründen der Übersicht habe ich ihn hier aufgeteilt.
2. *K'un* ist sowohl der Name des Hexagramms als auch der Name eines Trigramms. Ich habe diesen Begriff jedoch in beiden Fällen etwas anders übersetzt.
3. Beim Wahrsagen sollten wir besonders in diesem Satz einen Hinweis auf situationsgerechtes Handeln erkennen.
4. Die Kraft des Sanften ist ein Lieblingsthema der Taoisten. Als Beispiel wird oft die Macht des Wassers erwähnt, die im Laufe des Erosionsprozesses selbst Felsen zersprengt.

5. Die Farbe Gelb hat in China schon immer eine besondere Bedeutung gehabt. Lange Zeit durften nur Mitglieder der kaiserlichen Familie gelbe Gewänder tragen. Hier symbolisiert die Farbe Gelb eindeutig Befähigung.
6. Dies will heißen, daß *Yin*, die dunkle, empfangende Kraft, manchmal die Eigenschaften des lichten, himmlischen *Yang* ersehnt und darum kämpft, sie zu erlangen.
7. Die beiden Kommentare scheinen sich – zumindest teilweise – zu widersprechen. Unglücklicherweise ist es der Hauptkommentar – hier ungünstig –, dem beim Wahrsagen das größere Gewicht zufällt.

Hexagramm 3
Chun Die Schwierigkeit[1]

Teiltrigramme:
unten: *Chên*, Donner, Bewegung, sprießen oder erregen
oben: *K'an*, Wasser, ein Abgrund

Text

Schwierigkeit gefolgt von erhabenem Gelingen! Beharrlichkeit auf dem rechten Weg bringt Heil, aber suche nicht nach einem neuen Ziel (oder Bestimmungsort). Es ist von höchstem Nutzen, die gegenwärtige Position zu festigen.

Kommentar zum Text

Schwierigkeit! Wenn das Starke (die Kräfte des Himmels) und das Schwache[2] (die Kräfte der Erde) sich zum ersten Mal vereinigen (um etwas Neues zu schaffen), wird die darauf folgende Geburt nicht leicht sein. Entschlossenheit auf dem rechten Weg verheißt jedoch jenen, die sich aus dem Abgrund des Unglücks emporkämpfen[3], großen Erfolg. Wie damals, als das Universum gerade in Donner und Regen geschaffen wurde und alles noch dunkel und unförmig war, ist es auch jetzt an der Zeit, sich unermüdlich um Konsolidierung zu bemühen.

Das Zeichen

Dieses Hexagramm versinnbildlicht aus Wolken hervorbrechende Blitze[4] – Schwierigkeit herrscht vor! Der Edle Mensch bemüht sich darum, die Dinge in Ordnung zu bringen.

Die Linien

9 auf dem untersten Platz: Ungewißheit überwiegt. Am besten, man bewegt sich nicht, sondern entwickelt statt dessen Entschlossenheit und festigt seine Position.

Kommentar: Trotz aller Ungewißheit muß man fest entschlossen auf dem rechten Weg bleiben. Männer in hoher Position gewinnen die Unterstützung (des Volkes), wenn sie mit den ihnen Anvertrauten zusammenarbeiten.

6 auf dem zweiten Platz: Er macht nicht mehr Fortschritte und kommt nicht weiter voran als ein Mann auf einem Pferd, der hin und her trabt. (Sein Zögern) ist nicht auf ein Hindernis zurückzuführen, sondern darauf, daß er um ein Mädchen freit, das sein Angebot keusch ablehnt und zehn Jahre wartet, bevor sie endgültig einwilligt.[5]

Kommentar: Die Schwierigkeiten, die eine 6 auf dem zweiten Platz ankündigt, werden durch die Stellung dieser Linie offenbar: eine schwache Linie befindet sich unmittelbar über einer starken. Zehn Jahre auf die Einwilligung der Geliebten zu warten heißt, darauf zu warten, daß nach und nach alles zu seinem normalen Zustand zurückkehrt.

6 auf dem dritten Platz: Ohne Führer hat er dem Wild bis in den Wald nachgestellt; nun hat sich der Jäger verirrt. Der Edle Mensch erkennt, daß er bleiben muß, wo er ist, denn weitergehen würde in ein Unglück führen.

Kommentar: Da er zu sehr darauf aus war, das Wild zu erlegen, war er bei der Jagd allzu unvorsichtig. Der Edle Mensch hält ein, wenn weiteres Vorrücken ins Verderben führen würde.

6 auf dem vierten Platz: Zögernd, wie ein Mann, der hin und her trabt, wartet er auf die Heirat. Im weiteren wird das Heil überwiegen und alle Unternehmungen werden gelingen.[6]

Kommentar: Es ist weise, echten Wünschen auch wirklich nachzugehen.

9 auf dem fünften Platz: Fruchtbarkeit läßt sich nicht so einfach zustandebringen. Beharrlichkeit in kleinen Dingen bringt Heil, in großen Dingen führt sie ins Verderben.

Kommentar: Dieser Passus deutet an, daß wir uns zu wenig (um das Allgemeinwohl) gekümmert haben.

6 auf dem obersten Platz: (Er zögert) wie der Mann, der hin und her trabt, oder wie einer, der Blut und Tränen verströmt.

Kommentar: Wie könnte ein Sturzbach von Blut und Tränen lange anhalten?[7]

Anmerkungen:

1. Geburt und Wachstum inmitten von Schwierigkeiten ist die Grundidee dieses Hexagramms; Schwierigkeiten, wie sie ein sprießendes Samenkorn hat, das sich seinen Weg durch die Erde bahnen muß, wenn es zu einer jungen Pflanze werden will. Da sich unsere Angelegenheiten noch in einem frühen Entwicklungsstadium befinden, sind sie leicht verwundbar. Wir sollten jetzt nicht weitergehen, sondern abwarten, bis sie herangereift sind. Dann kann der Same – vorausgesetzt er wird weiterhin richtig gepflegt – einen herrlichen Baum hervorbringen. Das obere Trigramm, ein Abgrund, deutet an, daß Vorsicht geboten ist. Wenn wir dieses Vorzeichen beachten, können wir unseres Erfolges sicher sein.
2. Das Starke und das Schwache werden durch die beiden Teiltrigramme versinnbildlicht.
3. Das obere Trigramm versinnbildlicht einen Abgrund.
4. In diesem Bild steht das obere Trigramm, Wasser, für die Wolken und das untere, Donner, für die Blitze.
5. Beschäftigt sich die Frage mit einer Heiratsangelegenheit, dann kann dieser Passus bedeuten, daß sich unsere Herzensdame mit ihrer Einwilligung Zeit lassen wird; in anderem Zusammenhang zeigt er an, daß uns reicher Lohn winkt, wenn wir eine Verzögerung bereitwillig in Kauf nehmen.
6. Diese Textstelle macht klar, daß der Erfolg zwar als sicher angesehen werden darf, sich jedoch nur nach einer längeren Zeit geduldigen Wartens einstellen wird.
7. Mit anderen Worten, unsere gegenwärtigen Probleme werden mit der Zeit verschwinden.

Hexagramm 4
Mêng Die Unreife, unbeherrschtes Wachstum[1]

Teiltrigramme:
unten: *K'an*, Wasser, ein Abgrund
oben: *Kên*, ein Berg, hart, eigensinnig, verstockt

Text

Die Unreife. Heil! Ich bin nicht aus auf unbeherrschte Jugendliche, doch sucht mich ein unbeherrschter junger Mann auf, dann werde ich ihm erst einmal die Vorzeichen lesen und erklären. Doch fragt er mich aus Aufdringlichkeit gleich mehrmals, dann erkläre ich ihm nichts mehr. (Das Vorzeichen macht deutlich), daß korrekte Lenkung not tut.

Kommentar zum Text

Unbeherrschtes Wachstum! Am Fuß des Berges liegt ein gefährlicher Abgrund.[2] Sich an einem Ort aufzuhalten, an dem Gefahr lauert, ist jugendliche Torheit. Und trotzdem kann solche Unbesonnenheit Heil bringen – Heil, das man sich zunutze machen muß, wenn der Augenblick gekommen ist. Der Passus »Ich bin nicht aus auf unbeherrschte Jugendliche...« bedeutet, daß ich, sollte mich ein unbeherrschter junger Mann aufsuchen, geneigt bin, ihm beim ersten Mal durch das Lesen und Erklären der Vorzeichen Auskunft zu erteilen, wie es der starke Strich im Zentrum (des unteren Trigramms) andeutet. Sollte er mich jedoch fortwährend bedrängen, dann wird mich seine Aufdringlichkeit veranlassen, von weiteren Erklärungen abzusehen, denn Aufdringlichkeit ist das Zeichen eines ungebildeten Wesens. Es ist unsere heilige Pflicht, Jugendtorheit durch Erziehung zu berichtigen.

Das Zeichen

Dieses Hexagramm versinnbildlicht ein von ungezügeltem Wachstum umgebenes Wasserloch zu Füßen eines Berges.[3] Der Edle Mensch pflegt seine Befähigung durch eine entschlossen gute Lebensführung.[4]

6 auf dem untersten Platz: Will man unreife Jugend erleuchten, ist es angeraten, ihr Disziplin aufzuerlegen. Manchmal wird es sogar notwendig sein, Zwang auszuüben, doch ist es schädlich, zu viel Zwang auszuüben.

Kommentar: Obwohl es ratsam ist, Disziplin zu verlangen, darf dies nur im Rahmen gerechter Regeln geschehen.

9 auf dem zweiten Platz: Zu unreifen Wesen sanft zu sein, bringt Heil. Eine Frau zu nehmen, bringt Heil. Wenn die Starken (Jungen) und Schwachen (Alten) harmonisch zusammenleben, werden die Söhne fähig sein, die Angelegenheiten des Hauses in die Hand zu nehmen.

6 auf dem dritten Platz: Wähle nicht eine Frau, die sich beim Anblick eines reichen Mannes nicht mehr zu beherrschen weiß. Nichts ist von Vorteil.[5]

Kommentar: Heirate keine Frau mit schlampigem Benehmen.

6 auf dem vierten Platz: Starrsinn und Unreife verursachen Leid.[6]

Kommentar: Sie schaden uns, weil sie uns vom rechten Weg abbringen.

6 auf dem fünften Platz: Jugendliche Unschuld bringt Heil.[7]

Kommentar: Sie bringt Heil, weil sie mit dem Weichen und Nachgiebigen übereinstimmt.

9 auf dem obersten Platz: Zwar muß man jugendlicher Unreife fest entgegentreten, doch gewinnt man nichts, wenn man dabei das Falsche tut.[8] Der Vorteil liegt darin, das Falsche zu verhindern.

Kommentar: Das Falsche zu verhindern ist deswegen vorteilhaft, weil es zwischen jung und alt Eintracht herstellt.[9]

Anmerkungen:

1. Dieses Hexagramm deutet auf Halsstarrigkeit (das obere Trigramm), die aus der Sanftheit des Schoßes (das untere Trigramm) hervortritt. Wenn jugendlicher Übermut auch manchmal Erfolg hat, wo nüchterner Rat versagt, ist es trotzdem die Pflicht der Reifen und Erwachsenen, den Geist der Jugend zu veredeln und, natürlich in angemessenen Grenzen, ihrer Bitte

um Anleitung und Führung nachzukommen. Als Antwort auf eine Befragung deutet dieses Hexagramm möglicherweise auf eine Angelegenheit, in der ein gewisses Maß an Tollkühnheit zum Erfolg führen könnte, womit die Älteren jedoch nicht der Pflicht entbunden sind, die Jugend zu leiten. Außerdem ist darin der Hinweis enthalten, daß das *Buch der Wandlung* selbst, obwohl für die Fragen all derer empfänglich, die sich ihm mit der richtigen Einstellung nähern, keine Belästigungen dulden wird, sei es in Form banaler Fragen oder in Form des Versuchs, seine Urteilssprüche durch weiteres Befragen auf den Kopf zu stellen. Es hängt ganz von der Art unserer Frage, von den betroffenen Menschen und von den Wandlungslinien der Antwort ab, ob uns dieses Vorzeichen bedeutet, tollkühn und kurzentschlossen vorzugehen, oder ob es uns sagen will, daß es an der Zeit wäre, irgend jemandes jugendliche Unbesonnenheit zu zügeln.

2. Diese Aussage ist aus der Stellung der beiden Trigramme abgeleitet.
3. Eine Anspielung auf die beiden Trigramme des Zeichens.
4. Der zweite Satz ist aus dem ersten abgeleitet; beide Sätze gehen auf die Teiltrigramme zurück.
5. Dieser Strich warnt nicht nur jene, die sich verehelichen wollen, sondern bedeutet allgemein, daß für den Befragenden – unabhängig vom Gegenstand der Frage – eine ungünstige Zeit angebrochen ist.
6. Dieser Strich kann auch als Warnung vor einer allzu idealistischen und schwärmerischen Einstellung angesehen werden.
7. Der chinesische Text gibt eindeutig zu verstehen, daß wir es an dieser Stelle nicht mit jugendlichem Leichtsinn, sondern mit den unschuldigen Fehltritten von Kindern zu tun haben.
8. Mit anderen Worten, wir müssen sehr vorsichtig sein, damit wir uns nicht durch Ungerechtigkeit oder ungerechtfertigte Strenge bei der Maßregelung der Jugend ins Unrecht setzen.
9. Unzulässiger Gebrauch disziplinarischer Maßnahmen erregt in der Jugend möglicherweise Haß und Abscheu für jene, die sie eigentlich lieben sollten. Wenige junge Menschen werden willig die Rute küssen, mit der man sie schlagen will.

Hexagramm 5
Hsü Das Abwarten[1]

Teiltrigramme:
unten: *Ch'ien*, Himmel, männlich, aktiv usw.
oben: *K'an*, Wasser, ein Abgrund

Text

Das Abwarten und das Vertrauen der anderen führen zu glänzenden Erfolgen. Festigkeit im Rechten und Wahren bringt Heil. Es wird sich als vorteilhaft erweisen, den großen Fluß (den großen Ozean) zu überqueren.

Kommentar zum Text

Unter den gegebenen Umständen ist jedes Handeln zu vermeiden. Gefahr[2] steht davor. Wenn wir fest und stark bleiben, können wir den Mißerfolg jedoch umgehen. Das heißt, wir sollten uns nicht irreführen lassen. Die ersten beiden Sätze des Textes sind darauf zurückzuführen, daß die herrschende Linie dieses Hexagramms (in diesem Fall die fünfte Linie) die Linie des Himmels ist. Der Himmel handelt immer korrekt und gelangt an sein Ziel. Der Passus vom Überqueren des Wassers besagt einfach, daß eine jetzt unternommene Reise einträglich und nützlich sein wird.

Das Zeichen

Dieses Hexagramm versinnbildlicht Wolken, die zum Zenith aufsteigen[3] – Untätigkeit! Der Edle Mensch verbringt diese Zeit, indem er sie genießt und Feste feiert.

Die Linien

9 auf dem untersten Platz: Halte dich abseits und vermeide zu handeln. Beständigkeit bewahrt vor Schaden.

Kommentar: Sich abseits zu halten heißt, nicht loszustürmen und verwirklichen zu wollen, was nur schwer zu vollbringen ist. Beständigkeit bewahrt vor Schaden heißt, nichts zu tun, was aus dem Rahmen des Gewöhnlichen fallen würde.

9 auf dem zweiten Platz: Am Flußufer untätig sein – die Leute mögen beginnen, darüber zu klatschen, aber das Ergebnis wird Heil sein.

Kommentar: Der erste Satz deutet auf einen Ort, der mitten von einem Wasserlauf durchquert wird.[4] Obwohl es zuerst Gerede geben wird, geht am Ende doch alles gut.

9 auf dem dritten Platz: Untätig mitten im Schlamm[5] – dadurch kann sich das Unheil nähern.

Kommentar: Mitten im Schlamm untätig zu bleiben setzt uns äußeren Gefahren aus, doch muß uns, vorausgesetzt wir sind umsichtig, das nahende Unheil nicht unbedingt Schaden zufügen.[6]

6 auf dem vierten Platz: Untätig mitten im Blut – wir werden uns aus dem Abgrund erheben.

Kommentar: Von Bluttaten umgeben und trotzdem nicht zu handeln heißt, mit dem Prinzip übereinzustimmen, den Dingen ihren Lauf zu lassen.

9 auf dem fünften Platz: Untätig bei Speise und Wein – Festigkeit im Rechten und Wahren bringt Heil.[7]

Kommentar: Dies ist durch den Umstand bedingt, daß hier eine feste Linie zwischen zwei nachgiebigen Linien liegt.

6 auf dem obersten Platz: Einen Abgrund betreten. Drei ungeladene Gäste kommen. Großes Heil, wenn wir sie mit allen Ehren empfangen.

Kommentar: Es wird uns Glück bringen, wenn wir selbst ungeladene Gäste mit allen Ehren empfangen. Auch wenn dies nicht üblich sein mag, verlieren wir dadurch nichts.[8]

Anmerkungen:

1. Dieses Hexagramm sagt uns, daß uns Untätigkeit dazu befähigen kann, einer im Augenblick drohenden Gefahr aus dem Wege zu gehen: Wenn wir untätig bleiben, können wir den Ausgang der Ereignisse abwarten. Von uns wird jetzt Festigkeit und Geistesklarheit erwartet sowie die Fähigkeit, das Vertrauen anderer zu gewinnen. Durch sie können unsere Unternehmungen gelingen. Überdies stellt die Zeit des Untätigseins eine gute Gelegenheit dar, eine Reise zu unternehmen oder sich anderweitig zu entspannen und zu erquicken.

2. Diese Gefahr wird vom oberen Trigramm angedeutet.
3. Die Wolken werden vom oberen Trigramm symbolisiert, die Himmelsmitte vom unteren.
4. Am Fluß zu sitzen und das vorbeiziehende Wasser zu beobachten bedeutet, daß man beobachtet, wie sich etwas fortbewegt, ohne an dieser Bewegung selbst teilzuhaben.
5. Wir sind möglicherweise so festgefahren, daß wir der Gefahr weder begegnen noch uns ihr entziehen können.
6. Wir dürfen unter keinen Umständen zulassen, daß der Schlamm uns gänzlich unserer Bewegungsfreiheit beraubt.
7. Wir können uns beruhigt entspannen und das Leben genießen, ohne darüber jedoch der Entschlußfähigkeit beraubt zu werden, im rechten Augenblick zu handeln.
8. Ein chinesisches Sprichwort lautet sinngemäß: »Durch allzu große Höflichkeit erregt man bei anderen keinen Anstoß.«

Hexagramm 6
Sung Der Streit[1]

Teiltrigramme:
unten: *K'an*, Wasser, ein Abgrund
oben: *Ch'ien*, Himmel, männlich, aktiv usw.

Text

Der Streit. Zuversicht begleitet von Hindernissen. Durch Umsicht gedeihen die Angelegenheiten bis zur Mitte, am Ende steht jedoch die Katastrophe. Es ist von Vorteil, den Großen Mann aufzusuchen, aber nicht, den großen Fluß (den großen Ozean) zu überqueren.[2]

Kommentar zum Text

In diesem Hexagramm deutet das obere Trigramm auf Festigkeit und das untere auf Gefahr. Wenn der Gefahr Festigkeit entgegentritt, folgt daraus Streit. Es heißt oben, daß die Angelegenheiten durch Umsicht bis zur Mitte gedeihen, weil sich dies aus der festen Linie im Zentrum (des unteren Trigramms) ergibt. Letztlich endet es jedoch in einer Katastrophe, denn der Konflikt ist unlösbar. Aus der eben erwähnten festen Linie ergibt sich auch, daß es von Vorteil ist, den Großen Mann zu sehen. Es wäre unklug, den großen Fluß zu überqueren (auf eine Reise zu gehen), denn wir würden dabei unvermeidlich in den mit Wasser gefüllten Abgrund stürzen.[3]

Das Zeichen

Dieses Hexagramm versinnbildlicht Himmel und Wasser in Opposition.[4] Der Edle Mensch läßt sich auf keine Sache ein, bevor er den Anfang nicht sorgfältig geplant hat.

Die Linien

6 auf dem untersten Platz: Vorausgesetzt man treibt nichts mit Gewalt voran und spricht so wenig wie möglich darüber, so werden die Angelegenheiten günstig ausgehen.

Kommentar: Eine Sache nicht bis zum Ende voranzutreiben heißt, einen Streit nicht in die Länge zu ziehen. Obwohl man wenig darüber sprechen sollte, muß klar sein, worum es geht.

9 auf dem zweiten Platz: Da sich der Streit nicht beilegen läßt, zieht er sich schleunigst zurück. Auch seine ganze Sippe von mehr als dreihundert Haushalten kann dem Unglück entkommen.[5]

Kommentar: Diese Textstelle bedeutet, daß wir uns der Eigendynamik des Streites bis zum bitteren Ende beugen müssen, wenn wir unsere Kräfte mit einem überlegenen Gegner messen.

6 auf dem dritten Platz: Er bezieht seine Kraft aus den Tugenden der Alten. Die rechte Entschlossenheit führt anfänglich zu Schwierigkeiten, doch folgt darauf Heil. Würde er sich jetzt um ein öffentliches Amt bemühen, er würde es nicht erlangen können.

Kommentar: Das Heil kommt, weil er die Tugenden der Alten in Ehren hält und deshalb den Höherstehenden in Treue ergeben ist.

9 auf dem vierten Platz: Da der Streit nicht beigelegt werden kann, zieht er sich am besten zurück und unterwirft sich dem Willen des Himmels. Friedfertige Entschlossenheit bringt Heil.

Kommentar: Unsere friedfertige Entschlossenheit wird uns zum Ziel gelangen lassen, vorausgesetzt, wir unterwerfen uns dem Willen des Himmels.

9 auf dem fünften Platz: Streit, gefolgt von erhabenem Heil.

Kommentar: Die angemessene Stellung des zentralen Strichs (des oberen Trigramms) deutet dies an.

9 auf dem obersten Platz: Würde ihm eine Ehrenschärpe überreicht, er müßte sie an einem einzigen Tag dreimal ablegen.

Kommentar: Ehrengewänder, die durch Streit erworben wurden, bringen dem Träger nur wenig Anerkennung.[6]

Anmerkungen:

1. Dieses Hexagramm deutet im allgemeinen an, daß wir bei den Streitfällen, Kontroversen oder gerichtlichen Auseinandersetzungen, in die wir momentan verwickelt sind, nur geringe Erfolgsaussichten haben und daß es deswegen am klügsten wäre, wenn wir uns zurückziehen würden; ausgenommen sind alle Fälle, in denen auf dem untersten oder auf dem fünften Platz eine Wandlungslinie erscheint, denn dann mag unsere Stellung hoffnungsvoller sein.
2. Der Rat eines wahrhaft Weisen würde uns nützen, aber jede Reise – ganz gleich welcher Art – würde, wenn wir sie jetzt antreten, unglücklich enden.
3. Dies wird vom unteren Trigramm angedeutet.
4. Die beiden Teiltrigramme legen zwei Kuppeln nahe: die (nach oben gerichtete) Kuppel des Himmels und die (nach unten gerichtete) Kuppel eines mit Wasser gefüllten Abgrunds.
5. Dieser Satz ist wahrscheinlich einer alten Schrift entnommen, die den damaligen Lesern des I Ging bekannt war. Solange er im Zusammenhang mit der gestellten Frage offensichtlich bedeutungslos ist, braucht er beim Wahrsagen nicht weiter berücksichtigt zu werden, oder er ist symbolisch zu interpretieren, wobei wir die Zahl dreihundert außer acht lassen können.
6. Beim Wahrsagen können wir möglicherweise davon ausgehen, daß die Ehrengewänder für jeden nur vorstellbaren Gewinn stehen, den wir durch einen Streit einheimsen.

Hexagramm 7
Shih Die Armee[1]

䷆

Teiltrigramme:
unten: *K'an*, Wasser, ein Abgrund
oben: *K'un*, Erde, weiblich, empfangend usw.

Text

Die Armee. Beharrlichkeit auf dem rechten Weg bringt jenen Heil, die die Befehlsgewalt besitzen, und läßt sie frei sein von Tadel.

Kommentar zum Text

Dieses Hexagramm erinnert an ein großes Heer. Es zu beherrschen erfordert Festigkeit. Wer das Volk in rechter Weise lenken kann, verdient, Herrscher zu sein. Der feste Strich (im unteren Trigramm) ist in zentraler Stellung, und die übrigen Striche entsprechen ihm. Bei einer äußerst gefahrvollen Aufgabe Fortschritte zu machen, ist der Weg, mit dem man die Herrschaft über das Reich erlangt und die treue Ergebenheit des Volkes gewinnt. Wo sollte bei solchem Heil für Tadel Platz sein?

Das Zeichen

Das Hexagramm versinnbildlicht Wasser, das (ganz) von Land eingeschlossen ist.[2] Der Edle Mensch nährt das Volk und behandelt es mit Nachsicht.

Die Linien

6 auf dem untersten Platz: Disziplin ist das Fundament jeder Armee. Disziplinlosigkeit führt zu Korruption und jene ins Verderben.

Kommentar: Das Verderben, auf das dieser Passus hinweisen will, entsteht durch einen Zusammenbruch der Disziplin.

9 auf dem zweiten Platz: Der Befehlshaber, der mitten unter seiner Armee weilt, erfreut sich seines Heils und ist frei von Tadel. Der König ehrt ihn dreifach.

Kommentar: Er kann sich seines Heils und des Schutzes seiner Armee erfreuen, weil der König ihn schätzt. Da der König auf das Wohlergehen des Reiches bedacht ist, überträgt er ihm dreimal das Kommando.

6 auf dem dritten Platz: Die Armee führt ganze Wagenladungen von Leichen mit sich – Verderben!

Kommentar: Dies deutet auf eine schwere Niederlage hin.

6 auf dem vierten Platz: Die Armee zieht sich zurück und macht halt – kein Verstoß!

Kommentar: Kein Tadel, weil Rückzug und das Beziehen neuer Stellungen zu den üblichen militärischen Manövern zählen.

6 auf dem fünften Platz: Wilde Tiere streifen auf offenem Feld umher. Wenn man Fehler vermeiden will, sollte man darauf achten, was man sagt. Die Befehlsgewalt liegt beim ältesten Sohn; der jüngere Sohn karrt die Leichen fort. Hartnäckigkeit würde Unglück bedeuten.[3]

Kommentar: Die Wandlungslinie im Zentrum (des oberen Trigramms) deutet darauf hin, daß der ältere Sohn die Befehlsgewalt innehat. Der jüngere Sohn ist damit betraut worden, die Leichen fortzuschaffen, weil er für einen würdigen Posten ungeeignet ist.[4]

6 auf dem obersten Platz: Damit die Arbeit befriedigend voranschreiten kann, wird ein hoher Fürst mit der Aufgabe betraut. Ein Mann von nur durchschnittlichen Fähigkeiten wäre nutzlos[5], denn er würde das Reich ins Chaos stürzen.

Anmerkungen:

1. Sollte die Befragung kein militärisches Problem zum Gegenstand haben, müssen wir das Hexagramm im übertragenen Sinne interpretieren und davon ausgehen, daß das Leben ein Kampf ist.
2. Diese Aussage ist von den Teiltrigrammen abgeleitet.
3. Was hier über den älteren und den jüngeren Sohn gesagt wird, ist nicht auf üblichem Weg aus den Teiltrigrammen oder den Kerntrigrammen abgeleitet. Zwar ist das untere Kerntrigramm (die Linien 2, 3 und 4) das Trigramm des älteren Sohnes, der jüngere Sohn wird jedoch von keinem der vier Trigramme repräsentiert.
4. In Übereinstimmung mit der Art und Weise, in der dieses Hexagramm gewöhnlich in übertragenem Sinn interpretiert wird, könnte diese Linie auf die Eignung oder Nichteignung einer Person hinweisen, die notwendig ist, soll sie – ganz gleich in welcher Art von Organisation – eine wichtige Stellung ausfüllen oder ein Projekt durchführen.
5. Wir können uns auf keinen verlassen, der weniger als außergewöhnlich befähigt ist.

Hexagramm 8
Pi Das Zusammenhalten, das Zusammenspiel[1]

Teiltrigramme:
unten: *K'un*, Erde, weiblich, empfangend usw.
oben: *K'an*, Wasser, ein Abgrund

Text

Das Zusammenhalten (oder das Zusammenspiel). Heil! Weiteres Befragen des Orakels wird ein Vorzeichen von großem und dauerhaftem Wert hervorbringen. Kein Tadel! Jene, deren Herzen beunruhigt sind, kommen zusammen. Die Saumseligen trifft Unheil.

Kommentar zum Text

Das Zusammenhalten (oder das Zusammenspiel) bringt Heil, indem es die Unterstützung und den willigen Gehorsam der Untergebenen sicherstellt. Der starke Strich in der Mitte (des oberen Trigramms) führt zu dem, was über die erneute Befragung des Orakels gesagt wurde. Aufgrund des Einvernehmens zwischen jenen, die die Befehlsgewalt innehaben, und jenen, die ihnen zu Gehorsam verpflichtet sind, kommen alle diejenigen zusammen, deren Herzen beunruhigt sind. Die Saumseligen werden leiden müssen, weil sich ihr Vorrat an *Tao*[2] erschöpft hat.

Das Zeichen

Das Hexagramm versinnbildlicht Wasser, welches Land bedeckt – Zusammenspiel.[3] Die alten Herrscher stärkten das Reich, indem sie ein herzliches Einvernehmen mit den Feudalherren suchten.[4]

Die Linien

6 auf dem untersten Platz: Wo Vertrauen herrscht, kann das Werk der Vereinigung fehlerlos fortschreiten, denn Vertrauen ist wie eine überquellende Schale. Ein unerwarteter Gewinn steht bevor.

Kommentar: Hier bedeutet die 6 auf dem untersten Platz unerwartetes Heil.

6 auf dem zweiten Platz: Die Vereinigung (oder das Zusammenspiel) sollte aus unserem eigenen Kreis heraus geschehen. Ausdauer auf dem rechten Weg bringt Heil.

Kommentar: Geschieht die Vereinigung (oder das Zusammenspiel) vom Inneren unseres Kreises, werden uns die Ergebnisse nicht enttäuschen.

6 auf dem dritten Platz: Er tat sich mit Übeltätern zusammen.
Kommentar: Wie sollten wir für solches Verhalten nicht leiden müssen?

6 auf dem vierten Platz: Er arbeitet mit Leuten außerhalb seines unmittelbaren Kreises zusammen. Bleibt er fest im Rechten und Wahren, kommt Heil.
Kommentar: Nur wenn man durch die führenden Persönlichkeiten (ihres Kreises) wirkt, kann man mit ihnen zusammenarbeiten und sie auf den rechten Weg führen.

9 auf dem fünften Platz: Indem er sich auf die Mithilfe seines Volkes verläßt, jagt der König Wild, welches von drei Seiten eingeschlossen wird, aber die Beute entkommt ihm nach vorn. Dies geschieht, weil die Einheimischen nicht vorgewarnt wurden.[5] Ausdauer auf dem rechten Weg bringt Heil.
Kommentar: Die zentrale Stellung der herrschenden Linie (es ist die zentrale Linie des oberen Trigramms) deutet auf dieses Heil. Obwohl er sich nicht um jene kümmert, die schwer zu fangen wären, und nur solche verfolgt, wo er gute Chancen hat, entkommt dem König die Beute nach vorn. Dies bedeutet, daß der Herrscher eine gerechte und liberale Politik verfolgt, obwohl die Einheimischen nicht vorgewarnt wurden.[6]

6 auf dem obersten Platz: Wenn es niemanden an der Spitze gibt, sind die Versuche, ein Zusammenhalten zu bewerkstelligen, zum Scheitern verurteilt.
Kommentar: »Niemand an der Spitze« heißt, keiner, der das Werk der Verwaltung zu Ende führen könnte.[7]

Anmerkungen:

1. Hexagramm 7 hatte vorgeblich militärische Probleme zum Thema; Hexagramm 8 beschäftigt sich vornehmlich mit der Verwaltung. Solange die Frage nicht unmittelbar ein Problem aus dem Bereich der Verwaltung berührt, sollte man es beim Wahrsagen in übertragenem Sinne verstehen.
2. An dieser Stelle bedeutet *Tao* innere Kraft und Verdienst.

3. Dies geht aus der Natur der beiden Teiltrigramme hervor. Aus dem Zusammenspiel zwischen der fruchtbaren Erde und dem Wasser, mit dem sie bewässert wird, entsteht Wachstum.
4. Vielleicht eine Empfehlung, unmittelbare Untergebene freundlich und zuvorkommend zu behandeln; in bestimmten Fällen mag dieser Satz auch bedeuten, daß ein freundlich gesinnter Edelmann seine Hilfe zur Verfügung stellen wird, wenn man sich ihm nur richtig nähert.
5. Dies will uns wahrscheinlich zu verstehen geben, daß der erlittene Verlust nicht auf Illoyalität beruht, sondern darauf, daß wir es versäumt haben, andere Leute ins Vertrauen zu ziehen.
6. Wenn unsere Pläne Erfolg haben sollen, müssen wir eine solche Politik verfolgen.
7. Dies deutet auf grundsätzlich mangelhafte Koordination, an der eine schwache Führung die Schuld trägt.

Hexagramm 9
Hsiao Ch'u Der Kleine Ernährer[1]

Teiltrigramme:
unten: *Ch'ien*, Himmel, männlich, aktiv usw.
oben: *Sun*, Wind, Holz, sanft, mild

Text

Der Kleine Ernährer. Gelingen! Von den westlichen Außenbezirken nähern sich dichte Wolken, die keinen Regen spenden.

Kommentar zum Text

In diesem Hexagramm befindet sich ein nachgiebiger Strich in der beherrschenden Position und alle anderen Striche darunter und darüber entsprechen ihm. Dies nennt man den Kleinen Ernährer. Der feste Strich im Zentrum (des unteren Trigramms), stark und trotzdem sanft[2], zeigt an, daß alles nach unserem Willen geschieht und der Erfolg kommen wird. Die dichten Wolken, die keinen Regen spenden, versinnbildlichen, daß sich unsere Angelegenheiten noch in der Entwicklung befinden. Was über ihr Kommen aus dem Westen[3] gesagt wird, deutet darauf, daß unsere Angelegenheiten noch nicht bis zu dem Punkt gediehen sind, an dem wir handeln sollten.

Das Zeichen

Dieses Hexagramm versinnbildlicht den Wind, der durch den Himmel weht. Der Edle Mensch gibt seine vornehme Bildung zu erkennen.

Die Linien

9 auf dem untersten Platz: Was sollte an der Rückkehr auf diesem Weg tadelnswert sein!

Kommentar: Dieser Passus versichert uns des Heils.

9 auf dem zweiten Platz: Uns dazu zu zwingen, zurückzugehen, bringt Heil.

Kommentar: Dies wird durch die zentrale Stellung, die diese Linie (im unteren Trigramm) innehat, angezeigt. Außerdem werden wir darauf hingewiesen, daß wir uns nicht verlieren dürfen.

9 auf dem dritten Platz: Das Speichenrad springt vom Wagen ab. Gatte und Gattin starren einander an.

Kommentar: Im Haus hat Unordnung das Regiment übernommen.

6 auf dem vierten Platz: Dank des Vertrauens werden schreckliche und blutige Taten vermieden – kein Tadel.

Kommentar: Dies besagt, daß unser Wille mit dem Willen unserer Vorgesetzten übereinstimmt.

9 auf dem fünften Platz: Vertrauen ist wie ein Band (das die Herzen anderer bindet). Wir machen unsere Mitmenschen dadurch reicher.

Kommentar: Dies gibt uns zu verstehen, daß wir nicht ganz allein reich werden.

9 auf dem obersten Platz: Der Regen fällt. Es ist an der Zeit auszuruhen. Die Befähigung nimmt weiterhin zu. In diesem Augenblick bringt Beharren den Frauen ernsthafte Probleme. Würde sich der Edle Mensch zur Zeit des Vollmondes weiter vorwagen, so würde er sein Unglück herausfordern.[4]

Kommentar: Der erste Satz zeigt an, daß unser Vorrat an innerer Kraft wächst; was über den Edlen Menschen gesagt wurde, läßt Schwierigkeiten erwarten.

Anmerkungen:

1. Im großen und ganzen ist dieses Hexagramm von positiver Vorbedeutung. Der Wind, der durch den Himmel weht, besitzt zwar nicht die Nährkraft des Regens, aber er erfrischt uns, so daß wir uns dadurch wohler fühlen. Wir können also, vorausgesetzt, es geht uns verhältnismäßig gut, eine weitere Besserung unserer Lage erwarten, besonders, wenn der voraussehbare, kraftspendende Regen wirklich fallen wird. Befinden wir uns jedoch, wie die Linien drei und sechs andeuten, in ernstzunehmenden Schwierigkeiten, dann dürfen wir von diesem mäßigen Heil, das uns entgegenweht, keine große Hilfe erwarten. Die Vorstellung, daß das Schwache und Nachgiebige von großem Nutzen sein kann, ist von den Taoisten besonders ausgearbeitet worden. Wie die Meister des *Judo* erkannten sie die Stärke, die in Nachgiebigkeit und Geschmeidigkeit verborgen ist, und sahen, welche gefährliche Schwäche manchmal in zuviel Stärke liegt. In einer etwas anderen Bedeutung kann uns der Name dieses Hexagramms darauf hinweisen, daß der Augenblick für eine zusätzliche Aufgabe oder für die Betreuung junger Menschen besonders günstig ist.
2. Ein Hinweis auf die beiden Teiltrigramme.
3. Der Text spricht von den »westlichen Außenbezirken«. Wer jedoch damit vertraut ist, wie das *Buch der Wandlung* auf unsere Befragungen antwortet, wird sich davor hüten, alles nur ganz wörtlich zu verstehen. Überdies bedeuten die chinesischen Wörter, die ich auf Anraten eines chinesischen Experten als »westliche Außenbezirke« übersetzt habe, eigentlich »westlich von uns«. Eine mögliche Deutung ist, daß unser Heil, welches erst noch konkrete Gestalt annehmen muß, westlich von unserem jetzigen Aufenthaltsort zu finden ist oder daß es von dort auf uns zukommt.
4. Der Kommentar zu dieser Textstelle scheint darauf zu deuten, daß wir diese Aussage über die Zeit des Vollmondes in den meisten Fällen nicht zu wörtlich aufzufassen brauchen, daß wir aber in den nächsten Tagen oder Wochen – d. h. um die Zeit des Vollmondes oder von jetzt bis zum nächsten Vollmond – Schwierigkeiten erwarten können. Manchmal sind die Antworten des *Buches der Wandlung* jedoch wörtlich gemeint. Es wäre also klug, in der kommenden Vollmondnacht so wenig wie möglich außer Haus zu unternehmen.

Hexagramm 10
Lü Das Auftreten, die Lebensführung[1]

Teiltrigramme:
unten: *Tui*, ein Gewässer, Teich, Sumpf, Freude
oben: *Ch'ien*, Himmel, männlich, aktiv usw.

Text

Obwohl er auf den Schwanz des Tigers tritt, beißt ihn der Tiger nicht. Gelingen!

Kommentar zum Text

In diesem Hexagramm steht Schwaches auf Starkem (ein Hinweis auf die Struktur des unteren Teiltrigramms). Der Tiger beißt den Menschen nicht, der auf seinen Schwanz getreten ist, denn er ist freudig gestimmt und fügt sich dem Willen des Himmels.[2] Der Mensch hat Erfolg. Der feste zentrale Strich (des oberen Trigramms) entspricht seiner (herrschenden) Position. Daß man ohne Tadel den Fuß an den Ort des Höchsten Herrschers setzen kann, ist ein Zeichen für Herrlichkeit.

Das Zeichen

Das Hexagramm versinnbildlicht ein Gewässer, das offen unter dem Himmel liegt.[3] Der Edle Mensch berücksichtigt Hoch und Niedrig und festigt damit den Willen des Volkes.

Die Linien

9 auf dem untersten Platz: Einfach in seiner Lebensführung schreitet er voran – kein Verstoß!

Kommentar: Beim Voranschreiten unserer einfachen Lebensführung treu zu bleiben, weist auf die Fähigkeit hin, unsere Wünsche ohne fremde Hilfe zu verwirklichen.

9 auf dem zweiten Platz: Der Einsiedler geht in Frieden seinen Weg. Ausdauer auf dem rechten Weg bringt Heil.

Kommentar: Der Einsiedler ist ein glücklicher Mensch, denn er bleibt dem Mittleren Weg treu und läßt sich nicht in die Irre führen.

6 auf dem dritten Platz: Auch wer nur ein Auge besitzt, kann noch sehen. Auch wer lahmt, kann noch laufen. Wer jedoch auf des Tigers Schwanz tritt, wird gebissen[4] – Unheil! Der Krieger handelt auf Befehl seines Herrn.[5]

Kommentar: Ein Einäugiger kann sehen, wenn auch nicht klar. Ein Lahmer kann laufen, doch nicht mit den anderen Schritt halten. Die unangemessene Stellung dieser Linie läßt auf das Unglück dessen schließen, der gebissen wird. Der Krieger stellt sich in die Dienste seines Herrn, weil der Herr einen starken Willen besitzt.

9 auf dem vierten Platz: Es gehört atemlose Achtsamkeit dazu, dem Tiger (ungestraft) auf den Schwanz zu treten – am Ende Heil.[6]

Kommentar: Da man den Willen des Herrschers ausführt, bringt diese äußerste Achtsamkeit schließlich Heil.

9 auf dem fünften Platz: Er tritt nur vorsichtig auf. Beharrlichkeit bringt möglicherweise Schwierigkeiten.

Kommentar: Diese Schwierigkeiten können trotz der angemessenen Stellung dieser Linie auftreten.[7]

9 auf dem obersten Platz: Wenn sie auf ihre Schritte achten (oder auf ihre Lebensführung) und auf die Vorzeichen achtgeben, wird ihnen erhabenes Heil beschieden sein.

Kommentar: Das von dieser obersten Linie geweissagte Heil erscheint in der Form unbeschreiblichen Glücks.

Anmerkungen:

1. Dieses Hexagramm bedeutet im großen und ganzen, daß Erfolg möglich ist. Die Situation ist jedoch heikel genug, von uns höchste Umsicht zu verlangen. *Vielleicht* beißt der »Tiger« nicht. Wie die Linien drei und fünf zeigen, können wir uns dessen jedoch nicht sicher sein. Sich mit Herrschern und anderen Personen in hoher Stellung zusammenzutun, kann durchaus nützlich sein; doch wissen wir ihnen nicht zu gefallen, werden sie uns unsere Unbesonnenheit bedauern lassen.
2. Die Wendungen »freudig gestimmt« und »Wille des Himmels« sind direkt von den Teiltrigrammen abgeleitet.
3. Dieses Bild geht auf die Teiltrigramme zurück. In Hexagramm 6 symbolisierte das sich in einem Abgrund unter dem Himmel sammelnde Wasser Streit. Es schien, als wollte der mit Wasser gefüllte Abgrund versuchen, es dem Himmelszelt gleichzutun.

Hier jedoch breitet sich eine Wasserfläche offen unter dem Himmel aus, ein günstiges Vorzeichen, um so mehr, da »Freude« eine Nebenbedeutung des unteren Trigramms ist. Das Trigramm *Tui* ist ein günstiges Omen, *K'an*, der mit Wasser gefüllte Abgrund, hat hingegen immer eine unheilvolle Vorbedeutung.

4. Die Bedeutung dieser Linie ist der glückverheißenden Bedeutung des Hexagramms entgegengesetzt; widerspricht eine Wandlungslinie den allgemeinen Aussagen des Hexagramms, so ist sie es, die darauf hinweist, was bezüglich des Gegenstandes der Befragung geschieht.
5. Wir dürfen uns im Moment unseren Vorgesetzten nicht widersetzen (auf des Tigers Schwanz treten), denn es ist an der Zeit, gehorsam zu sein.
6. Eine Gelegenheit, eine gefährliche Aufgabe zu bewältigen, vorausgesetzt natürlich, wir gehen wohlüberlegt vor.
7. Gewöhnlich stellt ein fester Strich zwischen zwei anderen festen Strichen Stärke und Widerspruchsfreiheit dar, nicht jedoch in diesem Fall. Obwohl wir uns also sicher sind, auf dem rechten Weg zu sein, und ihm deswegen entschlossen nachgehen, werden wir Schwierigkeiten und Probleme nicht vermeiden können. Wir sollten etwas vorsichtiger vorgehen oder unser Vorhaben gänzlich fallenlassen.

Hexagramm 11
T'ai Der Friede

Teiltrigramme:
unten: *Ch'ien*, Himmel, männlich, aktiv usw.
oben: *K'un*, Erde, weiblich, empfangend usw.

Text

Der Friede. Der Niedergang der Gemeinen; die Großen und Guten nahen heran – Heil! Gelingen!

Kommentar zum Text

Dieses Hexagramm zeigt eine gegenseitige Befruchtung der himmlischen und irdischen Kräfte und eine Vereinigung aller Dinge an.[1] Hoch und niedrig vermischen sich und sind eines Willens. Das aktive, lichte Prinzip *(Yang)* liegt im Inneren, das empfangende, dunkle Prinzip *(Yin)* außen – innen Stärke und freudiges Annehmen nach außen hin.[2] Der Edle Mensch steht in der Mitte der Dinge. Alle Elemente von geringem moralischen Wert sind an den äußersten Rand verbannt. Der Weg des Edlen Menschen nimmt zu. Der Weg des Gemeinen nimmt ab.

Das Zeichen

Dieses Hexagramm versinnbildlicht Himmel und Erde in Vereinigung.[2] Es ist, als hätte ein mächtiger Herrscher den Weg des Himmels und der Erde durch seine gewissenhafte Ordnung aller Dinge zur Vollendung gebracht. Nach allen Seiten hin hilft er den Menschen in harmonischer Übereinstimmung mit dem jeweiligen Stand ihres Tuns.

Die Linien

9 auf dem untersten Platz: Wenn man das Gras mit der Wurzel auszieht, zieht man zusätzlich alles mit heraus, was an der Wurzel hängt.[3] Die Zeit ist günstig, nach vorgefaßtem Plan vorzugehen.

Kommentar: Die günstigen Umstände, von denen an dieser Stelle die Rede ist, sind der Tatsache zu verdanken, daß der Geist[4] nach außen schaut (d. h. auf das Wohl des Volkes gerichtet ist).

9 auf dem zweiten Platz: Er unterstützt die Ungebildeten, überquert den Fluß ohne Boot, zieht sich trotz der Entfernung (von seiner Ausgangsbasis) nicht zurück, läßt seine Gefährten nicht im Stich und schafft es trotz alledem, einen mittleren Weg zu verfolgen.

Kommentar: Hier ist gesagt, daß der mittlere Weg begangen werden kann, weil die Situation eindeutig und klar ist.

9 auf dem dritten Platz: Jede Ebene geht in einen Abhang über. Auf jedes Ausgehen folgt eine Rückkehr. Ausdauer in schwieriger Lage führt zu keinem Verstoß. Verliere nicht deinen Glauben. Ein Niedergang ist manchmal ein Segen.[5]

Kommentar: Es ist ein Gesetz des Universums, daß »auf jedes Ausgehen eine Rückkehr folgt«.

6 auf dem vierten Platz: Er läuft hin und her und wird von den Menschen seiner Umgebung daran gehindert, Reichtum zu erwerben; trotzdem hört er nicht auf, ihnen sein Vertrauen zu schenken.[6]

Kommentar: Sein Idealismus ist sowohl der Grund für sein Hin- und Herlaufen als auch dafür, daß er nicht reich wird. Trotzdem behält er sein Vertrauen in die anderen, weil er ihnen im Innersten seines Herzens vertrauen *will.*

6 auf dem fünften Platz: Indem er seine Tochter in die Ehe gibt, erlangt der Herrscher Glück und äußerstes Heil.

Kommentar: Dies geschieht, weil er mit Unvoreingenommenheit durchführt, was ihm wünschenswert erscheint.[7]

6 auf dem obersten Platz: Der Wall ist in den Graben gestürzt. Laß' dich nicht auf eine Auseinandersetzung ein, sondern konzentriere dich darauf, die Ordnung im Dorf aufrechtzuerhalten. Obwohl dies der richtige Weg ist, läßt sich Tadel nicht vermeiden.[8]

Kommentar: Dies deutet auf künftige Schwierigkeiten.

Anmerkungen:

1. Für das folgende Hexagramm *P'i* (Stillstand, Hemmung), in dem die beiden Trigramme des Himmels und der Erde in ihrer scheinbar natürlichen Reihenfolge auftreten (unten: *K'un*, Erde; oben: *Ch'ien*, Himmel), hat eben diese Stellung der Trigramme eine katastrophale Vorbedeutung. Hier hingegen ist alles glückverheißend, obwohl die Reihenfolge der Hexagramme scheinbar auf den Kopf gestellt ist. Einer der Gründe dafür ist wahrscheinlich, daß in der Stellung des Himmels über der Erde zwischen den beiden Elementen keine wachstumsfördernde Verbindung besteht, sondern daß sie statt dessen nur getrennt nebeneinander existieren. Hier indessen ist die Verbindung optimal: der Himmel trägt und unterstützt die Erde.
2. Die Teiltrigramme illustrieren die enge Verbindung, auf die wir soeben hingewiesen haben. Dies ist unter den gegebenen Umständen sicherlich die einzig mögliche Beschreibung, denn jede Vertauschung der Linien würde andere Trigramme hervorbringen, die mit Himmel und Erde nichts mehr zu tun hätten.
3. Dieser Satz will uns wahrscheinlich sagen, daß wir das Gewünschte – und noch etwas mehr – erlangen werden.
4. Gemeint ist der Geist des Edlen Menschen, dessen Aufgabe es ist, sich um das Allgemeinwohl zu sorgen. Der Edle Mensch richtet seinen Geist nach innen, um seine Fehler zu betrachten und auszumerzen; richtet er seinen Geist nach außen, dann konzentriert er sich vollständig auf die Verpflichtungen, die er sei-

nem Herrscher gegenüber hat (vorausgesetzt natürlich, der Herrscher ist gerecht), und auf seine Aufgaben, die das Wohl des Volkes betreffen.

5. Diese Textstelle will uns sagen, daß die gegenwärtigen Schwierigkeiten sicherlich überwunden werden können.
6. Ängstlich darum besorgt, dienstbar zu sein, läuft er hin und her, ganz gleich, ob seine Hilfsbereitschaft belohnt wird oder nicht.
7. Ein Hinweis darauf, daß wir unsere Anliegen unparteiisch und (von Wünschen) unvoreingenommen angehen sollten.
8. Man wird uns dafür tadeln, daß wir nicht aggressiver auftreten, obwohl die Umstände dieses Fehlen von Aggressivität mehr als rechtfertigen.

Hexagramm 12
P'i Der Stillstand, die Hemmung

Teiltrigramme:
unten: *K'un*, Erde, weiblich, empfangend usw.
oben: *Ch'ien*, Himmel, männlich, aktiv usw.

Text

Der Stillstand (die Hemmung) – von Übeltätern verursacht. Obwohl das Vorzeichen dem Edlen Menschen Mißgeschick voraussagt, darf er sich dadurch nicht vom Rechten und Wahren abbringen lassen. Die Großen und Guten sind im Niedergang begriffen; die Gemeinen nahen heran.

Kommentar zum Text

Diese Stelle zeigt an, daß zwischen den himmlischen und irdischen Kräften keine Verbindung besteht und daß alle Dinge den Kontakt zueinander verloren haben.[1] Das Hohe und das Niedrige mischen sich nicht, und die Staatsgrenzen innerhalb des Reiches sind unkenntlich gemacht worden. Das dunkle Prinzip *(Yin)* liegt im Inneren, das lichte Prinzip *(Yang)* außen – innere Schwäche[2] und Stärke nach außen hin. Die Gemeinen besetzen das Zentrum, der Edle Mensch ist an den Rand gedrängt. Der Weg der Gemeinen nimmt zu. Der Weg des Edlen Menschen nimmt ab.

Das Zeichen

Dieses Hexagramm versinnbildlicht die Trennung von Himmel und Erde.[3] Um seine Kraft und seine hohe Befähigung zu erhalten, zieht sich der Edle Mensch in sich selbst zurück und geht damit den schlechten Einflüssen in seiner Umwelt aus dem Weg. Er widersteht allen Versuchungen und verzichtet auf öffentliche Ehrungen und Reichtümer.

Die Linien

6 auf dem untersten Platz: Wenn man das Gras mit der Wurzel auszieht, zieht man zusätzlich alles mit heraus, was an der Wurzel hängt.[4] Beharrlichkeit auf dem rechten Weg bringt Heil und Gelingen.[5]

Kommentar: Das Omen ist günstig, weil er dem Herrscher auch weiterhin treu ergeben ist.[6]

6 auf dem zweiten Platz: Das Glück ist den Gemeinen günstig, denn sie verstehen es, an einflußreicher Stelle zu gefallen. Der Edle Mensch zieht es vor, mit (den Ursachen) des Stillstandes (im Reich) zu kämpfen.[7]

Kommentar: Er tut dies, indem er sich nicht mit den Massen einläßt.

6 auf dem dritten Platz: Er verbirgt seine Beschämung.

Kommentar: Die unangemessene Stellung dieser Linie deutet darauf hin.

9 auf dem vierten Platz: Was immer er aufgrund eines Befehls von oben tut, es kann nicht falsch sein.[8] Auch seine Gefährten ernten Ruhm und Segen.[9]

Kommentar: Er ist nicht zu tadeln, denn wer Befehle ausführt, gehorcht dem Willen des Herrschers.

9 auf dem fünften Platz: Der Stillstand (die Hemmung) geht zu Ende und das Glück ist dem Edlen Menschen wieder hold, doch darf er darüber nicht vergessen, daß die Situation noch so sehr gefährlich ist, daß es jederzeit zu einem plötzlichen Zusammenbruch kommen kann. Er muß sich deswegen stärken, wie man einen Maulbeerbaum stärkt – indem man ihn fest einbindet.

Kommentar: Aus der angemessenen Position dieser Linie geht hervor, daß dem Edlen Menschen nun wieder Heil bevorsteht.[10]

9 auf dem obersten Platz: Der Stillstand (die Hemmung) ist jetzt überwunden. Es folgt große Freude.

Kommentar: Schließlich muß er überwunden werden. Wie könnte er auch ewig anhalten?[11]

Anmerkungen:

1. Wenn Himmel und Erde nicht mehr zusammenwirken, ist Wachstum nicht länger möglich. Deswegen kommt es zum Stillstand.
2. Wenn zwischen ihm und dem Himmel eine Wechselwirkung besteht, hat das Trigramm *K'un* die glückverheißende Bedeutung »freudige Annahme«, ist es jedoch vom Himmel abgeschnitten, dann repräsentiert es Schwäche, Dunkelheit usw.
3. Zum besseren Verständnis der ungünstigen Vorbedeutung der Trigramme von Himmel und Erde in ihrer scheinbar natürlichen Anordnung siehe unter den Anmerkungen eins und zwei zum vorangegangenen Hexagramm *T'ai*, Friede.
4. Siehe Anmerkung drei zum vorangegangenen Hexagramm *T'ai*, Friede.
5. Obwohl dieses Hexagramm eher unglückverheißend ist, hat die unterste Linie eine günstige Vorbedeutung. Dieser Widerspruch tritt besonders dann auf, wenn die unterste und die oberste Linie des Hexagramms eine Wandlungslinie ist, denn diese Linien beschreiben die Lage vor und nach der eigentlichen Entwicklung.
6. Der Herrscher ist jetzt von gemeinen Elementen oder Menschen mit bösen Absichten umgeben. Trotzdem versagt der Edle Mensch ihm nicht seine Unterstützung.
7. Er ist weniger daran interessiert, in Gunst zu stehen, sondern mehr um das Wohl der anderen besorgt.
8. Trotzdem wird – wie Konfutse lehrt – ein tyrannischer und sittlich verkommener Herrscher schließlich zu einem gemeinen Räuber, den man einfach beseitigen darf. In jedem anderen Fall steht die Gehorsamspflicht gegenüber der herrschenden Gewalt außer Frage.
9. Auch sie waren gehorsam.
10. Ein fester Strich zwischen zwei festen Strichen.
11. Der Prozeß der Wandlung wird niemals unterbrochen. Diese letzte Linie hat das Elend, welches das Hexagramm insgesamt symbolisiert, unbeschadet überstanden.

Hexagramm 13
T'ung Jên Die Geliebten, die Freunde, die Gleichgesinnten, allumfassende Brüderlichkeit

Teiltrigramme:
unten: *Li*, Feuer, Glanz, Schönheit
oben: *Ch'ien*, Himmel, männlich, aktiv usw.

Text

Die Geliebten (Freunde) auf offenem Feld – Gelingen! Es ist vorteilhaft, den großen Fluß (den großen Ozean) zu überqueren.[1] Der Edle Mensch gewinnt, wenn er in seiner Ausdauer auf dem rechten Weg nicht nachläßt.

Kommentar zum Text

Dieses Hexagramm zeigt an, daß ein Schwacher Einfluß gewinnt, im Zentrum des Geschehens steht und für die Macht des Schöpferischen empfänglich ist.[2] Er wird die Geliebte genannt. Der Text schildert das Wirken des Schöpferischen Prinzips. Sein Einfluß drängt zur Höherentwicklung und Verfeinerung. Der zentrale Strich (des oberen Trigramms), dem alle anderen entsprechen, symbolisiert den Edlen Menschen. Er allein kann dem Willen aller Menschen der Erde genügen.[3]

Das Zeichen

Dieses Hexagramm versinnbildlicht Himmel (die Sonne) und Feuer, die ein Liebespaar darstellen. Der Edle Mensch geht mit allem auf seine ureigene Art und Weise um.[4]

Die Linien

9 auf dem untersten Platz: Die Geliebte steht am Tor – kein Schaden!

Kommentar: Wer könnte etwas daran aussetzen, wenn man die Geliebte am Tor empfängt?[5]

6 auf dem zweiten Platz: Seine Geliebte (Verlobte) entstammt derselben Sippe – Unglück!

Kommentar: Die Geliebte aus der eigenen Sippe zu wählen, bedeutet sicheres Unglück.[6]

9 auf dem dritten Platz: Nachdem er seine Waffen in dichtem Gehölz verborgen hat, steigt er auf seinen hohen Berg. Drei Jahre lang kein Glück.[7]

Kommentar: Da der Feind mächtig ist, versteckt er seine Waffen – aber drei freudlose Jahre! Wer würde diesen Weg wählen wollen?

9 auf dem vierten Platz: Da er nicht angreifen kann, besteigt er seinen mit Zinnen versehenen Festungswall – Heil![8]

Kommentar: Da er dem Feind nicht beikommen kann, richtet er sich auf einem befestigten Wall ein. Sein Heil besteht darin, daß er trotz aller vorhandenen Schwierigkeiten die Fähigkeit bewahrt, zu erkennen, was richtig ist.

9 auf dem fünften Platz: Zuerst weinen und klagen die Geliebten, am Ende jedoch lachen sie, denn dem Volk gelingt es, sie zusammenzubringen.

Kommentar: Diese starke Linie im Zentrum (des oberen Trigramms) zeigt an, daß sie zuerst weinten.[9] Glücklicherweise trafen sie auf andere Leute, und dabei fielen die richtigen Worte (die sie endgültig zusammenbrachten).

9 auf dem obersten Platz: Ihr Geliebter hält sich in einem entfernten Grenzgebiet auf – kein Bedauern![10]

Kommentar: Dies ist nicht, was man sich gewünscht hat.

Anmerkungen:

1. Eine günstige Zeit für jede Art von Reise.
2. Ist mit dem »Schwachen« eine Frau gemeint, dann könnten wir die Überlegenheit, die die Frau in der Liebe über den Mann gewinnt, als notwendigen Bestandteil des Schöpfungsprozesses verstehen. Wird damit auf einen Herrscher Bezug genommen, dann ist möglicherweise gemeint, daß er, obwohl noch jung oder in anderer Hinsicht schwach, die besten Absichten hat und dem Willen des Himmels gehorcht.
3. In beiden in Anmerkung zwei aufgeführten Fällen muß eine starke und begabte Persönlichkeit früher oder später das Ruder übernehmen und den Schwachen, ganz gleich, ob Frau oder Herrscher, leiten.

4. Eine aus den Teiltrigrammen abgeleitete Analogie zwischen Sonne und Feuer, die ja in gewisser Weise von gleicher Art sind.
5. Es kann keinen Anlaß für einen Skandal geben, wenn man die Geliebte vor aller Augen (am Tor) trifft. Dies bedeutet, daß Heimlichtuerei nicht nötig ist.
6. Diese Anschauung war so tief in den Chinesen verwurzelt, daß sich bis vor kurzem Männer und Frauen mit gleichem Familiennamen nicht miteinander verheiraten durften; auch dann nicht, wenn keinerlei Verwandtschaftsverhältnis bestand.
7. Aufgrund seiner Feigheit wagt er es drei Jahre lang nicht, ein Zuhause, eine Frau oder Kinder zu wünschen. Dies bedeutet, daß man unbedingt unerschrocken auftreten sollte.
8. Auf den ersten Blick erinnert dieser Fall an eine von der dritten Linie angesprochene Situation. Hier jedoch handelt es sich nicht um Feigheit oder Tarnung, sondern um Mut und gesunden Menschenverstand, der nach Wegen sucht, die gestellte Aufgabe so gut wie möglich zu erledigen.
9. Gewöhnlich ist eine starke Linie auf zentralem Platz zwischen zwei anderen starken Linien ein günstiges Vorzeichen, nicht jedoch in diesem besonderen Falle, denn das Hexagramm behandelt das Thema Liebe, zu der viel Zartgefühl und Empfindsamkeit gehören.
10. Früher geschah es in China häufig, daß ein Mann zum Dienst in einer entfernten Grenzregion abkommandiert wurde, von wo er für viele Jahre nicht zurückkehren konnte. Für die Geliebte (Verlobte, Frau) war es in einem solchen Fall besser, nicht zu jammern und zu klagen, denn die Entscheidung war unabänderlich. Dies bedeutet, daß auch wir uns (über unsere Lage) nicht beklagen sollten.

Hexagramm 14
Ta Yü Der Große Besitz[1]

Teiltrigramme:
unten: *Ch'ien*, Himmel, männlich, aktiv usw.
oben: *Li*, Feuer, Glanz, Schönheit

Text

Er, der viel besitzt – erhabenes Gelingen!

Kommentar zum Text

Hier erhält der Nachgiebige einen Platz, der ihm Respekt und Verehrung bringt, denn der nachgiebige Strich (auf dem fünften Platz) nimmt den wichtigeren der beiden (für die Teiltrigramme) zentralen Plätze ein und stimmt zudem mit allen anderen Strichen harmonisch überein;[2] deshalb spricht man hier von großem Besitz. Seine Fähigkeiten sind Festigkeit, Stärke und eine verfeinerte Wesensart. Da er für die Einflüsse des Himmels offen ist und alle Dinge zu ihrer Zeit vollendet, hat er erhabenes Gelingen.

Das Zeichen

Dieses Hexagramm versinnbildlicht das Feuer im Himmel.[3] Der Edle Mensch hält die Gemeinen nieder und stärkt die Befähigten. Er ist in freudigem Einklang mit dem Himmel und handelt, wie es der Himmel befiehlt.

Die Linien

9 auf dem untersten Platz: Er ist untadelig, denn er kommt mit dem Schlechten nicht in Berührung. Deswegen bleibt er ohne Fehl, auch wenn er in Schwierigkeiten geraten sollte.

Kommentar: Diese Linie sagt uns, daß wir jeder Berührung mit dem Schlechten aus dem Weg gehen sollten.

9 auf dem zweiten Platz: Große Vorratswagen stehen bereit.[4] Kein Verstoß, wenn es ein Ziel (einen Bestimmungsort) gibt und das Bestreben (es zu erreichen).

Kommentar: Diese Linie zeigt an, daß ein Ort, an dem Vorräte gelagert sind, der Gefahr entkommt.

9 auf dem dritten Platz: Ein Fürst kann die Belohnung durch seinen Herrscher erlangen, der gewöhnliche Mann ist dazu jedoch nicht mächtig genug.

Kommentar: Dieser Passus besagt, daß der kleine Mann sich bei dem Versuch nur selbst schaden würde.[5]

9 auf dem vierten Platz: Stolz ist nicht im Spiel – kein Verstoß!

Kommentar: Dies deutet auf ein außergewöhnlich entwickeltes Unterscheidungsvermögen.[6]

6 auf dem fünften Platz: Aufgrund seines Vertrauens kann er umgänglich sein und wird hochgeachtet. Würdevolles Auftreten ist eine wertvolle Hilfe (wörtlich: bringt Heil).

Kommentar: Seine Gabe, die Achtung anderer zu gewinnen, befähigt ihn, ohne Vorbereitung Veränderungen durchzuführen.[7]

9 auf dem obersten Platz: Wer unter dem Schutz des Himmels steht, hat bei allem Glück und Erfolg.[8]

Kommentar: Unter dem besonderen Schutz des Himmels zu stehen, ist das von dieser Linie geweissagte große Heil.

Anmerkungen:

1. *Ta Yü* kann auch mit »der große Besitzer« übersetzt werden, was bedeutet »einer, der viel besitzt«.
2. Wie so oft ist auch hier die fünfte Linie die beherrschende Linie des Hexagramms. Es handelt sich zwar um eine nachgiebige Linie, doch wird sie von vier festen Strichen wirksam gestützt und zusätzlich von einem weiteren festen Strich bedeckt.
3. Befindet sich das Trigramm des Himmels auf dem Platz des oberen Trigramms, dann ist alles, was unter ihm liegt, von ihm abgeschnitten; füllt es jedoch die Stellung des unteren Trigramms aus, dann bedeutet dies, daß es sich mit allem, was über ihm liegt, vermischt und es durchdringt. Der Satz bedeutet, daß der Glanz eines Großen Mannes am Himmel aufleuchtet.
4. Offensichtlich brauchen wir uns über Mangel keine Sorgen zu machen.
5. Nur einer, der über Macht und Ansehen verfügt, kann ein hohes Ziel erreichen. Andere sollten sich gar nicht erst daran versuchen.
6. Zum Beispiel die Fähigkeit zu erkennen, wie wenig unser Erfolg unser eigenes Verdienst ist.
7. Man sollte uns vertrauen, auch wenn wir anders handeln als erwartet.
8. Der oberste Strich eines außergewöhnlich günstigen Hexagramms symbolisiert den Himmel. Wer hier eine Neun erhält, darf mit dem größten Erfolg rechnen.

Hexagramm 15
Ch'ien Die Bescheidenheit

Teiltrigramme:
unten: *Kên*, ein Berg, hart, eigensinnig, verstockt
oben: *K'un*, Erde, weiblich, empfangend usw.

Text

Bescheidenheit bringt Gelingen. Der Edle Mensch ist fähig, die Dinge zur Vollendung zu führen.

Kommentar zum Text

Dieses Hexagramm sagt Erfolg voraus. Es ist der Weg des Himmels, von oben Beistand und Glanz auszusenden. Der Weg der Erde ist es, unten zu stehen und nach oben zu arbeiten. Es ist der Weg des Himmels, die Übervollen zu mindern und die Bescheidenen zu mehren. Der Weg der Erde transformiert die Vollen und läßt die Bescheidenen sich ungehindert entfalten. Götter und Dämonen vernichten die Vollen, hingegen überhäufen sie die Bescheidenen mit Wohlstand. Die Menschen sehen die Vollen nur ungern und lieben die Bescheidenen. Bescheidenheit erntet Respekt und Glanz; sie ist eine liebenswerte Eigenschaft, keine andere Eigenschaft kann sie überragen. Der Edle Mensch setzt sie sich zum Ziel.

Das Zeichen

Dieses Hexagramm versinnbildlicht einen Berg im Zentrum der Erde.[1] Der Edle Mensch nimmt etwas weg, wo zuviel ist, damit er es dort hinzufügen kann, wo zuwenig ist. Er wägt die Dinge ab und verteilt sie gerecht.

Die Linien

6 auf dem untersten Platz: Der Edle Mensch, immer bescheiden und zurückhaltend, überquert den großen Fluß – Heil![2]

Kommentar: Dies besagt, daß er Bescheidenheit zeigt, indem er sich seiner eigenen Disziplin unterwirft.

6 auf dem zweiten Platz: Bescheiden kräht der Hahn. Ausdauer auf dem rechten Weg bringt Heil.

Kommentar: Heil dadurch, daß der Schrei bis in die Tiefe unseres Herzens vordringt.

9 auf dem dritten Platz: Der Edle Mensch bleibt bescheiden, obwohl er sehr hart arbeitet, und bringt sein Vorhaben zur Vollendung – Heil!

Kommentar: Die Menschen unterstellen sich ihm (begeistert).

6 auf dem vierten Platz: Wer Bescheidenheit entwickelt, dem fügt sich alles günstig.

Kommentar: Weil er dadurch nicht vom richtigen (Weg) abkommt.

6 auf dem fünften Platz: Im Umgang mit seinen Nachbarn ist er trotz seines Reichtums bescheiden. Wenn er (die Rebellen) jetzt angreift, wird alles zu seinem Erfolg beitragen.

Kommentar: Der Angriff ist erlaubt, wenn es darum geht, jene zu züchtigen, die sich (der gerechten Ordnung) nicht unterwerfen wollen.[3]

6 auf dem obersten Platz: Bescheiden kräht der Hahn. Es ist an der Zeit, Heere in Marsch zu setzen und die Städte und Länder des Reiches zu unterwerfen.

Kommentar: Man darf dies tun, weil der Wille (des Herrschers) noch ausgeführt werden muß.[4]

Anmerkungen:

1. Die Teiltrigramme symbolisieren einen Berg, der von Flachland umgeben ist, und deuten damit an, daß an einem Ort zu viel und an anderen Orten zu wenig ist.
2. Jede zu diesem Zeitpunkt unternommene Reise bringt etwas Gutes.
3. Dies ist keine Einladung, in jedem Fall nach Gutdünken Gewalt anzuwenden. Wir dürfen nur dann Gewalt anwenden, wenn sie sich gegen unzweifelhaft Schlechtes und Gemeines richtet.
4. Dies können wir als ein Vorzeichen verstehen, unsere Pläne entschlossen voranzutreiben, vorausgesetzt, sie sind mit dem Allgemeinwohl zu vereinbaren. Der »Wille des Herrschers« ist in diesem Fall gewissermaßen ein Synonym für das Allgemeinwohl.

Hexagramm 16
Yü Die Muße[1]

Teiltrigramme:
unten: *K'un*, Erde, weiblich, empfangend usw.
oben: *Chên*, Donner, Bewegung, sprießen oder erregen

Text

Die Muße hilft jenen, die sich um den Aufbau des Landes bemühen und Armeen ausschicken.[2]

Kommentar zum Text

In diesem Hexagramm findet die Festigkeit Entgegenkommen[3], und man kann alles erreichen, auf das man seinen Willen richtet. Eine Handlungsweise, die den Geboten der Rechtschaffenheit folgt, schenkt Muße (gelassene Zuversicht). Muße (gelassene Zuversicht) geht auf rechtmäßiges Handeln zurück. Deswegen richten sich Himmel und Erde nach diesem Gesetz, um so mehr, wenn es darum geht, ein Land aufzubauen oder Heere auszusenden. Weil Himmel und Erde sich danach richten, bleiben Sonne und Mond in ihrer Bahn, und die Jahreszeiten treffen zur festgesetzten Zeit ein. Da auch er mit ihnen übereinstimmt, braucht der heilige Weise nur selten zu strafen, und trotzdem gehorcht ihm das Volk. In der Tat, dieses Hexagramm besitzt einen sehr hohen (Wert), vorausgesetzt, man befolgt es zur rechten Zeit.

Das Zeichen

Dieses Hexagramm versinnbildlicht Donner über der Erde.[3] Die alten Herrscher ehrten die Gaben des Himmels mit weihevoller Musik und brachten dem Höchsten (Himmlischen) Herrscher reiche Opfer dar, denn sie wollten sich ihrer Ahnen würdig erweisen.

Die Linien

6 auf dem untersten Platz: Das Krähen des Hahnes zeugt von Muße – ein schlechtes Vorzeichen![4]

Kommentar: Das Schlechte, von dem hier die Rede ist, entsteht aus der völligen Erschöpfung der Willenskraft.

6 auf dem zweiten Platz: Unbeweglich wie ein Fels.[5] Noch vor Ende des Tages wird Beharrlichkeit auf dem rechten Weg Heil bringen.

Kommentar: Dies wird von der angemessenen Stellung dieser Linie im Zentrum (des unteren Trigramms) angezeigt.

6 auf dem dritten Platz: Müßig vor sich hinzustarren führt zu Bedauern. Verspäteter Einsatz führt zu Bedauern.[6]

Kommentar: Wie von der unangemessenen Stellung dieser Linie angezeigt.

9 auf dem vierten Platz: Aus der Muße erwachsen bedeutende Ergebnisse. Zweifle nicht. Was könnte es schaden, sich mit diesem Beamten zu befreunden?[7]

Kommentar: Der erste Satz zeigt die vollständige Erfüllung unseres Willens an.

6 auf dem fünften Platz: Krankheit ist vorausgesagt, doch wird sie weder lange andauern noch einen tödlichen Ausgang nehmen.

Kommentar: Diese Krankheit wird vorausgesagt, weil diese (nachgiebige) Linie unmittelbar auf eine feste Linie folgt. Da sie jedoch die zentrale Linie (des oberen Trigramms) ist, kann man eher mit einer Besserung als mit dem Tod rechnen.

6 auf dem obersten Platz: Die Muße eines Narren.[8] Glücklicherweise findet eine Veränderung statt, so daß es nicht zu einem Verstoß kommt.

Kommentar: Da es sich hierbei um die oberste Linie handelt, kann der Zustand der Muße eines Narren nicht lange andauern.

Anmerkungen:

1. Die eigentliche Bedeutung dieses Schriftzeichens ist »im voraus« oder »Glück«. Richard Wilhelm übersetzt es mit »die Begeisterung«. Die Übertragung »die Muße« geht auf die Empfehlung der chinesischen Experten zurück, die mein Manuskript freundlicherweise auf Herz und Nieren prüften. Ich bin ihrer Empfehlung zuerst nur zögernd gefolgt, bis mir klarwurde, daß Muße im positiven Sinn als geistige Gelassenheit zu verstehen ist, die aus dem Vertrauen entsteht, daß man im Begriff ist, das Richtige zu tun. Im Fall der Wandlungslinien eins, drei und sechs bedeutet »Muße« jedoch eindeutig Untätigkeit in einem Augenblick,

in dem es wichtig wäre, etwas zu unternehmen, im Fall von Linie fünf Untätigkeit, die auf Unfähigkeit zurückzuführen ist.

2. Dies bedeutet, daß unter den gegebenen Umständen völlige Gewißheit bezüglich der Rechtmäßigkeit unserer Sache von großem Wert ist.
3. Dieses Sinnbild geht aus den beiden Teiltrigrammen hervor, in denen die Dynamik von *Chên* mit der Empfänglichkeit und dem freudigen Annehmen von *K'un* enthalten ist.
4. Ein schläfriges Krähen genügt kaum dazu, die Schlafenden aus den Betten springen zu lassen. Die Rolle des Hahns besteht jedoch traditionsgemäß darin, zu frischen Taten aufzurufen.
5. Man befindet sich in einem Zustand ruhiger Gelassenheit, denn man hat absolutes Vertrauen in die einmal getroffene Entscheidung: »Unbeweglich wie ein Fels«.
6. Die Untätigkeit hat wahrscheinlich jedes vertretbare Maß überschritten.
7. Die Bedeutung dieser knappen Frage ist unklar. Der Befragende kann ihre Bedeutung aber möglicherweise aus dem Zusammenhang seiner Frage oder aus den darauf folgenden Ereignissen ersehen.
8. »Muße eines Narren« bedeutet Untätigkeit, die im Angesicht der drohenden Gefahr oder der Dringlichkeit, etwas zu unternehmen, bereits an Tollkühnheit grenzt.

Hexagramm 17
Sui Die Nachfolge, die Übereinstimmung

Teiltrigramme:
unten: *Chên*, Donner, Bewegung, sprießen oder erregen
oben: *Tui*, ein Gewässer, Teich, Sumpf, Freude

Text

Die Nachfolge. Erhabenes Gelingen![1] Es lohnt sich, auf dem rechten Weg Beharrlichkeit zu zeigen – kein Verstoß!

Kommentar zum Text

In diesem Hexagramm steht das Feste unter dem Nachgiebigen. Überdies sind hier (die Trigramme von) Bewegung und Freude[2] miteinander vereint – deswegen erhabenes Gelingen, der Lohn für unsere Beharrlichkeit und Untadeligkeit. Dies bedeutet, daß das gesamte Universum mit dem Gebot der Zeit übereinstimmt. Wahrlich ein erhabenes Prinzip: der Einklang mit dem Pulsschlag der Zeit.

Das Zeichen

Dieses Hexagramm versinnbildlicht Donner, der in einem Sumpf rollt![3] Wenn die Dunkelheit einbricht, geht der Edle Mensch nach innen und ruht in Gelassenheit.

Die Linien

9 auf dem untersten Platz: Die die Macht innehaben, unterliegen einer Veränderung – Beharrlichkeit auf dem rechten Weg bringt Heil! Aus dem Hause gehen und sich draußen unter die (Leute) mischen, führt zu spürbaren Ergebnissen.

Kommentar: Der erste Satz weissagt eine glückliche Entwicklung, die darauf zurückzuführen ist, daß (bestimmte) Beamte ihren Sinn ändern und respektieren, was Recht ist. Aus den »spürbaren Ergebnissen«, die am Ende erwähnt werden, dürfen wir schließen, daß wir nicht versagen werden.

6 auf dem zweiten Platz: Er gehört zu dem Knaben (d. h. stellt sich in die Dienste des Knaben) und verliert damit den Erwachsenen.[4]

Kommentar: Dies muß geschehen, weil er nicht beiden gleichzeitig dienen kann.

6 auf dem dritten Platz: Er gehört zu dem Erwachsenen (d. h. stellt sich in die Dienste des Erwachsenen) und verliert damit den Knaben. Da er dem ersten folgt, kann er seine Wünsche verwirklichen. Es ist ratsam, sich nicht zu bewegen, aber fest entschlossen zu bleiben.

Kommentar: Der erste Satz bedeutet, daß er bereit ist, Minderwertiges aufzugeben.

9 auf dem vierten Platz: Nachfolge mit Hintergedanken – diesen Weg weiterhin zu verfolgen heißt, ins Unglück zu laufen. Was könnte es jedoch schaden, wenn er Wahrhaftigkeit zum Leitstern auf seinem Weg macht?

Kommentar: Anderen mit Hintergedanken zu folgen ist gewiß schlecht. Wahrhaftigkeit auf dem Weg führt hingegen zu glänzenden Erfolgen.

9 auf dem fünten Platz: Vertrauen ist bewundernswert[5] – Heil!
Kommentar: Das Heil geht aus der angemessenen Stellung dieser Linie hervor.

6 auf dem obersten Platz: Er gewann die Ergebenheit des Volkes, und seine Anhänger hingen an ihm. Während der Zeit, die er auf dem Westberg verbrachte, brachte der König ein Opfer dar.
Kommentar: Wenn wir jetzt diejenigen sind, die die Herzen anderer gewinnen, dann ist dies ein Zeichen dafür, daß jene über uns (ihr Verdienst) erschöpft haben.[6]

Anmerkungen:

1. Dieses erhabene Gelingen kommt natürlich nur zu jenen, die dem rechten Weg folgen, d. h. dem Willen des Himmels oder dem Willen jener, die ihn verkörpern.
2. Im *Buch der Wandlung* wird »Freude« oft mit »willigem Gehorsam« und »freudigem Annehmen dessen, was recht ist« assoziiert. »Bewegung« und »Freude« beziehen sich direkt auf die Eigenschaften der Teiltrigramme.
3. Die Bedeutung der Teiltrigramme kann sowohl »Donner« und »Sumpf«, als auch »Bewegung« und »Freude« sein. Die Beziehung zwischen »Nachfolge« und »Ruhen in Gelassenheit« ist unschwer zu erkennen; wir brauchen uns nicht mehr darum zu sorgen, was wir tun sollten, wenn wir einem anderen treu ergeben folgen.
4. Er verwirft das Höhere und folgt dem Minderwertigen.
5. Im Kontext dieses Hexagramms bedeutet Vertrauen, daß wir jenen, denen wir nachfolgen, rückhaltlos glauben.
6. Diese Aussage stimmt mit Konfutses Lehre überein, daß Herrscher, welche sich durchweg unwürdig verhalten, das Mandat des Himmels verlieren und keinen Gehorsam mehr verdienen. In bezug auf unsere Frage heißt dies, daß es jetzt vielleicht an uns ist, die Initiative zu ergreifen.

Hexagramm 18
Ku Der Verfall

Teiltrigramme:
unten: *Sun*, Wind, Holz, sanft, mild
oben: *Kên*, ein Berg, hart, eigensinnig, verstockt

Text

Der Verfall verheißt erhabenes Gelingen und daß es vorteilhaft ist, den großen Fluß (den großen Ozean) zu überqueren.[1] Was einmal geschah, wird mit Sicherheit nochmals geschehen (wörtlich: »drei Tage vor dem Beginn; drei Tage nach dem Beginn«).[2]

Kommentar zum Text

Hier befindet sich das feste Trigramm über dem nachgiebigen. Das Sanfte ist mit dem Unbeweglichen verbunden.[3] Dies läßt auf erhabenes Gelingen[4] schließen und darauf, daß die Welt in die richtige Ordnung gebracht wird. Die Stelle vom Überqueren des großen Flusses macht uns darauf aufmerksam, daß es gute Gründe gibt, voranzuschreiten. Der Schluß des Textes spricht von der Tätigkeit des Himmels, bei der auf jedes Ende ein neuer Anfang folgt.

Das Zeichen

Dieses Hexagramm versinnbildlicht Wind, der am Fuß eines Berges weht.[5] Der Edle Mensch schenkt den Menschen Kraft, indem er ihr Herz belebt.

Die Linien

6 auf dem untersten Platz: Kinder sind dazu da, die von ihren Vätern begangenen Fehler richtigzustellen. Auf diese Weise kommen die Verstorbenen von allem Tadel frei – Schwierigkeiten, aber ein gutes Ende!

Kommentar: Dies bedeutet, für ihre Fehler die Verantwortung zu übernehmen.

9 auf dem zweiten Platz: Für die Fehler unserer Mütter die Verantwortung zu übernehmen, dürfte nicht zu schwer sein.

Kommentar: Es ist ratsam, einen mittleren Weg einzuschlagen.

9 auf dem dritten Platz: Wenn wir für die Fehler unserer Väter die Verantwortung übernehmen, entsteht vielleicht etwas Bedauern, aber kein Tadel.

Kommentar: Dies besagt, daß wir am Ende von Tadel frei sein werden.

6 auf dem vierten Platz: Wir werden es im Laufe der Zeit bedauern müssen, wenn wir die Fehler unserer Väter einfach hinnehmen.

Kommentar: Denn in diesem Fall würden wir es versäumen, sie zu berichtigen.

6 auf dem fünften Platz: Wir werden dafür gelobt, daß wir für die Fehler unserer Väter die Verantwortung übernehmen.

Kommentar: Weil es eine Tugend ist, sie auf uns zu nehmen.

9 auf dem obersten Platz: Er dient weder dem König noch den Edlen (des Reiches) – sein Tun ist noch vornehmer.[6]

Kommentar: Dies bedeutet, daß unser Wille unser Gesetz sein kann.[7]

Anmerkungen:

1. d.h. eine Reise zu unternehmen oder seine Vorhaben auszuführen.
2. Würde Konfutses Kommentar zum Text sie nicht eindeutig erklären, der Sinn dieser Worte wäre nur schwer zu verstehen. Deswegen konnte ich mir erlauben, den Text so frei zu übersetzen.
3. Ein Hinweis auf die Teiltrigramme.
4. Das erhabene Gelingen besteht darin, daß neue Kraft entsteht, wenn der Verfall einmal abgeschlossen ist.
5. Der Wind am Fuße des Berges geht auf die beiden Teiltrigramme zurück. Der Wind symbolisiert hier die Tätigkeit des Edlen Menschen, der Berg den durchschnittlichen, schwerfälligen Mann des Volkes.
6. Mit anderen Worden: Wir handeln wie Weise, die guten Gewissens tun können, was sie für richtig halten, wenn wir unmittelbar den Willen des Himmels ausführen.
7. Vorausgesetzt, wir haben wirklich edleMotive.

Hexagramm 19
Lin Die Annäherung

Teiltrigramme:
unten: *Tui*, ein Gewässer, Teich, Sumpf, Freude
oben: *K'un*, Erde, weiblich, empfangend usw.

Text

Die Annäherung. Erhabenes Gelingen! Es lohnt sich, beharrlich auf dem rechten Weg zu sein. Ist jedoch der achte Monat[1] erreicht, ereignet sich Unglück.

Kommentar zum Text

In diesem Hexagramm ist das Starke reichlich bewässert und kann hoch aufwachsen. Freude und willige Annahme sind miteinander verbunden.[2] Die feste Linie im Zentrum (des unteren Trigramms) findet (in allen anderen Linien) die rechte Entsprechung. Großer Erfolg entsteht dadurch, daß die Dinge richtiggestellt werden, denn dies ist der Weg des Himmels. Es ist jedoch angezeigt, daß dieser Erfolg bald zu schwinden beginnt, weil sich im achten Monat Unseliges ereignen wird.

Das Zeichen

Dieses Hexagramm versinnbildlicht Land, das sich über einen Sumpf erhebt.[3] Unerschöpflich ist die Zuneigung, die der Edle Mensch für die ihm Anvertrauten hegt, und die Belehrung, die er ihnen zukommen läßt. Nichts kann ihn daran hindern, für das Volk zu sorgen.

Die Linien

9 auf dem untersten Platz: Alle nähern sich[4] – Ausdauer auf dem rechten Weg bringt Heil!

Kommentar: Dies geschieht, weil das Gewollte auf rechtmäßigem Weg verwirklicht wird.

9 auf dem zweiten Platz: Alle nähern sich[4] – Heil! Nichts ist ungünstig.

Kommentar: Dies deutet darauf, daß trotzdem ein gewisser Ungehorsam vorhanden ist.

6 auf dem dritten Platz: Bereitwillige Annäherung, jedoch würde sich der Aufbruch, ganz gleich, in welche Richtung, nicht lohnen.[5] Dies zu bedauern stellt keinen Verstoß dar.

Kommentar: Dies geht aus der unangemessenen Stellung dieser Linie hervor. Wenn wir dies jedoch bedauern, werden wir nicht lange in dieser tadelnswerten Position sein.[5]

6 auf dem vierten Platz: Vollkommene Annäherung – kein Verstoß!

Kommentar: Dies geht aus der angemessenen Stellung dieser Linie hervor.

6 auf dem fünften Platz: Eine weise Annäherung, wie sie für einen großen Fürsten schicklich ist – Heil!

Kommentar: Damit wird uns gesagt, daß wir auf dem mittleren Weg bleiben müssen.[6]

6 auf dem obersten Platz: Eine großzügige Annäherung – Heil, kein Verstoß!

Kommentar: Dieses Heil entsteht daraus, daß wir unseren Willen in unserem Herzen verbergen.[7]

Anmerkungen:

1. Der achte Mond des Mondkalenders entspricht etwa dem Monat September.
2. Ein Hinweis auf die Teiltrigramme. Die Fruchtbarkeit, die vom Wasser bewirkt wird, symbolisiert die Reinigung der Erde durch die Aktivitäten des Edlen Menschen.
3. Das untere Teiltrigramm deutet die Nahrung an, die der Edle Mensch freudig an andere austeilt. Das obere Trigramm symbolisiert die Masse all jener, die davon profitieren.
4. Unter »Alle nähern sich« können wir auch verstehen, daß wünschenswerte Dinge auf uns zustreben.
5. Momentan gibt es kein Ziel (keinen Bestimmungsort), welches zu erstreben sinnvoll wäre. Wenn wir darum bekümmert sind, werden wir den alten Geleisen jedoch bald entkommen.
6. Eine Anspielung auf die zentrale Stellung dieser Linie im oberen Trigramm.
7. Dies könnte bedeuten, daß wir zum gegenwärtigen Zeitpunkt mit anderen äußerlich übereinstimmen und unsere wahren Absichten sorgfältig verbergen sollten.

Hexagramm 20
Kuan Das Herabblicken[1]

䷓

Teiltrigramme:
unten: *K'un*, Erde, weiblich, empfangend usw.
oben: *Sun*, Wind, Holz, sanft, mild

Text

Das Herabblicken. Die rituelle Waschung ist durchgeführt, das Opfer jedoch noch nicht vollzogen.[2] Wahrhaftigkeit erweckt Respekt.

Kommentar zum Text

Die wichtigste Bedeutung des Herabblickens ist, von oben auf das Geschehen herabzublicken. Freudige Annahme und Sanftheit sind (hier) verbunden.[3] (Die fünfte Linie) bildet eine angemessene Mitte, von der aus man auf die Welt herabblicken kann. Was in diesem Text gesagt wurde, bezieht sich auf jene, die auf die ihnen Anvertrauten[4] herabblicken und sie verwandeln. Sie kontemplieren das heilige Wirken des Himmels und werden gewahr, wie die Jahreszeiten sich alle in der ihnen eigenen Zeit entfalten. Da die Lehren des heiligen Weisen um diese Dinge kreisen, wird seine Herrschaft von der ganzen Welt anerkannt.

Das Zeichen

Dieses Hexagramm versinnbildlicht den Wind, der über die Erde weht.[3] Die alten Herrscher bereisten die verschiedenen Gebiete (ihres Reiches), um über ihr Volk zu wachen und es sorgfältig zu lehren.

Die Linien

6 auf dem untersten Platz: Es ist für den gewöhnlichen Mann keine Schande, die Dinge auf kindliche Weise anzusehen; für den Edlen Menschen ist es ein Unglück.[5]

Kommentar: Denn es ist nur für Menschen von geringerem Wert schicklich, sich so zu verhalten.

6 auf dem zweiten Platz: Durch den Türspalt zu schauen, bringt den Frauen Gewinn.

Kommentar: Trotzdem ist es beschämend.[6]

6 auf dem dritten Platz: Unser eigenes Leben kontemplierend (lernen wir, je nach den Umständen) voranzuschreiten oder uns zurückzuziehen.

Kommentar: So bleibt man auf dem rechten Weg.

6 auf dem vierten Platz: Wenn wir die Zustände im Reich kontemplieren, werden wir sehen, ob wir Gäste des Herrschers werden dürfen.[7]

Kommentar: Wer seine Verpflichtungen auf diese Weise eingeht, genießt allgemeine Wertschätzung.

9 auf dem fünften Platz: Der Edle Mensch tut nichts Schlechtes, während er unser Leben überwacht.[8]

Kommentar: Hier bedeutet »unser Leben« das Leben des Volkes.

9 auf dem obersten Platz: Noch begeht er einen Verstoß, wenn er sein eigenes Leben kontempliert.

Kommentar: Er betrachtet sein eigenes Leben, wenn er sich nicht sicher ist, welchen Weg er einschlagen soll.

Anmerkungen:

1. Dieses Wort bedeutet häufig auch »Kontemplation«. An den Stellen, an denen der Kontext es ratsam erscheinen ließ, habe ich dieser Übersetzung den Vorzug gegeben.
2. Dies bedeutet gewöhnlich, daß man zwar den ersten Schritt getan oder sich zu einem bestimmten Weg verpflichtet hat (wie zum Beispiel durch Eintritt in den öffentlichen Dienst), die eigentliche Aufgabe aber erst noch geleistet werden muß.
3. Ein Hinweis auf die beiden Teiltrigramme.
4. *Kuan* wird niemals im Sinne von »verächtlich herabblicken, verachten« gebraucht, sondern bedeutet immer »achtgeben«, »wachen über« usw. In einer späteren Epoche wurde der Name des Bodhisattva Avalokiteshvara mit Kuan Shih-yin – die auf die (Leidens-)Schreie der Welt Herabblickende – übersetzt.
5. Man darf wohl annehmen, daß sich der Edle Mensch unmöglich so verhalten kann; diese Textstelle muß sich also auf eine Person beziehen, die sich für einen Edlen Menschen hält oder einer zu sein versucht.
6. Wenn eine Frau die Befragung durchgeführt hat (oder für sich hat durchführen lassen), bedeutet ihr diese Aussage, daß sie sich

durch heimliches Beobachten zwar einen Vorteil verschaffen kann, doch ist es in diesem Fall kein sehr ehrbares Verhalten.

7. Im alten China zogen Gelehrte wie Konfutse von Königreich zu Königreich und von Fürstentum zu Fürstentum auf der Suche nach einem Herrscher, der einsichtig und fähig genug war, von ihren Lehren zu profitieren. Indem sie den Glanz oder das Elend eines Reiches genau beobachteten, konnten sie sich ein vorläufiges Urteil bilden und entscheiden, ob der Herrscher es wert war, daß sie ihm ihre Dienste anboten. Damit ist gesagt, daß wir nicht alles einfach für bare Münze nehmen dürfen, solange wir uns nicht von der Echtheit angeblich guter Eigenschaften überzeugt haben.
8. Wenn wir anderen wirklich helfen möchten, begehen wir damit keinen Fehler, gespannt zu verfolgen, wie sich ihre Angelegenheiten entwickeln.

Hexagramm 21
Shih Hô Das Durchbeißen[1]

Teiltrigramme:
unten: *Chên*, Donner, Bewegung, sprießen oder erregen
oben: *Li*, Feuer, Glanz, Schönheit

Text

Das Durchbeißen. Gelingen! Die Zeit ist günstig für Rechtsgeschäfte.

Kommentar zum Text

Wenn etwas fest von Ober- und Unterkiefer gepackt wird, sprechen wir vom Beißen, und mit diesem Beißen assoziieren wir Gelingen. Das Feste und das Nachgiebige sind getrennt.[2] Die Trigramme Bewegung und Glanz stehen für diese Eigenschaften. So werden Donner und Blitz zusammengebracht und senden Glanz[3] aus. Das Nachgiebige erhält die zentrale Stellung und strebt von unten nach oben (vom Zentrum des unteren Trigramms zum Zentrum des oberen Trigramms). Obwohl diese Anordnung unangemessen ist, begünstigt sie doch den Gang des Gesetzes.[4]

Das Zeichen

Dieses Hexagramm versinnbildlicht Blitz[5], begleitet von Donner. Nachdem sie ihre Gesetze allen klar und deutlich dargelegt hatten, setzten die alten Herrscher sie energisch durch.

Die Linien

9 auf dem untersten Platz: An den Füßen gefesselt, können sie nicht laufen – kein Verstoß![6]

Kommentar: Diese Methode verhindert, daß (die Bösewichte mit ihren Schandtaten) fortfahren können.

6 auf dem zweiten Platz: Ins Fleisch beißen, so daß die Nase darin verschwindet – kein Verstoß![7]

Kommentar: Dies geht aus der Stellung dieser Linie hervor: ein nachgiebiger Strich liegt über einem festen Strich.

6 auf dem dritten Platz: Er beißt auf Dörrfleisch und hat sich vergiftet, jedoch nicht so ernsthaft, um ihn lange Zeit unpäßlich zu machen – kein Verstoß![8]

Kommentar: Aus der unangemessenen Position dieser Linie geht hervor, daß er sich vergiftet hat.

9 auf dem vierten Platz: Er biß auf das Dörrfleisch am Knochen und fand (darin) eine Pfeilspitze aus Metall – wer trotz aller Schwierigkeiten entschlossen bleibt, erlangt Heil!

Kommentar: Jedoch ist noch kein einziger Schimmer des hier geweissagten Glücks sichtbar.[9]

6 auf dem fünften Platz: Er bis auf Dörrfleisch und traf dabei auf ein Goldstück (welches darin verschlossen gewesen war) – wenn wir jetzt unnachgiebig entschlossen bleiben, kommen wir in Schwierigkeiten, doch sind wir nicht zu tadeln.[10]

Kommentar: Aus der angemessenen Stellung dieser Linie geht hervor, daß wir für unsere Schwierigkeiten nicht zu tadeln sind.

9 auf dem obersten Platz: Er trägt einen schweren Holzkragen, der seine Ohren verdeckt – Unheil!

Kommentar: Dies bedeutet Schwerhörigkeit (oder Begriffsstutzigkeit).[11]

Anmerkungen:

1. Die Vorstellung des Beißens wird von den Teiltrigrammen angedeutet, die sich (aufgrund der Anordnung der Linien) nicht mischen. Sie sind ebenso voneinander getrennt wie Ober- und Unterkiefer, wenn man auf etwas Zähes beißt.
2. Mehr oder weniger folgen jeweils feste und nachgiebige Striche aufeinander; man kann es außerdem so sehen, daß das untere Trigramm voll ist von der Macht des Donners, während das obere Trigramm, welches das Schöne repräsentiert, weich und nachgiebig ist.
3. Ich weiß nichts über die Vorstellungen der alten Chinesen von Donner und Blitz; nach dieser Textstelle hielten sie sie anscheinend für zwei Kräfte, die wie Stahl und Feuerstein einen Glanz aussenden, wenn man sie heftig zusammenschlägt.
4. Ein Trigramm-Paar, bei dem beide Zentralplätze von nachgiebigen Linien besetzt sind, wird nicht als eine vorteilhafte Anordnung angesehen. Möglicherweise hat der Verfasser des Textes jedoch aus der Tatsache, daß die schwachen Linien (die moralisch Schwachen?) überall von starken Linien (Gefängnismauern, Wärter usw.?) eingeschlossen sind, gefolgert, diese Verbindung müsse Rechtsgeschäfte begünstigen.
5. *Li*, das obere Trigramm, repräsentiert sowohl Blitz als auch Feuer, Schönheit usw.
6. Diese Linie deutet an, daß es nicht tadelnswert ist, in diesem Fall mit extremer Entschlossenheit durchzugreifen.
7. Die Bedeutung dieser Linie ist keineswegs klar. Die zusätzlichen chinesischen Kommentare verstehen sie so, daß wir unseren eigenen Interessen zwar wenig schaden mögen, für das Geschehene jedoch nicht zu tadeln sind.
8. Diese Linie weissagt unverschuldet eintreffende Schwierigkeiten, die uns jedoch nicht lange hindern werden.
9. Welches Glück uns auch immer erwarten mag, wir sehen es noch nicht. Mit anderen Worten, die Situation sieht düsterer aus, als sie ist, und wir müssen unserem Weg deswegen fest entschlossen folgen.
10. Wenn wir unsere Pläne weiterverfolgen, werden wir in Bedrängnis kommen. Wir können uns höchstens damit trösten, daß die Schuld nicht bei uns liegt.
11. Damit ist gesagt, daß wir im Moment unserem eigenen Urteil keinen großen Wert beimessen sollten.

Hexagramm 22
Pi Die Vornehmheit

䷕

Teiltrigramme:
unten: *Li*, Feuer, Glanz, Schönheit
oben: *Kên*, ein Berg, hart, eigensinnig, verstockt

Text

Die Vornehmheit. Gelingen! Hat man ein bestimmtes Ziel, so kann das einen kleinen Vorteil bringen.[1]

Kommentar zum Text

Dieses Hexagramm weissagt Gelingen, weil die nachgiebigen Linien die festen Linien schmücken. Der letzte Satz ist auf die Tatsache zurückzuführen, daß die alleinstehende feste obere Linie (des unteren Trigramms) den nachgiebigen Linien Glanz verleiht. (Dieses abwechselnde Auftreten von Festem und Nachgiebigem) ist die ureigene Gesetzmäßigkeit des Himmels.[2] Die Gesetzmäßigkeit des Menschen besteht darin, eine bestimmte Stufe kultureller Entwicklung zu erreichen und dort stehenzubleiben. Durch die Betrachtung der Gesetzmäßigkeit des Himmels können wir die Veränderungen untersuchen, die mit der Entfaltung der Zeit entstehen. Durch die Betrachtung (der Gesetzmäßigkeit) des Menschen können wir die Welt erfolgreich umgestalten.

Das Zeichen

Dieses Hexagramm versinnbildlicht Feuer am Fuß eines Berges.[3] Da er gewährleisten will, daß die verschiedenen staatlichen Ämter nach den Gesetzen des Himmels arbeiten, wagt der Edle Mensch nicht, in Rechtsangelegenheiten leichtfertig zu entscheiden.

Die Linien

9 auf dem untersten Platz: Vornehm beschuht, verläßt er seinen Wagen und geht zu Fuß weiter.

Kommentar: Dies bedeutet, daß er es ablehnt, von dem ihm zur Verfügung gestellten Wagen Gebrauch zu machen.[4]

6 auf dem zweiten Platz: Er verschönert seinen Bart.

Kommentar: Er tut dies, um an den Vergnügungen seiner Vorgesetzten teilnehmen zu können.[5]

9 auf dem dritten Platz: Er ist derart geschmückt, daß er zu funkeln scheint – bis ganz zum Ende zum Rechten entschlossen zu sein, bringt Heil.

Kommentar: Dies gibt uns zu verstehen, daß bis zum Schluß niemand unsere Pläne durchkreuzen wird.

6 auf dem vierten Platz: Er schmückt sich, daß er weiß wie Schnee erscheint. Er ist gleichsam eine weiße Stute. Nicht ein Hindernis (verzögert seinen Fortschritt), sondern eine Angelegenheit, die mit seiner Verlobung zu tun hat.

Kommentar: Diese herrschende Linie deutet an, daß Mißtrauen vorhanden ist. Aus dem letzten Satz geht hervor, daß nichts Tadelnswertes im Spiel ist.[6]

6 auf dem fünften Platz: Vornehm schlendert er durch den Garten zwischen den Hügeln, aber sein Seidengürtel ist von der billigsten Qualität – Ungnade, auf die schließlich doch Heil folgt.[7]

Kommentar: Die glückliche Wendung kommt in Form von Wohltaten.[8]

9 auf dem obersten Platz: Schlichte Vornehmheit – kein Tadel!

Kommentar: Diese obere Linie zeigt die Erfüllung unseres Willens an.

Anmerkungen:

1. Daraus geht hervor, daß der kleine Vorteil es nicht wert ist, dieses Ziel (diesen Bestimmungsort) anzusteuern, solange wir uns nicht in einer besonders schwierigen oder unangenehmen Lage finden.
2. Die Linienanordnung erinnert sehr an die Linienanordnung des vorangegangenen Hexagramms, wird jedoch als günstiger ausgelegt. Die generelle Vorstellung, die sich mit diesem Hexagramm verbindet, ist, daß wir uns wie die Natur nach einem geregelten und geordneten Grundmuster verhalten sollten, zu welchem, da wir Menschen und keine Tiere sind, ein hoher Grad an Kultiviertheit gehört. Erhalten wir dieses Hexagramm als Antwort auf eine Befragung, so sagt es uns wohl, daß es an der Zeit ist, genau zu beobachten, um daraus zu lernen, wie jene, die

in die Situation verstrickt sind, denken und sich verhalten. Damit können wir sie, wenn sich die Gelegenheit einmal bietet, um so geschickter zum Guten lenken.

3. Die Teiltrigramme, Feuer unterhalb des Berges, deuten auf einen Glanz hin, der von weitem nicht sichtbar ist. Die chinesischen Kommentatoren schließen daraus auf ein festes, in gewisser Hinsicht sogar strenges Äußeres, welches den Glanz und die Schönheit im Inneren verbirgt. Dies sollte uns in der Angelegenheit unserer Befragung als Richtschnur für unser Verhalten dienen.
4. Daraus geht hervor, daß wir auf dem Weg bleiben sollten, den wir für richtig halten, und die Hilfe jener ausschlagen müssen, die uns gern von unserer Redlichkeit abbringen möchten.
5. Es ist manchmal klug, wenn wir uns den Sitten unserer Vorgesetzten anpassen, auch wenn wir darauf eigentlich keinen Wert legen.
6. Dies scheint darauf hinzuweisen, daß hier jemand wegen seines Zögerns oder Bummelns böser Absichten verdächtigt wird, seine Motive jedoch tatsächlich sehr ehrenwert sind.
7. Die Chinesen haben sehr viel Sinn für Landschaftsgärten. Hier sucht offensichtlich jemand, der für den Anlaß nicht angemessen gekleidet ist, eine einflußreiche Persönlichkeit auf und muß für seine Nachlässigkeit büßen. Wir sollten dies symbolisch verstehen und daraus entnehmen, daß der Rückschlag auf unsere eigene Fahrlässigkeit zurückzuführen ist. Glücklicherweise endet trotzdem alles gut.
8. »Wohltaten« lassen auf einen Glücksfall schließen, der gewissermaßen zufällig eintrifft und nicht unser Verdienst oder das Ergebnis unserer Bemühungen ist.

Hexagramm 23
Po Das Häuten[1]

䷖

Teiltrigramme:
unten: *K'un*, Erde, weiblich, empfangend usw.
oben: *Kên*, ein Berg, hart, eigensinnig, verstockt

Text

Das Häuten. Im gegenwärtigen Augenblick gibt es kein Ziel (keinen Bestimmungsort), welches anzusteuern vorteilhaft wäre.

Kommentar zum Text

Das Häuten heißt, was es sagt. Den Schwachen gelingt es, die Starken zu verändern. Es bedeutet keinen Vorteil, ein Ziel (einen Bestimmungsort) anzusteuern, denn gegenwärtig sind die Gemeinen auf der Höhe ihrer Macht. Es ist für uns am besten zu bleiben, wo wir jetzt sind, und die Situation anzunehmen, die von diesem Hexagramm vorhergesagt wird. Ehrfürchtig betrachtet der Edle Mensch Ebbe und Flut, die niemals endende Folge von Vollsein und Entleerung, die den Weg des Himmels darstellt.

Das Zeichen

Dieses Hexagramm versinnbildlicht einen Berg, der auf der Erde ruht.[2] Die wahrhaft Großen überschütten jene, die unter ihnen stehen, mit Großzügigkeit und ermöglichen ihnen damit ein Leben in Wohlbefinden und Frieden.

Die Linien

6 auf dem untersten Platz: Er beginnt am Fuß des Bettes mit dem Häuten: Keine Standhaftigkeit – Unheil!

Kommentar: Dies bedeutet, daß wir uns von jenen unter uns lossagen.[3]

6 auf dem zweiten Platz: Er fährt an der Bettkante mit dem Häuten fort. Keine Standhaftigkeit – Unheil!

Kommentar: Dies bedeutet, daß wir schließlich keine Freunde mehr haben werden.

6 auf dem dritten Platz: Er häutet (alle) ab – kein Verstoß.

Kommentar: Dies bedeutet, daß wir sowohl den Kontakt zu jenen über uns als auch den Kontakt zu jenen unter uns verlieren.[3]

6 auf dem vierten Platz: Er fährt an der Matratze seines Bettes mit dem Häuten fort – Unheil![3]

Kommentar: Damit ist geweissagt, daß wir einem schrecklichen Unglück gefährlich nahekommen.

6 auf dem fünften Platz: Ein Fischschwarm, der die hohe Gunst versinnbildlicht, welche die jungen Mädchen im Palast genießen – alles ist günstig.[4]

Kommentar: Dies bedeutet, daß wir letztlich von allem Tadel frei sein werden.

9 auf dem obersten Platz: Die reife Frucht bleibt ungegessen.[5] Der Edle Mensch erwirbt einen Wagen, der Gemeine verliert sein Haus.[6]

Kommentar: Der Wagen versinnbildlicht die Unterstützung des Volkes. Der gemeine Schuft, der sein Haus verliert, wird schließlich als für alle Aufgaben nutzlos befunden.

Anmerkungen:

1. Häuten bedeutet, sich nacheinander von allen Hindernissen (oder hinderlichen Personen) zu befreien. Die ersten vier Linien versinnbildlichen den Prozeß unseres fortschreitenden Ablassens von all jenen, auf die wir uns gewohnheitsgemäß verlassen haben, denn die dunklen Kräfte sind im Aufstieg begriffen und niemand ist mehr vertrauenswürdig. Wie Linie fünf anzeigt, triumphiert jedoch am Ende das Gute, und wir werden, wie aus Linie sechs ersichtlich, wegen unserer Standfestigkeit um so mehr geachtet.
2. Das obere und das untere Trigramm, Berg und Erde, versinnbildlichen den Edlen Menschen und das seiner Sorge anvertraute Volk.
3. Er sagt sich von ihnen los, weil er sie für unwürdig hält. Die Aussagen über den Fuß, die Kante und die Matratze des Bettes in den verschiedenen Linien bedeuten, daß er mit dem Prozeß des Häutens fortfahren muß, bis er zu jenen kommt, die ihm sehr nahestehen. Es bleibt niemand übrig, auf dessen Hilfe er bei seinem gerechten Werk vertrauen könnte.
4. Diese Wandlungslinie scheint den Vorzeichen dieses unheilverheißenden Hexagramms zu widersprechen. Wie in allen solchen Fällen müssen wir die Aussagen zu dieser Linie als besonders treffenden Fingerzeig auf unsere Situation verstehen; d. h. jene, die diese Wandlungslinie erhalten, können ihre Ziele ohne Sorge vor einem Mißlingen verfolgen.
5. Nur wenige nehmen den guten Rat und die Hilfe des Edlen Menschen in Anspruch, auch wenn er sie gern gibt.
6. Diese Linie weissagt den wirklich Befähigten Großes, denn am Ende werden ihre Fähigkeiten anerkannt und die Menschen scharen sich unterstützend um sie. Hingegen verlieren jene, die

zu einer Zeit, da sich das Gute im Niedergang befand, ihr gegenwärtiges Glück mit Hilfe unehrenhafter Methoden zusammengerafft haben, alles, was sie haben.

Hexagramm 24
Fu Die Wiederkehr

䷗

Teiltrigramme:
unten: *Chên*, Donner, Bewegung, sprießen oder erregen
oben: *K'un*, Erde, weiblich, empfangend usw.

Text

Die Wiederkehr. Gelingen! Alles Hinausgehen und Zurückkehren ist ohne Schaden. Freunde kommen; einen Verstoß bringen sie nicht mit sich. Sie kehren zurück, von wo sie gekommen sind, und benötigen für ihr Kommen und ihre Wiederkehr insgesamt sieben Tage. Es ist vorteilhaft, ein Ziel (einen Bestimmungsort) anzusteuern.

Kommentar zum Text

Dieses Hexagramm weissagt Gelingen, denn das Feste kehrt wieder (an den unteren Platz des Hexagramms zurück, wo es im vorangegangenen Hexagramm nicht vorhanden war). Bewegung und die Bereitwilligkeit, sich zu bewegen[1], sind vereint; dies erklärt, warum Hinausgehen und Zurückkehren keinen Schaden nach sich ziehen. Die nächsten drei Sätze deuten an, daß diese Tätigkeit mit den Bewegungen des Himmels übereinstimmt. Da die Stärke im Begriff ist zuzunehmen, ist es vorteilhaft, ein Ziel (einen Bestimmungsort) anzusteuern. In den Zyklen der Wiederkehr offenbart sich das Wesentliche des Wirkens von Himmel und Erde.[2]

Das Zeichen

Dieses Hexagramm versinnbildlicht Donner in den Tiefen der Erde.[3] Die alten Herrscher schlossen die Pässe während der Zeit der Sonnenwende[4], und die Kaufleute konnten dann nicht reisen. Selbst die Herrscher unterließen es, während dieser Zeit ihr Reich zu bereisen.

9 auf dem untersten Platz: Wiederkehr aus der Nähe – nicht viel zu bedauern und erhabenes Heil!

Kommentar: Umzukehren, bevor man zu weit gegangen ist, ist ein Mittel, Selbstdisziplin zu üben.

6 auf dem zweiten Platz: Eine Wiederkehr, die den Segen des Himmels hat – Heil!

Kommentar: Dieses Heil ist darauf zurückzuführen, daß wir andere mit Herzensgüte behandeln.

6 auf dem dritten Platz: Häufige Wiederkehr – Schwierigkeiten, aber kein Verstoß!

Kommentar: Dies bedeutet, daß wir in keiner Hinsicht für unsere Schwierigkeiten zu tadeln sind.

6 auf dem vierten Platz: In Gemeinschaft aufbrechen, jedoch allein wiederkehren.[5]

Kommentar: Diese einsame Wiederkehr ist notwendig, wenn er dem Pfad des Rechten und Wahren folgen will.

6 auf dem fünften Platz: Wiederkehr zu einem hohen Zweck – kein Bedauern!

Kommentar: Diese zentrale Linie (des oberen Trigramms) weist auf kritische Selbstprüfung hin.

6 auf dem obersten Platz: Wiederkehr in Verwirrung – Unheil! Verderben und Verletzungen liegen bedrohlich nahe. Die Heere werden in Marsch gesetzt, doch dies führt am Ende zu einer vernichtenden Niederlage. Das Unheil ist nahe daran, den Herrscher zu überwältigen, und für mindestens zehn Jahre besteht keine Hoffnung, die Dinge ins Lot zu bringen.

Kommentar: Das an dieser Stelle beschriebene Unheil ergibt sich aus dem Abweichen vom Weg des Edlen Menschen.[6]

Anmerkungen:

1. Das Trigramm *K'un*, Erde, symbolisiert häufig Bereitwilligkeit, freudiges Annehmen usw.
2. Oft können wir erst bei der Vollendung des gesamten Zyklus den Sinn vieler Ereignisse begreifen (z. B. Tod, Winter usw.), die

zur Zeit ihres Eintreffens unproduktiv, negativ oder unzweifelhaft erschienen.

3. In dieser Stellung legen die Trigramme Donner nahe, der unter der Erde grollt. Das Trigramm *Chên* bedeutet jedoch nicht nur Donner, sondern auch sprießen oder erregen. Diese Vorstellung des Sprießens oder Erregens in der Erde ist der Grund für die generell günstige Bedeutung dieses Hexagramms.
4. Die Zeit der Sonnenwenden war die Zeit der feierlichen Opfer. In China war es Brauch, aus Anlaß dieser großen Feierlichkeiten nach Hause zurückzukehren. In diesem Sinne ist die Wiederkehr äußerst günstig.
5. Dies bedeutet, daß uns unsere Gefährten vom rechten Weg abbringen (oder abbringen wollen) und daß wir sie deswegen allein weiterziehen lassen müssen.
6. Dieses Vorzeichen läßt auf sehr ernsthafte Schwierigkeiten schließen, die, sollten wir vom rechten Weg abkommen, nicht nur uns, sondern auch noch viele andere Menschen in Mitleidenschaft ziehen.

Hexagramm 25
Wu Wang Die Unschuld, das Unerwartete[1]

Teiltrigramme:
unten: *Chên*, Donner, Bewegung, sprießen oder erregen
oben: *Ch'ien*, Himmel, männlich, aktiv usw.

Text

Die Unschuld. Erhabenes Gelingen! Festigkeit im Rechten und Wahren bringt Erfolg. Jene, die sich der Gerechtigkeit widersetzen, nehmen Schaden. Es ist nicht von Vorteil, ein Ziel (einen Bestimmungsort) im Auge zu haben.[2]

Kommentar zum Text

Das Feste tritt von außen[3] in dieses Hexagramm ein und wird zum Herrscher (der beherrschenden Linie) über das, was im Inneren liegt. Bewegung und Stärke sind vereint.[4] Der feste zentrale Strich (des oberen Trigramms) findet (in allen anderen Strichen) die (notwendige) Entsprechung. Wer Rechtes tut, gewinnt durch die Übereinstimmung mit dem Willen des Himmels großen Erfolg. Wer gegen die Gerechtigkeit ankämpft, muß leiden und findet keinen Ort, zu dem zu gehen sich lohnen würde, denn was bleibt ihm noch, wenn ihm die Unschuld fehlt? Welchen Sinn hat es, irgendwohin zu gehen (irgendein Ziel zu verfolgen), wenn der Wille des Himmels nicht mehr schützend über ihm steht?

Das Zeichen

Dieses Hexagramm versinnbildlicht Donner, der über die ganze Erde rollt; von ihm empfangen alle Dinge ihre Unschuld.[5] Die alten Herrscher verteilten reichlich und zur rechten Zeit Nahrung an alle.

Die Linien

9 auf dem untersten Platz: In Unschuld weitergehen bringt Heil.
Kommentar: Was man will, das geschieht.

6 auf dem zweiten Platz: Errechne nicht schon den Ernteertrag, wenn du noch beim Pflügen bist, und freue dich nicht schon auf die Ausbeute des dritten Jahres, wenn du gerade jungfräulichen Boden bestellst. Es ist von Vorteil, einen Gegenstand zu erstehen (einen Bestimmungsort zu haben).
Kommentar: Es schickt sich nicht, schon zu so frühem Zeitpunkt den Gewinn zu errechnen; wir können auch nicht mit baldigem Reichtum rechnen.

6 auf dem dritten Platz: Unerwartete Not. Jemand legt dem Ochsen ein Seil um (den Hals) und entführt ihn – für den, der vorbeikommt, ein Gewinn, für den Bauern (den Besitzer) ein Verlust!
Kommentar: Der, der vorbeikommt, gewinnt auf Kosten des Besitzers einen Ochsen.[6]

9 auf dem vierten Platz: Wenn er fest im Rechten und Wahren bleibt, kann er etwas erreichen, ohne einen Verstoß zu begehen.
Kommentar: Damit ist gesagt, daß Festigkeit uns zum Ziel führen wird.

9 auf dem fünften Platz: Unerwartete Krankheit, die er am besten nicht behandelt.
Kommentar: Damit soll eigentlich gesagt sein, daß wir auf die Anwendung unerprobter Heilmittel verzichten sollten.[7]

9 auf dem obersten Platz: Eine Reise würde jetzt verderblich sein, wenn sie unerwartet kommt. Momentan ist die Zeit jenen günstig, die keinen Bestimmungsort ansteuern.

Kommentar: Damit ist gesagt, daß eine unerwartete Reise uns in einen gefährlichen Erschöpfungszustand stürzen würde.

Anmerkungen:

1. *Wu Wang* hat zwei sehr unterschiedliche Bedeutungen, die aus dem Folgenden hervorgehen.
2. Dieser Satz ist gewöhnlich in weitem Sinne anwendbar. Aus dem Kommentar zum Text dürfen wir jedoch folgern, daß er sich in diesem Fall nur auf die Feinde der Gerechtigkeit bezieht, obwohl er auch für jene, die eine Wandlungslinie auf dem obersten Platz erhalten, allgemein gültig ist.
3. Die vierundsechzig Hexagramme symbolisieren vierundsechzig Stufen eines niemals endenden Wandlungsprozesses. Deswegen kann der Kommentar sagen, eine im vorangegangenen Hexagramm nicht vorhandene feste Linie sei von außen in das Hexagramm eingetreten.
4. Eine Anspielung auf die Trigramme.
5. Das untere Trigramm wird als Donner verbildlicht; es wirkt jedoch durch seine das Wachstum anregende Kraft.
6. Vielleicht sind wir es, denen das Unheil droht. Anderenfalls bedeutet diese Aussage, daß wir nur dann etwas erreichen können, wenn wir bereit sind, anderen schweren Schaden zuzufügen.
7. Der Kommentar läßt einen Fehler im Text vermuten, den der Kommentator mit seiner Bemerkung richtigstellen will.

Hexagramm 26
Ta Ch'u   Der Große Ernährer

Teiltrigramme:
unten: *Ch'ien*, Himmel, männlich, aktiv usw.
oben: *Kên*, ein Berg, hart, eigensinnig, verstockt

Text

Der Große Ernährer begünstigt Festigkeit im Rechten und Wahren. Nicht zu Hause essen bringt Heil. Die Zeit ist günstig, den großen Fluß (den großen Ozean) zu überqueren.[1]

Kommentar zum Text

Dieses Hexagramm weissagt Festigkeit, Stärke, Großzügigkeit, Wahrheit, Ruhm und Glanz, eine tägliche Erneuerung unserer Befähigung. Das Feste steigt auf[2] und erweist dem Würdigen die Ehre. Die Fähigkeit, bei der Ausübung der Macht Zurückhaltung zu üben, ist in der Tat edel. Daß er sein Heil erreicht, indem er nicht zu Hause ißt, bedeutet, daß er würdige Gäste an einem anderen Ort unterhält.[3] Die Zeit ist für die Überquerung des großen Flusses (des großen Ozeans) günstig, weil sie jetzt mit dem Willen des Himmels übereinstimmt.

Das Zeichen

Dieses Hexagramm versinnbildlicht den Himmel, der zwischen den Berg(gipfeln[4] sichtbar) ist. Der Edle Mensch stärkt seine Befähigung, indem er aus seiner profunden Kenntnis der Worte und des Verhaltens der Weisen alter Zeiten handelt.

Die Linien

9 auf dem untersten Platz: Es drohen Schwierigkeiten – es wäre klug, die Tätigkeiten zum Stillstand zu bringen.

Kommentar: Das heißt, er soll keinen Versuch unternehmen, die Schwierigkeiten abzuwenden.

9 auf dem zweiten Platz: Eine gebrochene Achse.

Kommentar: Da es sich um die zentrale Linie (des unteren Trigramms) handelt, sind wir nicht zu tadeln.[5]

9 auf dem dritten Platz: Ein rassiges Pferd im Galopp. In schwieriger Lage gewinnt er durch Ausdauer (einen) Vorteil. Am besten, er beschäftigt sich den ganzen Tag mit Schutzmaßnahmen. Es ist günstig, ein Ziel (einen Bestimmungsort) im Auge zu haben.

Kommentar: Denn diese Linie, die die Spitze (des unteren Trigramms) darstellt, sagt voraus, daß sich unser Wille erfüllt.

6 auf dem vierten Platz: Das Kopfbrett eines jungen Ochsen[6] – erhabenes Gelingen!

Kommentar: Dies bedeutet, daß das Heil in Form von großem Glück erscheint.

6 auf dem fünften Platz: Eines verschnittenen Ebers Stoßzahn[7] – Heil!

Kommentar: Dies bedeutet, daß das Heil in Form von Wohltaten kommt.[8]

9 auf dem obersten Platz: Den Weg des Himmels tragen (mit dem Weg des Himmels übereinstimmen).

Kommentar: Damit ist ein Fortschritt bei der Ausweitung der Befähigung angedeutet.

Anmerkungen:

1. Eine weite Reise, vielleicht nach Übersee.
2. »Steigt auf« kann auch als »ist auf der Höhe« gelesen werden, denn an der Spitze beider Teiltrigramme stehen jeweils feste Striche.
3. Es ist jetzt an der Zeit, nach außen zu treten und konkret zu würdigen, was andere für uns oder für das Allgemeinwohl getan haben.
4. Die Anordnung der Teiltrigramme erinnert an Ausschnitte des Himmels, die zwischen Bergspitzen hervorscheinen. Dies weist auf etwas, das in weiter Ferne liegt, und zeigt damit an, daß es ratsam ist, sich zu einem entfernten Ort auf den Weg zu machen.
5. Es droht eine ernsthafte Behinderung, an der wir jedoch keine Schuld tragen.
6. Ein Holzbrett, einem Holzkragen (den im alten China die Sträflinge tragen mußten) nicht unähnlich. Es erfüllt denselben Zweck wie Seil und Nasenring. Damit ist indirekt gesagt, daß jemand, der noch nicht über die ganze Fülle seiner Kraft verfügt, dadurch gewinnt, daß man ihn zur Zurückhaltung zwingt.
7. Ein Anzeichen für eine günstige Gelegenheit.
8. D. h. Heil, welches weder auf unsere Anstrengungen noch auf unser Verdienst zurückzuführen ist.

Hexagramm 27
I Die Ernährung (wörtlich: der offene Mund[1])

Teiltrigramme:
unten: *Chên*, Donner, Bewegung, sprießen oder erregen
oben: *Kên*, ein Berg, hart, eigensinnig, verstockt

Text

Die Ernährung. Festigkeit im Rechten und Wahren bringt Heil. Beobachte, wie Menschen andere nähren und mit welchen Dingen sie sich selbst nähren möchten.[2]

Kommentar zum Text

Jenen, die sich mit dem Rechten nähren, bringt Beharrlichkeit Heil. Die restlichen Worte des Textes bedeuten, daß wir darauf achten sollten, was die Menschen den anderen geben, um sie zu nähren, und welche Dinge sie zu ihrer eigenen Nahrung wählen. Die Kräfte des Himmels und der Erde schenken allen (gleichermaßen) Nahrung; der heilige Weise nährt jedermann, angefangen von den wahrhaft edlen Menschen bis hin zum ganzen Volk. Es ist besonders wichtig, dem Urteil dieses Hexagramms rechtzeitig zu folgen.

Das Zeichen

Dieses Hexagramm versinnbildlicht Donner,[3] der am Fuße eines Berges rollt. Der Edle Mensch achtet auf seine Rede und ist beim Essen und Trinken genügsam.

Die Linien

9 auf dem untersten Platz: Du hast deine heilige Schildkröte freigelassen und mich mit offenstehendem Mund[4] angestarrt – Unheil!

Kommentar: Man kann es kaum als bewundernswertes Benehmen ansehen, wenn du mich auf diese Weise betrachtest.

6 auf dem zweiten Platz: Ernährung auf dem Berggipfel; er gibt das normale Leben auf, um in den Bergen[5] Ernährung zu suchen – Unheil!

Kommentar: Das Unheil ist darauf zurückzuführen, daß er sich von seinesgleichen entfernt hat.

6 auf dem dritten Platz: Er ist entschlossen, die Ernährung aufzugeben[6] – Unheil! Zehn Jahre übt er keine nützliche Funktion aus; wohin er auch gehen sollte, keine Richtung ist günstig.

Kommentar: Zehn Jahre, denn er geht völlig verkehrte Wege.

6 auf dem vierten Platz: Ernährung auf dem Berggipfel[7] – Heil! Er schaut wie ein Tiger, der sich auf seine Beute anschleicht – so durchdringend ist sein Blick – kein Verstoß!

Kommentar: Das Heil ist darauf zurückzuführen, daß das Licht von oben seinen Glanz aussendet.

6 auf dem fünften Platz: Verlassen sind die gewöhnlichen Wege. Ausdauer im Rechten und Wahren bringt jenen Heil, die bleiben, wo sie sind. Der große Fluß (der große Ozean) darf nicht überquert werden.[8]

Kommentar: Ihr Heil besteht in der Fähigkeit, sich ihren Vorgesetzten willig unterzuordnen.

9 auf dem obersten Platz: Die Ernährung bringt sowohl Schwierigkeiten als auch Heil.[9] Es ist vorteilhaft, den großen Fluß (Ozean) zu überqueren.[10]

Kommentar: Der erste Satz bedeutet, daß uns (trotz allem) große Segnungen widerfahren werden.[11]

Anmerkungen:

1. Die äußere Form dieses Hexagramms erinnert leicht an einen weit geöffneten Mund. Wir dürfen das Wort Ernährung jedoch nicht nur wörtlich verstehen, denn wir haben es hier mit all jenen Dingen zu tun, nach denen die Menschen streben, sei es zu ihrem eigenen Vorteil oder um anderen zu helfen und sie zu unterstützen.
2. Denn daraus können wir sehr viel über ihren Charakter lernen.
3. Das untere Trigramm stellt neben dem Donner auch die wachstumsfördernde Kraft dar. Deswegen ist sein Auftreten in einem Hexagramm, welches sich mit der Ernährung beschäftigt, nicht weiter verwunderlich.
4. Schildkrötenpanzer wurden zum Wahrsagen benutzt. Die Textstelle scheint zu bedeuten, daß einer, der aufgrund seiner

Gier (von dem weit geöffneten Maul versinnbildlicht) seine heilige Pflicht preisgibt, um etwas von einer anderen Person zu bekommen, auf die mit dem Wort »mich« angespielt wird. Es kann sein, daß die Zeitgenossen der Autoren mit einer Geschichte vertraut waren, auf die dieser Satz Bezug nimmt.

5. Schon in alter Zeit gab es in China die Meinung, Taoisten und andere zurückgezogen lebende Mystiker seien sonderbare Leute, die ihre Pflichten der Familie, dem Staat und ihren Mitmenschen gegenüber vernachlässigten. Das von Taoisten und Konfuzianern gleichermaßen geschätzte *Buch der Wandlung* macht sich mit dieser Aussage jedoch nicht der Übernahme dieses Vorurteils schuldig, denn auf dem vierten Platz bringt die »Ernährung auf dem Berggipfel« Heil. Eine mögliche Schlußfolgerung ist, daß der Rückzug aus dem gewöhnlichen bürgerlichen Leben eine Verschwendung von Talent und Zeit darstellt, wenn er nicht dem echten Streben nach spiritueller Führung, sondern vielmehr einer gewissen charakterlichen Sonderbarkeit entspringt.
6. Solche Überspanntheit muß unweigerlich zur Verödung führen. Wer mit der Lebensgeschichte des Buddha vertraut ist, wird sich daran erinnern, daß der Buddha auf Anraten seiner Lehrer aufhörte, Nahrung zu sich zu nehmen, diese Art der Selbstdisziplin wegen ihrer Sinnlosigkeit jedoch bald wieder aufgab.
7. Wie die zweite deutet auch die fünfte Linie auf den Bergeinsiedler hin; in diesem Fall ist er jedoch für die spirituelle Schulung geeignet, und sein Streben trägt offensichtlich Früchte. Sein Tigerblick erinnert an den durchdringenden Blick eines Zen-Meisters oder hier besser eines taoistischen Weisen, der einen ähnlichen Grad der Vollendung erreicht hat.
8. Während einer derart chaotischen Zeit bleibt man am besten zu Hause.
9. Unser Kampf um das für Körper und Geist Notwendige führt zu zwiespältigen Ergebnissen.
10. Eine weite Reise ist vorteilhaft.
11. »Segnungen« versinnbildlichen ein Glück, das weder unser Verdienst ist noch auf unsere Bemühungen zurückgeführt werden kann.

Hexagramm 28
Ta Kuo Das Übermaß

Teiltrigramme:
unten: *Sun*, Wind, Holz, sanft, mild
oben: *Tui*, ein Gewässer, Teich, Sumpf, Freude

Text

Übermaß! Der Firstbalken hängt durch.[1] Es ist vorteilhaft, ein Ziel (einen Bestimmungsort) im Auge zu haben. Gelingen!

Kommentar zum Text

Dieses Hexagramm zeigt an, daß etwas insgesamt zu groß (oder auf irgendeine andere Weise übermäßig) ist. Das Durchsacken des Firstbalkens ist auf die Schwäche an den beiden Enden zurückzuführen. Die feste Linie im Zentrum (des unteren Trigramms) ist für ihren Platz unangemessen, denn es gibt zu viele (feste Linien). Trotzdem wirken das Sanfte und die Freude als eins[2]; es ist also günstig, ein Ziel (einen Bestimmungsort) im Auge zu haben. Gelingen ist sicher! Es ist besonders wichtig, das Urteil zu diesem Hexagramm rechtzeitig zu befolgen.

Das Zeichen

Dieses Hexagramm versinnbildlicht einen Wald, der von einer großen Wasserfläche überschwemmt ist.[3] Der Edle Mensch ist frei von Furcht, auch wenn er allein steht. Er ist nicht unglücklich darüber, sich aus der Welt zurückziehen zu müssen.

Die Linien

6 auf dem untersten Platz: Nimm weiße Binsen[4] für die Matte – kein Verstoß!

Kommentar: Der Hinweis auf die Binsenmatte ergibt sich aus der Stellung dieser nachgiebigen Linie unter (so vielen festen Linien). (Ein weiterer Kommentar erklärt, daß die Binsenmatten ein Symbol dafür sind, die Dinge sanft zu behandeln.)

9 auf dem zweiten Platz: Ein dürrer Weidenbaum läßt neue Triebe sprießen – ein alter Mann nimmt ein junges Mädchen zur Frau. Alles ist günstig.

Kommentar: Er heiratet sie, weil sie schon zu häufig zusammen waren.[5]

9 auf dem dritten Platz: Der Firstbalken hängt durch – Unheil!
Kommentar: Das Unheil besteht darin, daß nicht die richtige Unterstützung vorhanden ist.

9 auf dem vierten Platz: Der Firstbalken wird gestützt – Heil! Andernfalls gäbe es Anlaß zum Tadel.
Kommentar: Das Heil besteht darin, daß er nicht herabfällt.[6]

9 auf dem fünften Platz: Der dürre Weidenbaum treibt Blüten – eine alte Frau nimmt sich einen kräftigen (jungen) Mann zum Gatten; kein Tadel, kein Lob![7]
Kommentar: Wie sollten solche Blüten lange anhalten? Wie sollten die beiden andererseits auch nicht beschämt sein?[8]

6 auf dem obersten Platz: Als er den Fluß durchquerte, stieg ihm das Wasser über den Kopf – unverschuldetes Unheil.
Kommentar: Dies sagt ein Unheil voraus, für welches man unmöglich zu tadeln ist.

Anmerkungen:

1. Ein Blick auf das Hexagramm zeigt uns, daß es in der Mitte zu schwer und an beiden Enden zu schwach ist. Feste Linien sind im allgemeinen ein günstiges Vorzeichen, aber hier ist des Guten eindeutig zu viel!
2. Eine Anspielung auf die beiden Teiltrigramme.
3. Dies geht aus den Teiltrigrammen hervor. Zwar benötigen die Bäume Wasser, um Nährstoffe aufzunehmen, doch kann ihnen zuviel Wasser auch ernsthaften Schaden zufügen.
4. Weiße Binsen sind nicht so verbreitet wie die gewöhnlichen Binsen, und wahrscheinlich lassen sich aus ihnen auch schönere Matten fertigen. Wenn wir uns also schon um eine gute Abwicklung der Dinge bemühen, können wir uns genauso gut noch ein wenig mehr anstrengen und alles so schön wie möglich machen.
5. Für einen alten Mann ist es nicht in jedem Fall ideal, ein junges Mädchen zu heiraten. Hat ihr Verhältnis jedoch schon Anlaß zu Klatsch gegeben, dann ist es vielleicht das Beste, was er tun kann. Aus seiner Sicht ist es auf jeden Fall befriedigend, deswegen wird diese Situation als ein Symbol für eine günstige Ent-

wicklung verstanden. Einige Kommentatoren machen noch auf eine andere Bedeutung aufmerksam und verweisen darauf, daß der alte Mann hier Dinge tun kann, die alten Menschen gewöhnlich schwerfallen.

6. Eine Art »negatives Heil«; das Heil besteht hier nur darin, daß das erwartete Unheil nicht eintrifft.
7. Kein Tadel, denn eine solche Heirat ist nicht untersagt; kein Lob, denn sie wird für noch ungünstiger gehalten als die Ehe zwischen einem älteren Mann und einer wesentlich jüngeren Frau. Die Implikationen dieser Situation werden in Anmerkung acht noch weiter ausgeführt.
8. Da einer solchen Ehe sowieso keine längere Dauer beschieden sein kann, ist es unerheblich, ob man darüber lobende oder ablehnende Worte verliert. Aus dem zweiten Satz des Kommentars dürfen wir vielleicht ersehen, daß Konfutse dieses eine Mal dazu tendiert, eine andere Meinung zu haben als das sonst von ihm wie ein geliebter Lehrmeister geschätzte *Buch der Wandlung*; die Worte »kein Tadel« haben ihn offensichtlich gestört. Beim Wahrsagen beziehen sich Linien mit vergleichbarem Urteil nicht immer auf eine Heirat; diese Linie könnte uns vielleicht sagen, daß wir im Begriff sind, mehr oder weniger zu unserem eigenen Schaden etwas Außergewöhnliches zu tun (oder es bereits getan haben).

Hexagramm 29
K'an Der Abgrund

Teiltrigramme:
unten: *K'an*, Wasser, ein Abgrund
oben: *K'an*, Wasser, ein Abgrund

Text

Abgrund über Abgrund – äußerste Gefahr! Alles wird gutgehen, wenn er Vertrauen bewahrt und den Geist fest im Griff behält. Taten, die in diesem Geiste vollbracht werden, gewinnen Anerkennung.

Kommentar zum Text

Abgrund über Abgrund. Dies bringt äußerste Gefahr mit sich. Doch wie Wasser, das fließt, ohne über den Rand zu treten, durchquert er die Abgründe, ohne jemals den Glauben (an seine Fähigkeit zum Erfolg) zu verlieren. Die feste Linie im Zentrum des unteren Trigrammes zeigt an, daß er gewinnen kann, wenn er seinen Geist fest im Griff behält. Mit dem Hinweis, daß seine Taten gewürdigt werden, ist angedeutet, daß er greifbare Ergebnisse erzielen wird, wenn er ein Ziel verfolgt (einen klaren Bestimmungsort hat). Keiner kann den Gefahren ausweichen, die vom Himmel gesandt werden, aber die Gefahren der Erde sind (nicht schlimmer als) Gebirge, Flüsse, Anhöhen und jähe Schluchten.[1] Könige und Fürsten schützen ihr Reich mit gefährlichen Hilfsmitteln.[2] Es ist besonders wichtig, das Urteil zu diesem Hexagramm rechtzeitig zu befolgen.

Das Zeichen

Dieses Hexagramm versinnbildlicht Wasser, das immer weiter fließt, sowie Abgrund über Abgrund.[3] Der Edle Mensch handelt in Übereinstimmung mit den unwandelbaren Gesetzen und verbringt einen großen Teil seiner Zeit damit, andere in der rechten Lebensführung zu unterweisen.

Die Linien

6 auf dem untersten Platz: Abgrund über Abgrund! In einem (dieser Abgründe) stürzt er in einen Spalt – Unheil!

Kommentar: Insbesondere das Unheil, sich auf dem Weg zu verirren.

9 auf dem zweiten Platz: Im Abgrund lauert Gefahr. Er kann nur in kleinen Dingen erlangen, was er wünscht.

Kommentar: Obwohl er diese Kleinigkeiten erreicht, bleibt er im Abgrund.[4]

6 auf dem dritten Platz: Abgrund türmt sich über Abgrund, und die Gefahr spitzt sich zu. Er fällt in einen Spalt, und es gibt nichts, womit er sich selbst helfen könnte.

Kommentar: Dies besagt, daß es uns letztlich nicht möglich ist, irgend etwas zu erreichen.

6 auf dem vierten Platz: Ein Krug Wein und ein Bambuskorb mit Speise – beides. Diese Gegenstände werden ihm durch ein Loch (im Fels) gereicht. Er bleibt frei von Tadel bis zum Ende.[5]

Kommentar: Dies ergibt sich aus der Natur dieser Linie, die die Grenze zwischen Nachgiebigem und Festem bildet.

9 auf dem fünften Platz: Der Abgrund ist nicht bis zum Rand gefüllt. (Das fließende Wasser) bleibt auf seiner Ebene – kein Verstoß!

Kommentar: Dies trifft zu, weil die zentrale Linie (des oberen Trigramms) eine nicht zu hohe (Ebene) anzeigt.[6]

6 auf dem obersten Platz: Mit schwarzen Stricken gebunden und zwischen Dornen eingekerkert, ist es ihm drei Jahre lang versagt, zu erreichen (was er zu erreichen sucht).[7]

Kommentar: Diese Linie zeigt an, daß wir unseren Weg verlieren und daß drei unheilvolle Jahre vor uns liegen.

Anmerkungen:

1. Es handelt sich um Gefahren, die man mit Vertrauen und Geschick meistern kann.
2. Eine andere Form von irdischen Gefahren, die überwunden werden können.
3. Das Trigramm K'an ist gewöhnlich von ungünstiger Vorbedeutung. Hier erscheint es gleich zweimal und bildet sowohl das untere als auch das obere Teiltrigramm. Daraus geht hervor, daß wir uns in äußerster Gefahr befinden, aus der wir uns – wenn überhaupt – nur mit größtem Geschick und größter Beherztheit befreien können.
4. Ganz gleich, wie viele kleine Erfolge wir auch erzielen, die drohende Gefahr wird dadurch nicht geringer.
5. Schuldlos werden wir von furchtbarem Unglück heimgesucht. Andere können uns bis zu einem gewissen Grad helfen – aber es scheint, daß ihre Hilfe nur unsere Qual verlängert.
6. Wer eine Wandlungslinie auf dem fünften Platz erhält, wird von relativ weniger ernsthaften Gefahren bedroht, als viele andere, die auf ihre Befragung dieses unglückverheißende Hexagramm zur Antwort erhalten.
7. Die Lage ist alles andere als rosig, aber trotzdem nicht so hoffnungslos wie die Situation, in der sich all jene befinden, die auf dem zweiten und dritten Platz eine Wandlungslinie erhalten.

Hexagramm 30
Li Die Flammende Schönheit

Teiltrigramme:
unten: *Li*, Feuer, Glanz, Schönheit
oben: *Li*, Feuer, Glanz, Schönheit

Text

Die Flammende Schönheit. Festigkeit im Rechten und Wahren bringt Lohn. Gelingen! Kühe züchten – Heil![1]

Kommentar zum Text

Dieses Hexagramm beinhaltet Abhängigkeit. Sonne und Mond sind von den Himmeln abhängig. Die myriaden Formen des pflanzlichen Lebens existieren in Abhängigkeit von der Erde. Die unermeßliche Klarheit des Geistes, die vom Rechten und Wahren abhängt, kann die Welt verwandeln und vollenden.[2] Die nachgiebigen und deshalb abhängigen Linien sind (in beiden Teiltrigrammen) angemessen zwischen den festen Linien plaziert. Deswegen weissagt das Hexagramm Gelingen und gebraucht dazu (das Symbol) der Pflege und Aufzucht von Kühen, welches Heil bedeutet.

Das Zeichen

Dieses Hexagramm versinnbildlicht Feuer, das sich in Form von zwei leuchtenden Flammenzungen erhebt.[3] Der Edle Mensch erleuchtet jedes Viertel der Welt, indem er den Glanz (der Alten) bewahrt.

Die Linien

9 auf dem untersten Platz: Er nähert sich mit ehrfürchtigem Schritt und erweist ihnen seine Hochgeltung – kein Verstoß.
Kommentar: Sein ehrfürchtiges Auftreten ist ausdrücklich dazu bestimmt, Tadel zu vermeiden.[4]

6 auf dem zweiten Platz: Gelbes Sonnenlicht – erhabenes Heil!
Kommentar: Das Heil, auf einem mittleren Weg bleiben zu können.[5]

9 auf dem dritten Platz: Im Licht der sinkenden Sonne schlagen die jungen Männer nicht auf ihre Kochkessel und singen. Die Alten seufzen herzzerreißend – Unheil!

Kommentar: Die Schönheit des Sonnenuntergangs – wie könnte sie lange andauern?[6]

9 auf dem vierten Platz: Wie schnell es doch herannaht! Dann, (geschwind) wie eine auflodernde Flamme, ist es tot und verworfen.[7]

Kommentar: Sein Kommen war plötzlich, und es gab keinen Platz dafür.

6 auf dem fünften Platz: Seine Tränen strömten, als sollten sie sein jämmerliches Seufzen auslöschen – Heil![8]

Kommentar: Dieses Heil stammt von den Herrschern.[9]

9 auf dem obersten Platz: Der König zog aus, um die Dinge in die rechte Ordnung zu bringen. (Vom Himmel mit dem Sieg) gesegnet, vernichtete er den Anführer (der Rebellen). Von einer Bestrafung der Anhänger (des Anführers) sah er jedoch ab – kein Verstoß!

Kommentar: Der König handelte derart in dem Bestreben, die Lage in den Fürstentümern (seines Reiches) zu bereinigen.[10]

Anmerkungen:

1. Kühe sind sanfte Kreaturen und bedürfen der Pflege. Dieser Satz bedeutet also, daß es für uns von Nutzen sein kann, uns um jene zu kümmern, die der Hilfe bedürfen.
2. Mit anderen Worten, wir sollten uns so vollkommen von den Prinzipien der Gerechtigkeit leiten lassen, wie die Naturerscheinungen der Natur folgen. Auf diese Weise können wir unseres Erfolges sicher sein.
3. Dieses Hexagramm besteht aus zwei gleichen Teiltrigrammen. Da *Li* an sich schon ein Trigramm mit günstiger Vorbedeutung ist, stellt das Hexagramm durch die Verdoppelung des Trigramms *Li* ein ganz außergewöhnlich günstiges Vorzeichen dar.
4. Hier werden wir auf eine heikle Situation aufmerksam gemacht, in der wir unter allen Umständen den Anschein vermeiden müssen, wir würden andere nicht genügend respektieren.
5. Dies geht aus der Stellung der Linie hervor, die den zentralen Platz des unteren Teiltrigramms einnimmt. Der mittlere Weg,

die »goldene Mitte«, ist ein Ideal sowohl des Taoismus als auch des Konfuzianismus und Buddhismus. Traditionsbewußte Chinesen sahen darin das Prinzip, nach dem man sein Verhalten und seine Lebensführung ausrichten sollte. Extreme jeder Art haben in der chinesischen Philosophie keinen Platz. Die chinesische Philosophie weist deswegen humanistischere Züge auf als viele der Philosophien Indiens und des Mittleren Ostens.

6. Damit ist angedeutet, daß unserem gegenwärtigen Glück und Erfolg keine Dauer beschieden ist. Wir müssen uns auf einen Rückschlag vorbereiten.
7. Wir können auf einen unerwarteten Glücksfall hoffen, doch wird das Glück verflogen sein, bevor wir uns richtig darauf eingestellt haben.
8. Es nützt, aufrichtiges Bedauern zu zeigen.
9. Beim Wahrsagen können wir unter den »Herrschern« alle Personen verstehen, die in irgendeiner Weise Macht über uns haben.
10. Diese Textstelle läßt darauf schließen, daß wir gezwungen sein könnten, auf gewaltsame Maßnahmen zurückzugreifen, jedoch müssen wir dabei vermeiden, jene zu bestrafen, die sich nur von anderen dazu verführen ließen, Schaden anzurichten.

Hexagramm 31
Hsien Die Anziehung, die Gefühlserregung

Teiltrigramme:
unten: *Kên*, ein Berg, hart, eigensinnig, verstockt
oben: *Tui*, ein Gewässer, Teich, Sumpf, Freude

Text

Die Anziehung. Gelingen! Beharrlichkeit im Rechten und Wahren wird belohnt. Eine Frau zu nehmen, bringt Heil.

Kommentar zum Text

Anziehung beinhaltet Erregung des Gefühls. Das Nachgiebige ist oben, das Feste unten.[1] Obwohl sie von entgegengesetzter Natur sind, können sie zusammensein, denn es besteht eine sie verbindende Gefühlsbeziehung. Unbeugsamkeit und Freude sind vereint;[2] der Mann ist unter dem Mädchen[3] – deswegen (können) alle die guten Dinge (eintreffen), die der Text verspricht. Die Zehntausend Dinge verdanken ihre Existenz der gegenseitigen Erregung, die zwischen Himmel und Erde besteht. Ähnlich regt der heilige Weise die Herzen der Menschen an, und die ganze Welt ist fortan in Frieden. Wenn wir also beobachten, wovon sie sich jeweils erregen lassen, können wir die innere Natur aller Dinge im Himmel und auf der Erde erschließen.[4]

Das Zeichen

Dieses Hexagramm versinnbildlicht einen See[5], der auf einem Berg liegt. Im Umgang mit den Menschen erweist sich der Edle Mensch als völlig leer (von jeder Selbstsucht).

Die Linien

6 auf dem untersten Platz: Erregung im Zeh.
Kommentar: Dies bedeutet, daß der Wille auf äußere Angelegenheiten fixiert ist.

6 auf dem zweiten Platz: Erregung in den Beinen – Unheil![6] Heil wird jenen zuteil, die sich nicht weiter vorwagen.
Kommentar: Trotz dieser Voraussage werden wir keinen Schaden erleiden, wenn wir mit den anderen freudig übereinstimmen.[7]

9 auf dem dritten Platz: Erregung in den Schenkeln. Er hält sich zu sehr an seine Frau (Dienerin usw.); dies weiterhin zu tun, wäre beschämend.
Kommentar: Erregung in den Schenkeln bedeutet außerdem Rastlosigkeit. Sich vom Willen einer Frau (oder Untergebenen) leiten zu lassen, heißt am Niederen festhalten.

9 auf dem vierten Platz: Beharrlichkeit im Rechten und Wahren bringt Heil; das Bedauern schwindet. Allerdings werden nur Freunde und unmittelbare Gefolgsleute ihre Gedanken auf jemanden verschwenden, der unentschlossen und aufgeregt hin und her rennt.
Kommentar: Wir werden für unsere Ausdauer belohnt und von Bedauern befreit, da wir niemanden zu schlechten Taten angestachelt haben. Unsere Unschlüssigkeit ist jedoch kaum ein Zeichen von Geistesklarheit.[8]

9 auf dem fünften Platz: Erregung im Muskelfleisch um die Wirbelsäule – kein Bedauern.

Kommentar: Dies beweist, daß wir unserem Willen noch nicht Geltung verschaffen können.

6 auf dem obersten Platz: Erregung in den Kiefern und der Zunge.

Kommentar: Damit ist gesagt, daß wir den Mund aufreißen und (zu viel) reden.

Anmerkungen:

1. Dies ist eine Anspielung auf die Teiltrigramme. Ihre Stellung ist verheißungsvoll, denn das Feste kann das Schwache leicht tragen.
2. Ein weiterer Hinweis auf die Teiltrigramme.
3. Ich bezweifle, daß uns diese Worte etwas über die von den alten Chinesen bevorzugte Stellung beim Geschlechtsverkehr sagen. Sie besagen wohl eher, daß sich das Mädchen auf den Mann verlassen kann wie die Pflanzen auf die Erde, die sie nährt.
4. Dem, der beobachtet, was ihnen Freude oder Kummer verursacht, offenbaren die Menschen ihren Charakter.
5. Das obere Trigramm, *Tui*, bezeichnet eher ein Sumpfgebiet als einen klaren See. Ich habe in meiner Übersetzung jedoch das Wort Sumpf vermieden, weil wir damit negative Bedeutungen assoziieren, die das chinesische Wort nicht hat. Der Bergsee, oder vielmehr die sumpfige Hochebene, deutet auf eine wilde und offen daliegende Gegend, ein angemessenes Sinnbild für die Leere, auf die weiter unten angespielt wird.
6. Das Unheil tritt ein, wenn wir dem Drang nachgeben, unsere Beine zu bewegen, und irgendwohin gehen.
7. Dies bedeutet, daß uns kein Schaden entsteht, wenn wir mit den Wünschen der anderen übereinstimmen, auch wenn es für uns momentan am besten wäre, zu Hause zu bleiben.
8. Das zweifelhafte Heil eines reinen Gewissens. Offensichtlich haben wir aber wenig Grund, uns ob unseres Erfolges zu gratulieren, denn unser Verhalten, das von wenig Rückgrat zeugt, entfremdet uns von allen, die uns nicht durch Freundschaft oder Familienbande verpflichtet sind.

Hexagramm 32
Hêng Das Langdauernde

䷟

Teiltrigramme:
unten: *Sun*, Wind, Holz, sanft, mild
oben: *Chên*, Donner, Bewegung, sprießen oder erregen

Text

Das Langdauernde. Gelingen, frei von jedem Verstoß! Beharrlichkeit im Rechten und Wahren zahlt sich aus. Es ist vorteilhaft, ein Ziel (einen Bestimmungsort) im Auge zu haben.

Kommentar zum Text

Der Name dieses Hexagramms weist auf etwas, das lange andauert. Das Feste ist oben, das Nachgiebige unten.[1] Donner und Wind sind vereint – Sanftheit gepaart mit Aktivität.[1] Da Festes und Nachgiebiges aufeinander eingehen, entsteht Dauer. Gelingen, das Freisein von jedem Verstoß und der Lohn fester Entschlossenheit deuten allesamt darauf hin, daß wir auf dem gegenwärtigen Weg für lange Zeit fortschreiten können. Der Weg, dem Himmel und Erde folgen, ist so langdauernd, daß er endlos erscheint. Es ist vorteilhaft, ein Ziel (einen Bestimmungsort) anzusteuern, weil auf jedes Ende ein neuer Anfang folgt.[2] Zeitalter auf Zeitalter können Sonne und Mond scheinen, denn sie werden vom Himmel getragen. Die vier Jahreszeiten mit ihren endlosen Wandlungen entfalten ihre Wirkung über Äonen. Der heilige Weise schreitet mit solcher Standhaftigkeit auf seinem Weg fort, daß es ihm gelingt, die Welt zu verändern. Wenn wir betrachten, was die Dinge fortdauern läßt, können wir das innere Wesen aller Dinge zwischen Himmel und Erde erkennen.

Das Zeichen

Dieses Hexagramm versinnbildlicht Donner, der vom Wind begleitet wird.[3] Der Edle Mensch steht so fest, daß ihn nichts umwerfen kann.

Die Linien

6 auf dem untersten Platz: Er gräbt sich ein Loch, um seine Fortdauer sicherzustellen. Diese Art der Entschlossenheit bringt Unheil, denn er ist unfähig, irgendwohin zu gehen.

Kommentar: Unheil, durch den Versuch verursacht, schon ganz zu Anfang dauerhafte Ergebnisse zu erzielen.

9 auf dem zweiten Platz: Das Bedauern schwindet.
Kommentar: Die Linie deutet an, daß er in der Lage ist, auf dem mittleren Weg zu bleiben.[4]

9 auf dem dritten Platz: Da er in seiner Tugend (Befähigung) nicht beständig ist, fällt er in Ungnade. Auf diese Weise fortzufahren wäre beschämend.
Kommentar: Weil niemand ihn ertragen könnte.[5]

9 auf dem vierten Platz: Kein Wild auf freiem Feld.
Kommentar: Wie kann man noch auf Beute hoffen, wenn man lange Zeit am falschen Ort[6] steht.

6 auf dem fünften Platz: Ausdauer, die aus (ehelicher) Treue[7] eine Tugend macht, bringt den Frauen Heil, den Männern schadet sie jedoch.
Kommentar: Eine Frau folgt ihrem Herrn fürs ganze Leben, die Männer jedoch müssen ihre Verantwortung der Allgemeinheit gegenüber bedenken. Es wäre für sie beschämend, sich einer Frau unterzuordnen.

6 auf dem obersten Platz: Andauernde Gewaltanwendung – Unheil![8]
Kommentar: Die von dieser Linie angezeigte anhaltende Gewaltanwendung führt zu keinerlei lohnenden Ergebnissen.

Anmerkungen:

1. Eine Anspielung auf die Teiltrigramme.
2. Ein Hinweis, daß es an der Zeit ist, an die Verwirklichung eines für uns relativ neuen Zieles zu gehen.
3. Die Teiltrigramme stehen für Donner und Wind. Man könnte es für eine ungünstige Paarung von Trigrammen halten. Hier wird jedoch die Fähigkeit betont, unter allen Umständen auszuharren.
4. D. h. Extreme zu vermeiden und der goldenen Mitte treu zu bleiben. Dies geht aus der zentralen Stellung dieser Linie im Zentrum des unteren Trigramms hervor.
5. Es ist für uns leichter, mit einem Bösewicht umzugehen, als es

mit einem Menschen zu tun zu haben, der so unverläßlich ist, daß wir niemals wissen, was wir von ihm erwarten dürfen.

6. Ein Hinweis auf die unangemessene Stellung dieser Linie. Ein Beispiel für diese Situation sind Menschen, deren Talente und Interessen außerhalb ihres eigenen Berufsfeldes liegen. Sie können sich selbst beim besten Willen nicht gerecht werden.
7. »Treue« ist hier in dem eingeschränkten Sinn gebraucht, daß man dem Ehegatten oder der Gattin derart ergeben ist, daß man sich seinem/ihrem Willen bedingungslos unterwirft.
8. Dies bezieht sich auf Gewaltanwendung als Mittel zum unrechten Zweck, die deshalb keinen Nutzen bringt.

Hexagramm 33
Tun Das Nachgeben, der Rückzug[1]

Teiltrigramme:
unten: *Kên*, ein Berg, hart, eigensinnig, verstockt
oben: *Ch'ien*, Himmel, männlich, aktiv usw.

Text

Das Nachgeben. Gelingen! Beharrlichkeit in kleinen Dingen bringt Vorteil.

Kommentar zum Text

Das Gelingen, welches hier vorausgesagt wird, ist das Gelingen, das aus dem Nachgeben erwächst. Die feste (fünfte) Linie ist die herrschende Linie. Sie gewinnt bei den übrigen (Linien) Widerhall. Ihr Wirken ist in Einklang mit den Gegebenheiten der Zeit. In dem Sinn, daß (Pflanzen) gedeihen, wenn sie richtig bewässert werden, bringt (auch) Ausdauer in kleinen Dingen Heil.[2] Die rechtzeitige Anwendung des Urteils zu diesem Hexagramm ist von größter Wichtigkeit.

Das Zeichen

Dieses Hexagramm versinnbildlicht Berge unter dem Himmel.[3] Indem er zu Menschen mit niederträchtiger Gesinnung Distanz bewahrt, vermeidet es der Edle Mensch, sich zornig geben zu müssen, und bewahrt somit seine Würde.

6 auf dem untersten Platz: Rückzug in die hinterste Stellung – Not! Zu solchen Zeiten ist es sinnlos, ein Ziel (einen Bestimmungsort) zu suchen.

Kommentar: Sich auf die hinterste Stellung zurückzuziehen, führt zu arger Bedrängnis. Doch welches Unheil sollte uns heimsuchen, wenn wir nicht so weit (zurück)gehen.

6 auf dem zweiten Platz: Er hat es mit Riemen aus gelbem Rindsleder zusammengebunden, und niemand kann es lösen.

Kommentar: Dies versinnbildlicht einen machtvollen Willen.

9 auf dem dritten Platz: Unter Druck nachzugeben, führt zu Mißgeschick und Schwierigkeiten; jene jedoch, die Diener und Nebenfrauen unterstützen, dürfen Heil erwarten.

Kommentar: Hier wird auf eine Art Unglück angespielt, das sich infolge extremer Erschöpfung einstellt. Obwohl es vorteilhaft ist, Diener und Nebenfrauen zu unterstützen, werden dadurch doch keine großartigen Leistungen vollbracht.[4]

9 auf dem vierten Platz: Rückzug aus guten Gründen – für den Edlen Menschen Heil, für den Gemeinen Unheil!

Kommentar: Denn wenn sich der Edle Mensch aus guten Gründen zurückzieht, müssen die Gemeinen notwendigerweise leiden.

9 auf dem fünften Platz: Ein auf bewundernswerte Weise durchgeführter Rückzug. Ausdauer auf dem rechten Weg bringt Heil.

Kommentar: Dieses Heil kann sich manifestieren, weil wir zuerst unsere Zielvorstellungen korrigiert[5] und uns dann zurückgezogen haben.

9 auf dem obersten Platz: Ein »glanzvoller« Rückzug[6] – alles ist günstig!

Kommentar: In diesem Fall gibt es nicht den geringsten Zweifel.[7]

Anmerkungen:

1. Ein Großteil der Lehren des *Buches der Wandlung* beschäftigt sich mit weiser Beschränkung oder klugem Rückzug als dem besten Weg, unter bestimmten Umständen unser Ziel zu erreichen. Der Kluge oder Einsichtige wird dieses Hexagramm also nicht notwendigerweise als ungünstig betrachten.

2. Es ist nicht an der Zeit, uns Illusionen zu machen, wir könnten viel erreichen. Wir werden später jedoch großen Nutzen davon haben, wenn wir jetzt auf kleine Dinge achtgeben.
3. Die Teiltrigramme, die Berg und Himmel symbolisieren, deuten auf einen Rückzug an einen einsamen Ort, wenn die Bedingungen ungünstig sind.
4. Offensichtlich verspürt der immer spartanisch strenge Konfutse Mißbehagen bei dieser Antwort und heißt diese Art von Heil nicht gut.
5. D. h. wir haben sie in Anbetracht der ungünstigen Umstände revidiert.
6. Die chinesischen Kommentatoren deuten dies als einen Rückzug ins Privatleben. Sie betonen weiter, daß dieser Satz auf eine hervorragende Gesundheit schließen läßt.
7. D. h. es besteht nicht der geringste Zweifel darüber, daß es ein weiser Entschluß ist, sich zurückzuziehen.

Hexagramm 34
Ta Chuang Des Großen Macht[1]

䷡

Teiltrigramme:
unten: *Ch'ien*, Himmel, männlich, aktiv usw.
oben: *Chên*, Donner, Bewegung, sprießen oder erregen

Text

Des Großen Macht. Beharrlichkeit auf dem rechten Weg wird belohnt.

Kommentar zum Text

Ta Chuang (wörtlich: große Macht) bedeutet hier »des Großen Macht«. Das Feste übt aufgrund seines aktiven Wesens die Herrschaft aus. Beharrlichkeit im Rechten und Wahren wird belohnt, weil (wie aus der Anordnung des Hexagramms hervorgeht) groß und recht (in diesem Zusammenhang) synonym sind. Wenn Rechtschaffenheit und geistige Größe miteinander vereint sind, führen sie zu einem Verständnis des inneren Wesens aller Dinge zwischen Himmel und Erde.

Das Zeichen

Dieses Hexagramm versinnbildlicht Donner im Himmel.[2] Der Edle Mensch unternimmt niemals Schritte, die ungehöriges Verhalten beinhalten.

Die Linien

9 auf dem untersten Platz: Macht in den Zehen.[3] Jetzt vorzugehen, würde ins Unglück führen; die Zuversicht bleibt allerdings erhalten.

Kommentar: Die Zuversicht, symbolisiert durch die Macht in den Zehen, ist bald erschöpft.

9 auf dem zweiten Platz: Beharrlichkeit im Rechten und Wahren bringt Heil.

Kommentar: Dies ergibt sich aus der zentralen Stellung der Linie (im unteren Trigramm).

9 auf dem dritten Platz: Gemeine Menschen benutzen ihre Macht, wo der Edle Mensch (unter den gegebenen Umständen) davon absieht. Wie bei einem Ziegenbock, der mit dem Kopf gegen eine Hecke anrennt und sich mit den Hörnern darin verfängt, würde Beharrlichkeit nun zu ernsten Konsequenzen führen.

Kommentar: Dies bedeutet, daß die gemeinen Menschen ihre Macht gebrauchen und den Edlen Menschen (wahrscheinlich) hereinlegen.

9 auf dem vierten Platz: Gerechte Beharrlichkeit bringt Heil, und das Bedauern schwindet. Die Hecke fällt auseinander, und er ist nicht mehr darin verfangen. Große Macht in der Achse des Karrens.[4]

Kommentar: Ist die Hecke einmal auseinandergefallen, kann er aufstehen und voranschreiten.

6 auf dem fünften Platz: Er opfert seinen Ziegenbock zu leichtfertig – kein Bedauern![5]

Kommentar: Dies wird durch die unangemessene Stellung dieser Linie angezeigt.

6 auf dem obersten Platz: Ein Ziegenbock rennt gegen eine Hecke an und kann weder vor noch zurück; er kann sich in keine Richtung bewegen.[6] Trotzdem künden Schwierigkeiten zu dieser Zeit Heil in der Zukunft an.[7]

Kommentar. Bewegungsunfähigkeit führt schwerlich zum Heil, doch wird uns gerade aus den Schwierigkeiten Heil entstehen. Die unwürdigen Zustände (in denen wir uns momentan befinden) werden nicht lange anhalten.

Anmerkungen:

1. Dieses Hexagramm mit seiner soliden Gruppe fester Striche unter nur zwei nachgiebigen Strichen bedeutet ganz offensichtlich Stärke – in diesem Fall die Kraft, trotz aller Schwierigkeiten zum Erfolg zu kommen. In den Texten zu den einzelnen Linien ist häufig von einem Ziegenbock die Rede, ein Symbol, welches wahrscheinlich aus der Hexagrammform abgeleitet worden ist – ein fester Körper (die *Yang*-Striche unten), der von einem Hornpaar gekrönt ist (die beiden *Yin*-Striche oben).
2. Die Verbindung der Trigramme des Donners und des Himmels läßt etwas von der ehrfurchtgebietenden Eigenschaft wahrer Größe ahnen.
3. D. h. niedere oder begrenzte Macht.
4. Die kräftige Achse bedeutet uns, daß es jetzt günstig ist, unser Ziel anzusteuern.
5. D. h. er ergreift zu früh Gewaltmaßnahmen, und dies ist nicht ratsam.
6. »Er kann sich in keine Richtung bewegen« besagt, daß es jetzt nicht an der Zeit ist, auf unser Ziel (unseren Bestimmungsort) zuzugehen.
7. Unsere Beschämung darüber, den Umständen machtlos preisgegeben zu sein, wird uns zu einer entschlossenen Anstrengung anspornen, so daß wir schließlich freikommen.

Hexagramm 35
Chin Der Fortschritt

Teiltrigramme:
unten: *K'un*, Erde, weiblich, empfangend usw.
oben: *Li*, Feuer, Glanz, Schönheit

Text

Der Fortschritt. Der mit reichen Gaben versehene Fürst bekommt als Zeichen königlicher Gunst zahlreiche edle Pferde geschenkt und erhält an einem einzigen Tag dreimal eine Audienz![1]

Kommentar zum Text

Das Zeichen *Chin* ist (mit einem gebräuchlicheren Zeichen gleichbedeutend, welches) Fortschritt (bedeutet). Die Erde erglänzt in Schönheit, denn freudiges Annehmen vereint mit Schönheit verbreitet strahlendes Licht. Das Nachgiebige rückt vor und steigt (zum fünften, das Hexagramm beherrschenden Platz) auf. Deswegen das Bild des strahlenden Prinzen, der kaiserlichen Rösser und der häufigen Audienzen.

Das Zeichen

Dieses Hexagramm versinnbildlicht Feuer, das von der Erde auflodert.[2] Der Edle Mensch spiegelt in seiner Person die Macht des himmlischen Vermögens.

Die Linien

6 auf dem untersten Platz: Wo es wahrscheinlich ist, daß der Fortschritt abgeschnitten wird, bringt Beharrlichkeit im Rechten und Wahren Heil. Auf einen Mangel an Vertrauen mit Großzügigkeit zu reagieren, hat keinen Verstoß zur Folge.

Kommentar: Die Aussage, daß »der Fortschritt wahrscheinlich abgeschnitten wird«, weist auf einen eigenmächtigen Versuch hin, das Richtige zu tun. Solche Freizügigkeit ist nicht zu tadeln, solange (vom Herrscher) noch keine Befehle empfangen wurden.[3]

6 auf dem zweiten Platz: Wo der Fortschritt nur unter Klagen und Jammern zustande kommt, bringt Beharrlichkeit im Rechten und

Wahren Heil. Dank der Königinmutter[4] stellt sich bescheidenes Heil ein.

Kommentar: Was über das bescheidene Heil ausgesagt wurde, geht aus der Stellung dieser Linie im Zentrum (des unteren Trigramms) hervor.

6 auf dem dritten Platz: Alle stimmen überein – das Bedauern schwindet!

Kommentar: Dies deutet auf die einhellige Entschlossenheit, nach oben zu streben.

9 auf dem vierten Platz: Fortschritt wie ein Eichhörnchen[5] – Beharrlichkeit würde schwerwiegende Konsequenzen haben.

Kommentar: Denn diese Linie ist für ihre Stellung unangemessen.

6 auf dem fünften Platz: Das Bedauern schwindet. Sei nicht um Gewinn oder Verlust besorgt. Ein Ziel (einen Bestimmungsort) anzusteuern, würde jetzt Heil bringen. Alles ist günstig.

Kommentar: Wenn wir um Gewinn oder Verlust unbesorgt vorwärtsstreben, werden unsere Taten von Erfolg gesegnet sein.

9 auf dem obersten Platz: Er schreitet mit gesenkten Hörnern fort, einzig darauf bedacht, die Städte (seiner Feinde) zu unterwerfen. Ob seine Bemühungen scheitern oder gelingen, er ist ohne Tadel. Wenn er jedoch auf diese Weise fortfährt, endet er in Schimpf und Schande.

Kommentar: Einzig und allein, um die Städte zu unterwerfen? Der Weg ist noch nicht klar![6]

Anmerkungen:

1. Diese Textstelle macht deutlich, daß Verdienste großzügig belohnt werden.
2. Eine Anspielung auf die Teiltrigramme.
3. Wörtlich ausgelegt bedeutet dies, daß ein Beamter, solange er noch keine klaren Direktiven erhalten hat, sich selbst denen gegenüber, die ihm kein Vertrauen schenken, gefahrlos großzügig erweisen kann. Auf unsere Befragung bezogen heißt dies, daß wir selbst denen, die uns mißtrauen, getrost großzügig begegnen können, solange wir von der für uns bindenden Stelle noch keine klaren Instruktionen erhalten haben.

4. »Königinmutter« ist einer der Namen, die (in diesem Fall) die fünfte oder herrschende Linie des Hexagrammes bezeichnen. Sie befindet sich als zentrales *Yin* des oberen Trigramms mit dem zentralen *Yin* des unteren Trigramms in harmonischem Gleichgewicht. Für die Wahrsagezwecke bedeutet dies, daß sich – gewissermaßen zufällig und unabhängig von unseren Bemühungen oder Verdiensten – ein bescheidenes Heil einstellen wird oder daß wir von einer einflußreichen Persönlichkeit (wahrscheinlich einer Frau) Unterstützung erhalten werden.
5. Dies deutet auf einen zu hohen und zu raschen Aufstieg, der uns unnötigen Gefahren aussetzt.
6. Ein König wird manchmal dazu gezwungen, Rebellen und Aufrührer zu bestrafen, aber es ist sicherlich kein Zeichen von Reife und Weisheit, wenn er über seiner Beschäftigung mit ihrer Bestrafung alles andere vergißt. Dies bedeutet, daß wir, sollten wir einmal zur Gewaltanwendung gezwungen sein, nicht auf den endgültigen Fall unseres Opponenten versessen sein sollten, sondern nur so viel Druck wie unbedingt notwendig ausüben dürfen.

Hexagramm 36
Ming I Die Verfinsterung des Lichts, die Verletzung

Teiltrigramme:
unten: *Li*, Feuer, Glanz, Schönheit
oben: *K'un*, Erde, weiblich, empfangend usw.

Text

Die Verfinsterung des Lichts. Angesichts von Hindernissen bringt Beharrlichkeit im Rechten und Wahren Heil.

Kommentar zum Text

Das Licht tritt in die Erde ein und erlischt.[1] Ein Mann, der sein inneres Wesen unter Vornehmheit und Intelligenz verbarg und in seinem äußeren Auftreten willige Bereitschaft und Güte zeigte, um mit unglücklichen Situationen um so besser umgehen zu können – ein solcher Mann war König Wên! Zur Entschlossenheit, aus

Schwierigkeiten Nutzen zu ziehen, gehört es, den Glanz (des Geistes und des Charakters) zu verbergen. Ein Mann, der trotz aller in seinem Herzen verschlossenen Sorgen seinen Willen auf makellose Rechtschaffenheit ausrichtete – ein solcher Mann war Fürst Chi![2]

Das Zeichen

Dieses Hexagramm versinnbildlicht Licht, das unter der Erde verborgen liegt.[3] Auch wenn er sich darum bemüht (es) zu verbergen, strahlt (das Licht) des Edlen Menschen, der das Volk lenkt.

Die Linien

9 auf dem untersten Platz: Da das Licht verlöschte, während er den Himmel durcheilte, mußte er die Flügel senken. Wenn er sich mit einer Sache beschäftigt, kommt der Edle Mensch drei Tage ohne Nahrung aus, so sehr ist er von seinem Ziel eingenommen. Sein Herr hat dazu jedoch etwas zu sagen.[4]

Kommentar: Es ist die Pflicht des Edlen Menschen, drei Tage ohne Nahrung auszukommen, wenn seine Tätigkeit dies von ihm verlangt.[5]

6 auf dem zweiten Platz: Trotz einer Verwundung am linken Oberschenkel kann er mit Hilfe eines Pferdes die Not abwenden – Heil!

Kommentar: Heil, weil er sich den Gesetzen und Anordnungen unterwirft.[5]

9 auf dem dritten Platz: Auf einem Feldzug im Süden wurde er verwundet, doch gelang es ihm trotzdem, den Anführer der Rebellen gefangenzunehmen. An Wahnsinn grenzende Beharrlichkeit ist zu meiden.[6]

Kommentar: Seine Bereitschaft, an einem Feldzug im Süden teilzunehmen, ist ein Zeichen dafür, daß er entschlossen ist, Großes zu vollbringen.

6 auf dem vierten Platz: Es ist, als hätte er die linke Seite eines anderen durchbohrt und ein verdunkeltes Herz wahrgenommen, (so deutlich, als sei das Herz nicht mehr) an seinem Platz.[7]

Kommentar: Damit ist gesagt, daß wir einem anderen klar ins Herz geschaut haben.

6 auf dem fünften Platz: Fürst Chi wurde verletzt, aber seine Ausdauer auf dem rechten Weg wurde schließlich belohnt.

Kommentar: Er wurde zu einem Licht, das niemals mehr ausgelöscht werden kann – das war der Lohn seiner Ausdauer.

6 auf dem obersten Platz: Nichts, das die Finsternis erhellen könnte! Einst zum Himmel aufgestiegen, stieg er später in die Erde hinab.[8]

Kommentar: Sein Aufstieg in den Himmel besagt, daß er einmal die vier Viertel des Reiches erleuchtete. Sein Abstieg in die Erde deutet an, daß er das göttliche Gesetz übertrat.

Anmerkungen:

1. Wie beim Sonnenuntergang.
2. Damit ist gesagt, daß wir versuchen sollten, jenen Helden nachzueifern, die angesichts scheinbar unüberwindlicher Schwierigkeiten standhaft bleiben.
3. Aus der Stellung der beiden Teiltrigramme geht hervor, daß das Licht unter der Erde verborgen liegt.
4. Die Chinesen hegen für solch beispielhaftes Verhalten große Bewunderung. Wir werden an den Kaiser Yü erinnert, der vor seiner eigenen Regierungszeit die Oberaufsicht über die Flußregulierung und Flutkontrolle innehatte. Oft ging er bei seiner Arbeit an seinem eigenen Haus vorüber, ohne auch nur seine Familie zu grüßen. Auch Konfutse soll mehrere Tage hintereinander gearbeitet haben, ohne während dieser Zeit zu essen. Der Linientext bedeutet, daß wir, wenn wir für das Allgemeinwohl arbeiten, alle egoistischen Gedanken fallenlassen müsen. Es tut nichts zur Sache, wenn uns unsere Vorgesetzten oder andere Leute wegen unserer angeblichen Verrücktheit kritisieren.
5. In einem Notfall müssen wir unsere Pflicht um jeden Preis erfüllen.
6. Obwohl er die besten Absichten verfolgte und ihm dieses eine Mal auch alles gelang, grenzte sein Eifer bereits an Wahnsinn. Damit wird gesagt, daß es zwar lobenswert ist, gegen das Unglück anzukämpfen, wir dabei aber nicht so weit gehen dürfen, unser Leben aufs Spiel zu setzen.
7. Der chinesische Originaltext zu dieser Linie ist so unklar, daß wir einen Fehler im überlieferten Text vermuten dürfen. Meine Interpretation ist nicht mehr als nur ein Versuch. Das Original lautet etwa so: »In die linke Seite hinein, das licht-verdunkelte

Herz erreichen (oder: das Herz der Lichtverdunkelung) vor den Toren und Innenhöfen (des Hauses).« Glücklicherweise erklärt der Linienkommentar die allgemeine Bedeutung, so daß die Übersetzungsschwierigkeiten nicht zu einem großen Problem werden.

8. Sind wir einmal zu großer Höhe aufgestiegen, ist ein Fall um so beschämender.

Hexagramm 37
Chia Jên   Die Familie[1]

Teiltrigramme:
unten: *Li*, Feuer, Glanz, Schönheit
oben: *Sun*, Wind, Holz, sanft, mild

Text

Die Familie. Beharrlichkeit, wie die Frauen sie haben, bringt Lohn.[2]

Kommentar zum Text

Die Frauen gehören ins Innere (des Hauses), die Männer nach draußen. Wenn Männer und Frauen auf ihrem angestammten Platz bleiben, erfüllen sie das erhabene Gesetz des Himmels.[3] Zu den Familienmitgliedern gehören der würdige Hausherr und die würdige Hausfrau, die wir Vater und Mutter nennen. Wenn Vater, Mutter, Söhne, ältere und jüngere Geschwister sich allesamt so verhalten, wie es ihrer Stellung in der Familie zukommt, wenn die Ehegatten ihre Rolle ausfüllen und die Frauen sich verhalten, wie es den Frauen geziemt, dann ist der Weg der Familie eben und gerade.[4] Die richtige Ordnung in den einzelnen Familien hält die Welt im Gleichgewicht.

Das Zeichen

Dieses Hexagramm versinnbildlicht den Wind, der sich aus dem Feuer erhebt.[5] Der Edle Mensch spricht nur, wenn er wirklich etwas zu sagen hat, und ist in seinem Verhalten unerschütterlich.

Die Linien

9 auf dem untersten Platz: Der Familiensitz ist von einer Einfriedung umgeben – das Bedauern schwindet.

Kommentar: Der erste Teil dieser Textstelle stellt niemals schwankende Entschlossenheit dar.

6 auf dem zweiten Platz: Wir können (zur Zeit) nichts vollenden. Innerhalb des Haushalts jedoch bringt Beharrlichkeit im Rechten und Wahren Heil.[6]

Kommentar: Heil durch Gewähren und Sanftheit.

9 auf dem dritten Platz: Wenn die Familienmitglieder in scharfem Ton miteinander sprechen, kann das dadurch allseitig hervorgerufene Bedauern und die Ernsthaftigkeit der Situation unter Umständen zum Heil führen. Wenn Frauen und Kinder jedoch nur darüber kichern, ist das Unheil nicht mehr zu vermeiden.[7]

Kommentar: Die scharfen Worte schaden nicht, das Kichern der Frauen und Kinder zieht jedoch die Zerstörung der rechten Familienordnung nach sich.

6 auf dem vierten Platz: Ein wohlhabender Haushalt – erhabenes Heil!

Kommentar: Dieses Heil ist durch die Stellung der Linie angezeigt; sie steht für freudiges Annehmen.

9 auf dem fünften Platz: Der König nähert sich seiner Familie (d.h. der Nation) – kein Grund zur Sorge. Heil!

Kommentar: Das heißt, daß sich der Herrscher und das Volk mit Liebe im Herzen begegnen.[8]

9 auf dem obersten Platz: Seine Lauterkeit (und/oder Zuversicht) ist von der Art, daß sie ihn ehrfurchtgebietend erscheinen läßt – am Ende Heil!

Kommentar: Er wird sich des Heils erfreuen, weil er sich (häufig) selbst prüft.

Anmerkungen:

1. Die Linienanordnung dieses Hexagramms deutet eine im traditionellen chinesischen Sinn harmonische Familie an, denn die Frauen (*Yin*-Striche) sind im Innern (des Hexagramms) plaziert und von den Männern der Familie (*Yang*-Striche) umgeben.

Einige Männer (*Yang*-Striche) schützen die Familie vor äußeren Feinden.

2. Frauen dürfen dieses Hexagramm als für den Gegenstand ihrer Befragung günstiges Vorzeichen ansehen; auf einen Befragenden männlichen Geschlechts trifft dies jedoch nicht zu, es sei denn, er erhält eine Wandlungslinie, die Heil verspricht. Für Männer hat dieses Hexagramm eher negative Vorbedeutung.
3. Diese Weisheit wird uns aufgeklärte und moderne Menschen der Neuzeit höchstwahrscheinlich unangenehm berühren. Wenn wir uns jedoch einmal in die Gedankenwelt der Chinesen hineinversetzen, die das Glück der Familie über das Glück des Individuums (oder die Jagd nach dem persönlichen Glück) stellen, können wir sie vielleicht schätzen lernen. Familienkonflikte und zerbrochene Ehen sind in Zeiten und Gesellschaften, die die Harmonie der Familie über alles andere stellen, sicherlich seltener.
4. Die typisch chinesische Vorstellung von einem idealen Verhalten den Eltern, Kindern, Geschwistern und Ehegatten gegenüber bevorzugt keine Partei auf Kosten der anderen. Zwar genießt der Ältere dem Jüngeren und den Frauen gegenüber gewisse Privilegien, aber gleichzeitig wird von ihm erwartet, daß er seinen Verpflichtungen, die er ihnen gegenüber hat, getreulich nachkommt.
5. Eine Anspielung auf die Teiltrigramme.
6. Mit Ausnahme aller Haushalts- und Familienangelegenheiten ein ungünstiges Omen.
7. Eine gelegentliche Auseinandersetzung kann nicht schaden, ein unaufhörliches Meckern und Bemängeln der Eltern oder des Gatten wird jedoch den Familiensegen gewißlich zerstören. Eine lautstarke Auseinandersetzung, auf die Bedauern oder ein offener Streit und eine Trennung folgen, kann die einzelnen Familienmitglieder wieder zu Verstand bringen, so daß sie einander mehr Achtung schenken als vorher.
8. Wir können daraus entnehmen, daß wir uns der Gunst unseres Vorgesetzten erfreuen oder gut für unsere Untergebenen sorgen.

Hexagramm 38
K'uei Die Entfremdeten, Gegensätze[1]

Teiltrigramme:
unten: *Tui*, ein Gewässer, Teich, Sumpf, Freude
oben: *Li*, Feuer, Glanz, Schönheit

Text

Die Entfremdeten – Heil in kleinen Dingen.[2]

Kommentar zum Text

In diesem Hexagramm strebt das Feuer nach oben und das Wasser nach unten.[3] (Es ist, als ob) zwei Frauen unter demselben Dach wohnen, deren Wünsche nicht übereinstimmen. Doch sind Freude und Schönheit vereint[3] – welch ein Glanz! Das nachgiebige (*Yin*-Prinzip) schreitet fort und steigt zur Mitte (des oberen Teiltrigramms) auf. Es stimmt mit dem festen (*Yang*-Prinzip) überein – deswegen Heil in kleinen Dingen. Obwohl Himmel und Erde weit auseinanderliegen, sind sie in ihrem Wirken eins. Mann und Frau sind Gegensätze, doch sie sehnen sich nach Vereinigung. Jedes Ding besitzt seine Besonderheit und erfüllt seine Aufgabe entsprechend seiner Art. Die rechtzeitige Anwendung des Urteils zu diesem Hexagramm ist von größtem Wert.

Das Zeichen

Dieses Hexagramm versinnbildlicht Feuer über einer sumpfigen Ebene.[3] Der Edle Mensch verwirklicht mit Hilfe von Einheit die Verschiedenheit.[4]

Die Linien

9 auf dem untersten Platz: Bedauern schwindet! Folge nicht dem entlaufenen Pferd, denn es wird von selbst zurückkehren.[5] Obwohl er auch schlechten Menschen erlaubt, ihn zu besuchen, bleibt er ohne Tadel.

Kommentar: Dies will sagen: Er empfängt gerade deshalb, um einen Verstoß zu vermeiden.[6]

9 auf dem zweiten Platz: Er traf seinen Herrn in einer schmalen Gasse – kein Verstoß![7]

Kommentar: Er beging keinen Verstoß, weil er nicht von seinem Weg abwich.

6 auf dem dritten Platz: Er beobachtete, wie sie an seiner Achse zerrten und seinen Ochsen schlugen. Was ihn selbst anging, so wurden ihm Haarknoten und Nase abgeschnitten – kein verheißungsvoller Beginn, doch gab es ein Ende (für sein Mißgeschick).[8]

Kommentar: Der erste Teil dieser Aussage ergibt sich aus der unangemessenen Stellung dieser Linie. Daß (sein Mißgeschick) trotz des unglücklichen Auftakts ein Ende hat, ergibt sich daraus, daß diese Linie auf eine feste (direkt über ihr) trifft.

9 auf dem vierten Platz: Nachdem sie unter Entfremdung und Einsamkeit gelitten hatte, traf sie einen vortrefflichen Gatten, und sie faßten Vertrauen zueinander[9] – Unannehmlichkeit, aber kein Verstoß!

Kommentar: Die Aussagen über das gegenseitige Vertrauen und das Freisein von jeglichem Verstoß zeigen an, daß sich der Wille erfüllt.

6 auf dem fünften Platz: Das Bedauern schwindet! Das Haupt der Sippe beißt sich durch das Fleisch. Was könnte ihn daran hindern, (seine Pläne) durchzuführen?[10]

Kommentar: Was hier über das Durchbeißen durch das Fleisch gesagt wurde, zeigt an, daß das Vorantreiben (unserer Pläne) zu einem guten Ende führt.[11]

9 auf dem obersten Platz: Entfremdet und verlassen, sah er einen schlammbedeckten Eber und einen Wagen voller Dämonen. Zuerst spannte er seinen Bogen, legte ihn jedoch bald beiseite. Nicht ein Hindernis, sondern eine Heiratsangelegenheit (verursacht die Verzögerung oder Unschlüssigkeit). Wenn während der Abwicklung der Dinge Regen fällt, folgt Heil.[12]

Kommentar: Der letzte Satz zerstreut alle Zweifel.[13]

Anmerkungen:

1. Die Bedeutung dieses Hexagramms ergibt sich aus dem grundverschiedenen Naturell der beiden Teiltrigramme.
2. Solange wir nicht durch eine günstige Wandlungslinie dazu ermutigt werden, sollten wir uns nichts Großes vornehmen.
3. Eine Anspielung auf die beiden Teiltrigramme, die eine Vereinigung der beiden Geschlechter andeuten. Zwei Menschen glei-

chen Geschlechts können nicht so gut miteinander auskommen. Ein Beisammensein der Geschlechter jedoch bringt Freude.

4. Obwohl er aufgrund der unterschiedlichen Problematik mit einer spezifischen Methodik an alle Aufgaben herangeht, folgt er dabei denselben moralischen Prinzipien.
5. Wir müssen dies je nach dem Gegenstand unserer Frage interpretieren.
6. Wir können damit rechnen, daß wir auf unangenehme Menschen treffen. Doch wäre es ungeschickt oder gar gefährlich, sie einfach ignorieren zu wollen.
7. Chinesische Straßen können *sehr* schmal sein. Es ist also möglich, daß er seinem Herrn, der ihm wohl mit seinem Gefolge begegnete, Unannahmlichkeiten bereitete. Dies will sagen, daß wir nicht zu tadeln sind, da wir entstehende Unannehmlichkeiten nicht absichtlich verursacht haben.
8. Eine erschreckend ungünstige Linie. Wir können mit einer ernsthaften Notsituation rechnen. Das Wissen, daß das Unglück nicht ewig währen wird, ist unser einziges Trost.
9. In all den Fällen, auf die die wörtliche Bedeutung nicht zutrifft, sind nur die letzten fünf Worte des Kommentars von Bedeutung.
10. Dies bedeutet nicht mehr und nicht weniger, als daß unsere Pläne gelingen. Das Haupt der Großfamilie ist unser Geist, das Fleisch, durch welches er sich beißt, symbolisiert die Schwierigkeit, die wir erfolgreich überwinden.
11. Eine unerwartete glückliche Wendung.
12. Die ersten beiden Sätze sagen uns, daß wir unangenehmen, ja sogar erschreckenden Dingen begegnen werden, daß wir uns zuerst dagegen verteidigen wollen, uns dann jedoch entschließen, nicht darauf zu reagieren. Die Heiratsangelegenheit bedeutet, daß unser Zögern oder unsere Unentschlossenheit einen guten Grund hat. Der letzte Satz kann wörtlich oder in übertragenem Sinne verstanden werden. Wenn wir ihn in übertragenem Sinne verstehen, bedeutet er möglicherweise, daß ein kleiner Rückschlag auf unserem Weg ein glückverheißendes Vorzeichen darstellt.
13. Betrachten wir den Wortlaut des Kommentars und die Aussage über den Regen im Zusammenhang, dann dürfen wir annehmen, daß am erfolgreichen Ausgang unserer Vorhaben nicht zu zweifeln ist, wenn Regen (oder ein unerwarteter Rückschlag) eintritt.

Hexagramm 39
Chien Die Gefahr

䷦

Teiltrigramme:
unten: *Kên*, ein Berg, hart, eigenwillig, verstockt
oben: *K'an*, Wasser, ein Abgrund

Text

Die Gefahr. Günstig sind der Westen und der Süden, nicht jedoch der Osten und der Norden.[1] Es ist ratsam, einen Großen Mann zu sehen.[2] Beharrlichkeit auf dem rechten Weg bringt Heil.

Kommentar zum Text

Dieses Hexagramm weist auf Schwierigkeiten. Gefahr steht bevor. Die Gefahr zu erkennen und sie erfolgreich abzuwenden – dies ist wirkliche Weisheit! Westen und Süden sind günstig, denn wenden wir uns in diese Richtungen, können wir einen mittleren Weg einhalten. Osten und Norden sind nicht günstig. Der Weg, der dorthin führt, verliert sich.[1] Wenn wir einen Großen Mann aufsuchen, werden wir dauerhafte Ergebnisse erzielen. Da (die fünfte Linie) ihrem Platz angemessen ist (wie es eine *Yang*-Linie in diesem Fall ist), bringt Beharrlichkeit auf dem rechten Weg ein Heil, durch welches dem Reich die rechte Ordnung geschenkt werden kann.[3] Die rechtzeitige Anwendung des Urteils zu diesem Hexagramm ist von größtem Wert.

Das Zeichen

Dieses Hexagramm versinnbildlicht Wasser über einem Berg.[4] Der Edle Mensch entwickelt seine Befähigung, indem er sich innerlich umwälzend verändert.

Die Linien

6 auf dem untersten Platz: Hinausgehen bedeutet Gefahr; Zurückkommen findet Lob.

Kommentar: Diese Textstelle betont den Vorteil des Abwartens.

6 auf dem zweiten Platz: Des Königs Minister[5] wird mit einer Schwierigkeit nach der anderen konfrontiert; es ist jedoch nicht sein Fehler.

Kommentar: Dies zeigt an, daß wir bis zum Ende (oder: am Ende) von Tadel frei sein werden.

9 auf dem dritten Platz: Weitergehen würde in Gefahr führen. Kehre deswegen um!

Kommentar: Damit ist den Frauen der Familie Glück vorausgesagt (wörtlich: Glück für jene im Inneren).[6]

6 auf dem vierten Platz: Weitergehen würde in Gefahr führen. Jene, die zurückkommen, festigen jedoch nützliche Verbindungen.

Kommentar: Denn diese Linie ist angemessen plaziert und besitzt Festigkeit.

9 auf dem fünften Platz: Inmitten ernsthafter Schwierigkeiten kommen Freunde (oder: ein Freund).

Kommentar: Dies geht aus der zentralen Stellung dieser Linie hervor.

6 auf dem obersten Platz: Weitergehen würde zu Schwierigkeiten führen. Kommen bringt hervorragende Ergebnisse. Es ist ratsam, einen Großen Mann zu sehen.[2]

Kommentar: Der erste Satz verweist darauf, daß wir unseren Willen nach innen richten sollten. Der andere Satz stellt ein ausdrückliches Gebot dar, uns einem wahrhaft Edelmütigen zu unterwerfen.

Anmerkungen:

1. Wenn wir zur Verwirklichung unserer Pläne in eine der beiden Richtungen vorgehen, werden wir uns festfahren oder verlieren.
2. Wir sollten bei einem Menschen Rat suchen, der hohe sittliche Qualitäten und Weisheit besitzt.
3. Ein Heil, das uns befähigt, unserer Gemeinschaft, unserem Land oder der Welt einen wahrhaft großen Dienst zu leisten.
4. Eine Anspielung auf die Teiltrigramme.
5. Der »Minister« ist entweder einer, der im Dienste des Allgemeinwesens steht, oder ein sehr enger Mitarbeiter einer mächtigen und einflußreichen Persönlichkeit.
6. Es ist ebenfalls möglich, diese Textstelle mit »inneres Glück« zu übersetzen, doch glaube ich, daß meine Wahl den Intentionen des Autors eher entspricht.

Hexagramm 40
Hsieh Die Befreiung

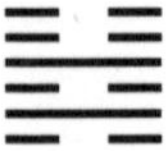

Teiltrigramme:
unten: *K'an*, Wasser, ein Abgrund
oben: *Chên*, Donner, Bewegung, sprießen oder erregen

Text

Die Befreiung. Der Westen und der Süden sind verheißungsvoll. Wer durch Vorangehen nichts gewinnt, erlangt durch Umkehr Heil.[1] Wer durch Weitergehen viel gewinnen könnte, muß sich beeilen, um sich des Erfolges zu versichern.

Kommentar zum Text

Dieses Hexagramm deutet auf Tätigkeit angesichts der Gefahr[2], denn Tätigkeit, die die Gefahr abwendet, bringt Befreiung. Westen und Süden sind verheißungsvoll, weil jene, die jetzt in diese Richtungen streben, viele Herzen gewinnen. Zurückkehren bringt Heil und ermöglicht, einen mittleren Weg zu verfolgen. Wer guten Grund zum Vorangehen hat und sich beeilt, sein Ziel auch zu erreichen, darf sich greifbarer Ergebnisse sicher sein. Himmel und Erde entladen sich in Donner und Regen, die die Samenhülsen von Fruchtsträuchern und aller Arten von Pflanzen und Bäumen aufplatzen lassen. Die rechtzeitige Anwendung des Urteils zu diesem Hexagramm ist von äußerster Wichtigkeit.

Das Zeichen

Dieses Hexagramm versinnbildlicht die befreiende Wirkung von Donner und Regen.[2] Der Edle Mensch neigt dazu, Unrecht zu vergeben und Frevel mit Nachsicht zu behandeln.

Die Linien

6 auf dem untersten Platz: Kein Verstoß!
Kommentar: Das Nebeneinander von nachgiebig und fest (in den Linien eins und zwei) bedeutet, von einem Verstoß frei zu sein.

9 auf dem zweiten Platz: Mit (einem einzigen) gelben Pfeil tötete er drei Füchse auf dem Feld.[3] Beharrlichkeit im Rechten und Wahren bringt Heil.

Kommentar: Das Heil, weiterhin dem mittleren Weg folgen zu können.

6 auf dem dritten Platz: Da er sowohl mit Trägern als auch mit Wagen[4] (unterwegs war), erregte er die Aufmerksamkeit der Räuber. So fortzufahren, würde Unheil bringen.

Kommentar: Überdies war es beschämend, daß er beides benutzte. Würde ich mich (ähnlich verhalten) und Räuber auf mich ziehen, wer (außer mir) wäre dafür zu tadeln?

9 auf dem vierten Platz: Eine stümperhafte Befreiung.[5] Vertraue den Freunden, die kommen werden.

Kommentar: Auf die stümperhafte Befreiung weist die unangemessene Stellung dieser Linie hin.

6 auf dem fünften Platz: Nur der Edle Mensch bringt Befreiung. Heil! Die Geringen müssen ihm vertrauen.[6]

Kommentar: Bietet der Edle Mensch ihnen jedoch Befreiung an, dann laufen sie davon.[7]

6 auf dem obersten Platz: Der Prinz schoß einen Pfeil ab und tötete einen Falken, der auf einer hohen Mauer saß. Alles ist günstig!

Kommentar: Damit ist gesagt, daß er sich von schlechten Menschen befreien konnte.

Anmerkungen:

1. Es ist jetzt nicht an der Zeit, uns auszuruhen und zu bleiben, wo wir sind. Wenn wir keinen guten Grund haben, vorwärtszugehen, sollten wir uns besser zurückziehen.
2. Eine Anspielung auf die Teiltrigramme, der wir entnehmen können, daß wir bis zu einem gewissen Grad entschlossen handeln müssen.
3. Er schlägt zwei Fliegen mit einer Klappe.
4. Dies könnte bedeuten, daß ein Reisender, der sein Gepäck auf dem Rücken trägt, zusätzlich in einem Wagen fährt. Aus weiteren chinesischen Kommentaren können wir jedoch entnehmen, daß mit dieser Textstelle all jene gemeint sind, die sich Privilegien anmaßen, welche ihnen aufgrund ihrer Stellung und ihrer Verdienste gar nicht zukommen.
5. »Eine stümperhafte Befreiung« ist das Ergebnis eines Versuchs,

etwas aus den drei Schriftzeichen des chinesischen Originals zu machen: »Befreiung«, »Daumen« (oder: »großer Zeh«) und eine grammatische Partikel, die mehrere Bedeutungen hat. Ganz gleich, ob meine Vermutung in diesem Fall richtig ist oder nicht – der Linienkommentar macht deutlich, daß es sich nicht um ein günstiges Vorzeichen handelt. Glücklicherweise wird die mißliche Situation durch die Ankunft eines Freundes (oder mehrerer Freunde) bereinigt.

6. Das Original läßt auch die Übersetzung »er vertraut den Geringen« zu.
7. Damit ist angedeutet, daß die wahre Befreiung in der Befreiung von Selbstsucht besteht, eine Lehre, die Menschen niederer Gesinnung nicht gern annehmen mögen.

Hexagramm 41
Sun Der Verlust, die Minderung[1]

Teiltrigramme:
unten: *Tui*, ein Gewässer, Teich, Sumpf, Freude
oben: *Kên*, ein Berg, hart, eigensinnig, verstockt

Text

Verlust begleitet von Zuversicht – erhabenes Heil und kein Verstoß! Es ist von Vorteil, ein Ziel (einen Bestimmungsort) im Auge zu haben. Sollten in bezug auf die Opfergaben Zweifel bestehen – zwei kleine Schalen werden genügen.[2]

Kommentar zum Text

Verlust ist unten, oben jedoch ist Gewinn,[3] und der Weg führt aufwärts. Was im Text gesagt wird, einschließlich (des Hinweises auf) den Gebrauch von zwei kleinen Opferschalen, bedeutet, daß wir von dem Gebrauch machen sollen, was gerade vorhanden ist. Manchmal ist es angemessen, das Starke zu mindern und das Schwache zu mehren. Verlust und Gewinn, Füllen und Leeren – alles geschieht zu seiner Zeit.

Das Zeichen

Dieses Hexagramm versinnbildlicht ein sumpfiges Gewässer am Fuß eines Berges.[3] Der Edle Mensch behält seinen Zorn unter Kontrolle und bleibt in seinen Wünschen maßvoll.

Die Linien

9 auf dem untersten Platz: Es ist kein Fehler, nach getanem Werk fortzueilen, doch bedenke zuerst, ob solch ein hastiger Abschied dem Werk schaden könnte.

Kommentar: Überdies müssen wir zuerst die Erlaubnis unserer Vorgesetzten einholen.

9 auf dem zweiten Platz: Beharrlichkeit auf dem rechten Weg bringt Heil, doch entsteht Unheil, wenn wir vorrücken (oder irgendwo hingehen). (Dies ist) nicht (eine Zeit) zu mindern, sondern (eine Zeit) zu mehren.

Kommentar: Aus der zentralen Stellung dieser Linie (im unteren Trigramm) geht hervor, daß unsere Beharrlichkeit durch die Erfüllung unseres Willens belohnt wird.

6 auf dem dritten Platz: Wenn sich jetzt drei gemeinsam auf den Weg machen, wird einer (von ihnen) auf dem Weg verlorengehen. Macht sich jedoch ein Mann ganz allein auf den Weg, wird er sicher Gesellschaft finden.

Kommentar: Es ist gut, allein zu reisen, denn drei (Leute) würden nur Verdacht hervorrufen.

6 auf dem vierten Platz: Er verminderte die Anzahl der Übel, die ihn bedrängten, und förderte damit die Ankunft des Glücks – kein Verstoß!

Kommentar: Eine Verminderung von Schwierigkeiten ist an sich schon eine Ursache zur Freude.

6 auf dem fünften Platz: Es gab einen, der machte ihn um zehn Pêng (2100) Schildkrötenpanzer reicher.[4] Eine Ablehnung hätte er nicht akzeptiert – erhabenes Heil!

Kommentar: Das Heil kommt von jenen, die über uns stehen.

9 auf dem obersten Platz: Ein Gewinn, der anderen keinen Verlust verursacht, zieht keinen Verstoß nach sich. Beharrlichkeit auf dem rechten Weg bringt Heil. Es ist vorteilhaft, ein Ziel (einen Bestimmungsort) im Auge zu haben. Er gewinnt Anhänger, doch keine Familie (kein Zuhause).[5]

Kommentar: Der erste Satz sagt die völlige Erfüllung dessen, was wir wollen, voraus.

Anmerkungen:

1. Im großen und ganzen ein günstiges Hexagramm, da, wie wir dem letzten Satz des Kommentars zum Text entnehmen dürfen, der Verlust jetzt angebracht ist.
2. Siehe auch im Kommentar zum Text.
3. Eine Anspielung auf die Teiltrigramme. *Kên*, der Berg, gleichzeitig fest und erhaben, steht für Gewinn und Mehrung.
4. Schildkrötenpanzer wurden zum Wahrsagen benutzt und waren deswegen wahrscheinlich sehr wertvoll. 2100 Schildkrötenpanzer müssen also ein kleines Vermögen dargestellt haben.
5. Dies ist keine gute Zeit für Eheschließungen oder die Gründung eines Haushalts usw., aber ein günstiger Moment, Angestellte oder Bedienstete einzustellen.

Hexagramm 42
I Der Gewinn

Teiltrigramme:
unten: *Chên*, Donner, Bewegung, sprießen oder erregen
oben: *Sun*, Wind, Holz, sanft, mild

Text

Gewinn. Es ist von Vorteil, ein Ziel (einen Bestimmungsort) im Auge zu haben und den großen Fluß (großen Ozean) zu überqueren.[1]

Kommentar zum Text

In diesem Hexagramm ist der Verlust oben und der Gewinn unten.[2] Die Freude des Volkes ist grenzenlos. Wenn die Höhergestellten denen, die unter ihnen stehen, ohne Hochmut begegnen, erglänzt ihre Befähigung in hellem Licht. Es ist vorteilhaft, ein Ziel zu haben, denn die Straße ist gerade und befindet sich in der Mitte.

Sie führt zu großen Segnungen.[3] Was über das Überqueren des großen Flusses gesagt wurde, bedeutet, daß du ihn überqueren kannst, wenn du (einen Damm oder ein Boot) aus Holz[4] finden solltest. Gewinn entwickelt sich jetzt lebhaft und reibungslos. Jeden Tag ist unbehinderter Fortschritt möglich. Der Himmel spendet seine Gaben, und die Erde trägt ihre Früchte: überall Mehrung. Jede gewinnbringende Unternehmung muß jedoch zur rechten Zeit durchgeführt werden.

Das Zeichen

Dieses Hexagramm versinnbildlicht Wind und Donner.[5] Wenn der Edle Mensch etwas Gutes sieht, ahmt er es nach; wenn er etwas Schlechtes sieht, korrigiert er es.

Die Linien

9 auf dem untersten Platz: Die Zeit ist günstig für große Taten – erhabenes Heil! Kein Verstoß!

Kommentar: »Erhabenes Heil! Kein Verstoß!« bedeutet, daß sich die Untergebenen nicht über zu viel Arbeit beschweren.[6]

6 auf dem zweiten Platz: Es gab einen, der machte ihn um zehn Pêng (2100) Schildkrötenpanzer reicher. Eine Ablehnung hätte er nicht akzeptiert[7] – nicht nachlassende Beharrlichkeit auf dem rechten Weg bringt Heil! Der König opferte dem Höchsten Herrscher (des Himmels)[8] – Heil!

Kommentar: Derjenige, der ihn bereicherte, kam anderswoher.

6 auf dem dritten Platz: Er gebrauchte ein unglückseliges Mittel, um Gewinn zu erzielen. Da er jedoch aufrichtig handelte, war er nicht zu tadeln. Als er zur Mitte (der Empfangshalle) schritt, um dem Prinzen Bericht zu erstatten,[9] trug er seine jadene Amtstafel.[10]

Kommentar: (Die Tatsache), daß er mit einem unglückseligen Mittel Gewinn erzielte, (könnte uns dazu verführen, solche Mittel) für selbstverständlich zu halten.

6 auf dem vierten Platz: Er schritt bis zur Mitte (der Empfangshalle) und versicherte den Prinzen seiner Lehnstreue.[11] Es ist günstig, mit der Aufgabe betraut zu werden, die Hauptstadt zu verlegen.[12]

Kommentar: Er bezeugte seine Lehnstreue, damit er sich bei der Ausführung des Willens des Prinzen nützlich erweisen konnte.[13]

9 auf dem fünften Platz: Sei zuversichtlich (aufrichtig) und freundlich, doch vermeide es zu fragen, dann wird dir erhabenes Heil zuteil. Gewissenhaftigkeit (Ehrlichkeit) und Aufrichtigkeit sind Fähigkeiten, die uns gemäß sind.

Kommentar: Im großen und ganzen sagt dieser Passus die Erfüllung unseres Willens voraus.

9 auf dem obersten Platz: Er unternahm keinen Versuch, ihnen zu nützen, und wurde wegen seines wankelmütigen Herzens angegriffen – Unheil!

Kommentar: (Die Tatsache), daß er ihnen nicht nützte, zeigt Voreingenommenheit an; daß er angegriffen wurde, sagt voraus, (daß wir den Zorn) von Menschen, die außerhalb unseres (engeren) Kreises stehen (auf uns ziehen).

Anmerkungen:

1. Eine weite Reise zu unternehmen.
2. Eine Anspielung auf die Teiltrigramme, die möglicherweise bedeutet, daß höhergestellte Persönlichkeiten etwas opfern, um damit denen zu helfen, die unter ihnen stehen.
3. »Segnungen« sind ein Hinweis auf unerwartetes Glück.
4. Der Text zeigt eindeutig etwas aus Holz an, ohne genau zu erklären, was gemeint ist.
5. Eine weitere Anspielung auf die Teiltrigramme.
6. Dies bedeutet, daß andere momentan gern für uns arbeiten.
7. Siehe auch unter Anmerkung vier zum vorangegangenen Hexagramm.
8. Dies könnte bedeuten, daß wir aus einer früheren aufopferungsvollen Handlung oder aus einem Opfer, das wir zugunsten moralischer Prinzipien oder des Allgemeinwohls erbringen, Nutzen ziehen.
9. Diese Textstelle ist aus der Tatsache abgeleitet, daß die Linie auf dem dritten Platz eine der zentralen Linien des Hexagramms (nicht eines der Trigramme) ist. Das gleiche gilt für die Linie auf dem vierten Platz.
10. Die zusätzlichen chinesischen Kommentare erklären die Jadetafel als ein Zeichen dafür, daß wir unsere Aufrichtigkeit glaubhaft beweisen können.
11. Wir können unseren Vorgesetzten von unserer Vertrauenswürdigkeit überzeugen.
12. Mit einer Aufgabe betraut zu werden, die man Männern von

mittelmäßigem Format und zweifelhafter Befähigung niemals übertragen würde.

13. Wir sollten unseren Vorgesetzten davon überzeugen, daß wir fähig sind, eine schwierige Aufgabe zu übernehmen.

Hexagramm 43
Kuai Die Unerschrockenheit

Teiltrigramme:
unten: *Ch'ien*, Himmel, männlich, aktiv usw.
oben: *Tui*, ein Gewässer, Teich, Sumpf, Freude

Text

Die Unerschrockenheit. Bei einer feierlichen Bekanntmachung am königlichen Hof ist es gefährlich, die Lage in aller Offenheit darzulegen.[1] Wenn er zwecks einer Verkündung vor die Bevölkerung seiner eigenen Stadt tritt, ist es für den Herrscher unschicklich, Waffen zu tragen.[2] Es ist von Vorteil, ein Ziel (einen Bestimmungsort) im Auge zu haben.

Kommentar zum Text

Zur Unerschrockenheit gehört Entschlossenheit. Dies besagt, daß die Starken, indem sie Stärke mit Heiterkeit und Entschlossenheit mit Friedfertigkeit verbinden,[3] die Entwicklung der Schwachen bestimmen. Die feierliche Bekanntmachung am Hofe des Königs ist aus der einzigen nachgiebigen Linie über den fünf festen Linien abzuleiten. Die Gefahr, die darin besteht, alles offen darzulegen, stellt gleichzeitig eine ruhmreiche Gefahr dar. Wenn er bei einer Verkündung bewaffnet vor die Bevölkerung seiner eigenen Stadt tritt, verwirkt er ihren Respekt. Aus der Tatsache, daß das Feste, nachdem es außergewöhnlich lange gewährt hat (das Hexagramm enthält fünf feste Striche!), oben zu einem Ende kommt, ist zu entnehmen, daß es vorteilhaft ist, ein Ziel zu haben.

Das Zeichen

Dieses Hexagramm versinnbildlicht ein mooriges Hochland, das himmelwärts gezogen wird.[3] Der Edle Mensch verteilt seine Bezüge an jene, die unter ihm stehen; er verzichtet darauf, da er in seiner Tugend (Befähigung) fest verankert ist.

Die Linien

9 auf dem untersten Platz: Es ist beschämend, unter Zurschaustellung von Stärke aufzubrechen und vorzurücken, aber trotzdem keinen Erfolg zu haben.[4]

Kommentar: Damit ist die Beschämung dargestellt, die daraus entsteht, daß man erst eine Aufgabe übernimmt und sie dann nicht bewältigt.

9 auf dem zweiten Platz: Wer gewappnet ist, wird durch die Schreie in der Nacht zwar gestört, jedoch nicht in Schrecken versetzt.[5]

Kommentar: Aus der zentralen Stellung dieser Linie ergibt sich, daß er gewappnet und furchtlos ist.

9 auf dem dritten Platz: Stärke in den Wangenknochen[6] – Unheil! Der Edle Mensch ist fest entschlossen. Wird er auf seinem einsamen Weg durch den Regen auch von Schlamm besudelt, so ist er dafür doch nicht zu tadeln.[7]

Kommentar: Der unerschrocken entschlossene Edle Mensch bleibt bis zum Ende ohne Tadel.

9 auf dem vierten Platz: Er ist an den Lenden geschunden worden und stolpert wankend vorwärts, obwohl er seine Schande beenden könnte, wenn er nur gestatten würde, sich ziehen zu lassen wie ein Schaf.[8] Überdies glaubt er nicht an das, was die anderen sagen.

Kommentar: Die unangemessene Stellung dieser Linie zeigt an, daß er nur wankend (oder zögernd) vorwärtsschreitet. Es ist ein Zeichen mangelnder Intelligenz, den Worten der anderen nicht zu vertrauen.

9 auf dem fünften Platz: Mit der Zähigkeit, mit der sich eine Spinatpflanze an die Erde klammert,[9] verfolgt er weiterhin untadelig einen mittleren Weg.

Kommentar: Jawohl, untadelig, aber nicht glänzend![10]

6 auf dem obersten Platz: Schließlich wird das Unheil ohne jede Vorwarnung hereinbrechen.

Kommentar: Dieses unvorhergesehene Unheil ist auf unser Versagen zurückzuführen, bis zum Ende durchzuhalten.

Anmerkungen:

1. Bei wichtigen Fragen kann Offenheit sich als gefährlich erweisen.
2. Es wäre besser, sich auf die eigenen Leute zu verlassen.
3. Eine Anspielung auf die Teiltrigramme.
4. Solange wir uns des Erfolges nicht sicher sein können, sollten wir nicht aus freien Stücken und gewissermaßen angeberisch eine schwierige Aufgabe übernehmen.
5. Es ist gut, auf alles vorbereitet zu sein.
6. Wir stellen unsere Stärke zur Schau.
7. Wir dürfen uns durch nichts beirren lassen, doch ist es kein Fehler, über Unannehmlichkeiten ein wenig zu grollen.
8. Wir haben Schaden genommen und gehen deswegen nur zögernd vor. Nützlichen, jedoch etwas beschämenden Beistand schlagen wir aus.
9. Schwach, aber entschlossen.
10. Wir können uns ganz gut schlagen, jedoch nicht glänzend.

Hexagramm 44
Kou Die Berührung, die geschlechtliche Vereinigung, das Zusammentreffen

Teiltrigramme:
unten: *Sun*, Wind, Holz, sanft, mild
oben: *Ch'ien*, Himmel, männlich, aktiv usw.

Text

Die Berührung. Die Frauen üben die Herrschaft aus. Heirate nicht.[1]

Kommentar zum Text

In diesem Hexagramm trifft das Nachgiebige auf das Feste. Eine Ehe, die jetzt geschlossen wird, würde nicht lange Bestand haben. Das Dasein aller Dinge entsteht aus der Vereinigung von Himmel und Erde. Alles geht gut in der Welt, wenn Stärke beherrscht und wohlüberlegt eingesetzt wird. Die rechtzeitige Anwendung des Urteils zu diesem Hexagramm ist von größter Wichtigkeit.

Das Zeichen

Dieses Hexagramm versinnbildlicht Wind, welcher über die Oberfläche der Erde weht.[2] Wenn der Herrscher Befehle ausgibt, läßt er sie in allen Weltgegenden bekanntmachen.

Die Linien

6 auf dem untersten Platz: Das Rad des Streitwagens wird von einer Metallbremse festgehalten. Beharrlichkeit auf dem rechten Weg bringt Heil. Jene, die ein Ziel (einen Bestimmungsort) im Auge haben, werden Zeugen von Unheil. Jedoch kann auch ein mageres Schwein mit den Füßen strampeln.[3]

Kommentar: Der erste Satz bedeutet, daß die Schwachen geschleppt werden müssen.

9 auf dem zweiten Platz: Fisch im Korb – kein Verstoß. Unsere Gäste haben davon jedoch keinen Vorteil.[4]

Kommentar: Dies besagt, daß wir unsere Pflicht unseren Gästen gegenüber nicht erfüllen.

9 auf dem dritten Platz: Er ist an den Lenden geschunden worden und schleppt sich wankend vorwärts – Schwierigkeiten, doch kein grober Verstoß!

Kommentar: Da er sich wankend vorwärtsschleppt, braucht er nicht gezogen zu werden.[5]

9 auf dem vierten Platz: Kein Fisch im Korb – dadurch entsteht Unheil.

Kommentar: Das Unheil, den Menschen fern zu sein.

9 auf dem fünften Platz: Die Mispelblätter, in die die Melone eingewickelt ist, verbergen ihre Schönheit.[6] Etwas fällt vom Himmel.

Kommentar: Diese Linie ist ein Zeichen von Schönheit, denn sie entspricht ihrer zentralen Stellung. »Etwas fällt vom Himmel« bedeutet, daß das Gewollte mit den Fügungen des Himmels übereinstimmt.

9 auf dem obersten Platz: Mit seinen Hörnern reibt es sich an den Dingen – Bedauern, aber kein Verstoß![7]

Kommentar: Bedauern aufgrund der völligen Erschöpfung unserer Kräfte.

Anmerkungen:

1. Eine Heirat wäre zu dieser Zeit unglücklich. Der Mann würde mit ziemlicher Sicherheit unter den Pantoffel seiner Frau kommen.
2. Ein Hinweis auf die Teiltrigramme. Das chinesische Original lautet in wörtlicher Übersetzung: »Wind ist unter dem Himmel«, denn das obere Trigramm ist das Trigramm des Himmels.
3. Diese Textstelle bedeutet, daß wir auf irgendeine Weise geschwächt oder behindert sein werden, daß wir uns jedoch mit Ausdauer und Beständigkeit aus unserer schwierigen Lage werden befreien können. Nahe an unserem Ziel werden wir Zeugen von Unheil (das wir jedoch nicht unbedingt selbst erleiden müssen). Wenn wir uns ausreichend bemühen, können wir trotz der Schwäche unserer gegenwärtigen Position Fortschritt erzielen.
4. Es besteht die Gefahr, daß wir es versäumen, mit jenen zu teilen, die ein Recht auf ihren Anteil am Gewinn haben.
5. Trotz ernsthafter Schwierigkeiten, für die wir kaum verantwortlich zu machen sind, gelingt es uns irgendwie weiterzukommen.
6. Dies besagt mehr oder weniger, daß wir unser Licht unter den Scheffel stellen.
7. Obwohl wir nicht schuld daran sind, werden wir es bedauern, daß wir keine Fortschritte machen können.

Hexagramm 45

Ts'ui Die Versammlung, das Zusammenkommen

Teiltrigramme:
unten: *K'un*, Erde, weiblich, empfangend usw.
oben: *Tui*, ein Gewässer, Teich, Sumpf, Freude

Text

Das Zusammenkommen – Gelingen! Der König nähert sich dem Tempel. Es ist ratsam, einen Großen Mann zu sehen, das wird das Gelingen sicherstellen. Beharrlichkeit auf dem rechten Weg bringt Heil. Es wird ein großes Opfer dargebracht[1] – Heil! Es ist von Vorteil, ein Ziel (einen Bestimmungsort) im Auge zu haben.

Kommentar zum Text

Dieses Hexagramm deutet auf ein Zusammenkommen. Bereitwilliges Annehmen ist mit Freude vereint.[2] Eine feste Linie nimmt (auf dem fünften Platz) die zentrale Stellung (des oberen Trigramms) ein und gewinnt bei den anderen Linien Widerhall – deswegen deutet alles auf ein Zusammenkommen. Der König nahte sich dem Tempel, um seine Kindespflichten zu erfüllen und sich dem (Allgemein-)wohl zu widmen.[3] Aus der Tatsache, daß es ratsam ist, einen Großen Mann zu sehen, und daß Beharrlichkeit belohnt werden wird, geht hervor, daß das Zusammenkommen dem Zweck dient, die Dinge richtigzustellen. Die letzten beiden Sätze des Textes bedeuten, daß (unser Vorgehen) mit dem Willen des Himmels übereinstimmt.[4] Es ist möglich, das innere Wesen aller Dinge zwischen Himmel und Erde zu erkennen, wenn man nur darauf achtet, was ein jedes von ihnen um sich versammelt.

Das Zeichen

Dieses Hexagramm versinnbildlicht einen moorigen See, der sich über die Erde erhebt.[5] Der Edle Mensch holt seine Waffen zusammen, um gegen das Unvorhergesehene gerüstet zu sein.[6]

Die Linien

6 auf dem untersten Platz: Wenn die Aufrichtigkeit (oder die Zuversicht) nicht bis zum Schluß erhalten bleibt, wechseln Versammeln und Zerstreuen einander ab. Ein Schrei, doch ein (beruhigender) Händedruck erweckte in ihm die Bereitschaft zu lachen[7] – kein Grund zur Beunruhigung. Es zieht keinen Verstoß nach sich, wenn man jetzt vorrückt.

Kommentar: Abwechselndes Versammeln und Zerstreuen lassen auf Unentschiedenheit schließen.

6 auf dem zweiten Platz: In etwas hineingezogen werden bringt Heil und enthält keinen Verstoß. Sei zuversichtlich und ziehe aus dem Opfer, das du bringst, Gewinn.

Kommentar: Der erste Satz geht aus dem dauerhaften Wesen dieser Linie im Zentrum (des unteren Trigramms) hervor.

6 auf dem dritten Platz: Wie es scheint, ein trauriges Zusammenkommen. Es gibt kein Ziel, das jetzt günstig wäre. Trotzdem folgt kein Verstoß, wenn er vorrückt, nur ein wenig Bedauern.[8]

Kommentar: Das Vorrücken bringt keinen Verstoß mit sich, weil das Darüberliegende sanft ist.

9 auf dem vierten Platz: Erhabenes Heil! Kein Verstoß!
Kommentar: Weil die Linie, obwohl sie fest ist, sich nicht in beherrschender Stellung befindet.

9 auf dem fünften Platz: Aufgrund seiner hohen Stellung versammelt er die Menschen – kein Verstoß! Trotzdem kann er das Vertrauen des Volkes nicht sicherstellen. Er muß deswegen seine Befähigung bis zum höchsten entwickeln und weiterhin beharrlich sein, wenn er nicht länger Bedauern spüren will.[9]
Kommentar: Er kann die Menschen nur aufgrund seiner hohen Stellung versammeln. Sein Wille ist nicht stark genug (auf dieser Grundlage Bemerkenswertes zu erreichen).

6 auf dem obersten Platz: Seufzen und Klagen, aber kein Verstoß.[10]
Kommentar: Denn diese oberste Linie sagt Kummer voraus.

Anmerkungen:

1. Damit sind religiöse Opferhandlungen gemeint. Wir können daraus jedoch entnehmen, daß es jetzt an der Zeit sein mag, andere bedeutende Opfer zu bringen.
2. Eine Anspielung auf die Teiltrigramme.
3. Uns sind günstige Umstände vorausgesagt.
4. Wir können ohne Zögern vorrücken.
5. Eine weitere Anspielung auf die Teiltrigramme.
6. Von uns wird jetzt Voraussicht verlangt.
7. Wir werden uns vielleicht unnötig erschrecken.
8. Offensichtlich wäre es für uns besser, jetzt nicht voranzugehen; wir sollten dies nur dann tun, wenn wir so gute Gründe dafür haben, daß wir bereit sind, ein gewisses Bedauern in Kauf zu nehmen.
9. Diese Aussagen beziehen sich auf einen Staatsminister. Für uns bedeutet dies, daß wir das Vertrauen anderer benötigen und uns deswegen ernsthaft darum bemühen sollten, es auch wirklich zu verdienen.
10. Wir werden von Unheil heimgesucht, jedoch ohne unsere Schuld.

Hexagramm 46
Shêng Der Aufstieg, die Beförderung

䷭

Teiltrigramme:
unten: *Sun*, Wind, Holz, sanft, mild
oben: *K'un*, Erde, weiblich, empfangend usw.

Text

Der Aufstieg. Erhabenes Gelingen! Um alle Befürchtungen auszuräumen, ist es von größter Wichtigkeit, einen großen Mann zu sehen! Nach Süden fortzuschreiten, bringt Heil.

Kommentar zum Text

Wenn die Zeit dazu gekommen ist, steigen die Schwachen auf.[1] Sanftheit und bereitwilliges Annehmen sind vereint.[2] Im Zentrum (des unteren Trigramms) befindet sich eine feste Linie und gewinnt (bei den anderen Linien) Widerhall. Deswegen ist erhabenes Gelingen vorausgesagt. Da daraus große Segnungen[3] entspringen, wird gesagt, daß der Besuch bei einem großen Mann von allen Befürchtungen befreit. Sich nach Süden zu wenden bringt Heil in dem Sinne, daß es zur Erfüllung des Gewollten führt.

Das Zeichen

Dieses Hexagramm versinnbildlicht Bäume, die von der Erde in die Höhe wachsen.[2] Der Edle Mensch folgt bereitwillig dem Weg der Tugend. Er fängt mit kleinen Dingen an und sammelt einen großen Berg (von Verdienst) an.

Die Linien

6 auf dem untersten Platz: Eine Beförderung ist sicher – erhabenes Heil!

Kommentar: Es kommt dazu, weil der Wille unserer Vorgesetzten mit unserem Willen übereinstimmt.

9 auf dem zweiten Platz: Von tiefem Glauben erfüllt, führte er das Sommeropfer durch.[4]

Kommentar: Der Glaube (oder das Vertrauen), den diese Linie anzeigt, führt zu großem Glück.

9 auf dem dritten Platz: Er wurde (zum Dienst) in einer größeren Stadt befördert.

Kommentar: Diese Linie zeigt an, daß wir (bei anderen) keinen Zweifel hervorrufen.

6 auf dem vierten Platz: Der König brachte auf dem Berg Chi sein Opfer dar – Heil! Kein Verstoß![4]

Kommentar: Dies zeigt an, daß wir uns bereitwillig (unserer Pflicht, der Tradition, den Umständen usw.) unterwerfen.

6 auf dem fünften Platz: Beharrlichkeit im Rechten und Wahren bringt Heil, jedoch muß der Aufstieg Schritt für Schritt geschehen.[5]

Kommentar: Wenn wir uns dementsprechend verhalten, erfüllt sich unser Wille.

6 auf dem obersten Platz: Ein nächtlicher Aufstieg – der Vorteil liegt in unerschütterlicher Beharrlichkeit.

Kommentar: Doch bringt uns der nächtliche Aufstieg Verlust und keinen Reichtum.[6]

Anmerkungen:

1. Obwohl unsere Position vielleicht alles andere als stark ist, können wir uns des Erfolges sicher sein, wenn wir dem Gebot der Stunde folgen.
2. Eine Anspielung auf die Teiltrigramme.
3. Unerwartetes und offensichtlich unverdientes Glück.
4. Dies besagt, daß uns geholfen ist, wenn wir unser Vertrauen in spirituelle Werte und altüberlieferte Traditionen setzen.
5. Dies ist keine Zeit für schnelle Fortschritte, sondern eine Zeit geduldigen Rackerns.
6. Aus dem Text und dem Kommentar zu dieser Linie ergibt sich, daß Ausdauer im Rechten und Wahren uns infolge eines eher blinden Vorwärtsdrängens zwar einen gewissen Vorteil verschaffen wird, wir dabei aber materielle Einbußen hinnehmen müssen.

Hexagramm 47
K'un Die Bedrängnis, die Erschöpfung

Teiltrigramme:
unten: *K'an*, Wasser, ein Abgrund
oben: *Tui*, ein Gewässer, Teich, Sumpf, Freude

Text

Bedrängnis, die dank der Beharrlichkeit auf dem rechten Weg zu Gelingen führt. Für den, der wahre Größe besitzt, Heil![1] Er ist frei von Verstoß! Obwohl Worte gesprochen werden, erwecken sie kein Vertrauen.

Kommentar zum Text

Die Bedrängnis wird durch etwas verursacht, das im Verborgenen liegt. Gefahr und Freude sind beisammen.[2] Wer allen Schwierigkeiten zum Trotz Erfolg hat, ist in der Tat ein Edler Mensch (und deswegen einer, der wahre Größe besitzt). Aus der Stellung der festen Linie in der Mitte (des oberen Trigramms) geht hervor, daß zu einem solchen Menschen durch (seine) Beharrlichkeit im Rechten und Wahren Heil kommt. Zu reden wäre vergebliche Mühe, denn das Gesagte wird nicht geglaubt.

Das Zeichen

Dieses Hexagramm versinnbildlicht einen Sumpf, in dem kein Wasser (erscheint).[3] Der Edle Mensch setzt bei der Verwirklichung seines Willens sein Leben ein.

Die Linien

6 auf dem untersten Platz: Er betritt ein düsteres Tal, wobei er sich mit der unteren Hälfte seines Körpers in trockenem Gestrüpp verfängt. Drei Jahre lang trifft er niemanden.[4]

Kommentar: Was über das Betreten eines düsteren Tals gesagt wurde, zeigt an, daß die Finsternis sich nicht lichten wird.

9 auf dem zweiten Platz: Durch Schwelgerei in Speise und Trank entstehen Schwierigkeiten. Es kommt einer, der eine scharlachrote Schärpe trägt (ein hoher Würdenträger). Es ist ratsam, die Gelegenheit zur Darbringung eines Opfers zu nutzen.[5]

Kommentar: Ein Teil dieses Passus zeigt an, daß die Schwierigkeiten, welche uns aus unserem Prassen entstehen, unter Umständen zu einer segensreichen Entwicklung führen können.

6 auf dem dritten Platz: Mit wie Felsklippen aufragenden Schwierigkeiten konfrontiert und mit (nichts), auf das er sich stützen könnte, außer Disteln und Dornengestrüpp, betrat er sein Heim, konnte jedoch seine Gattin nicht finden – Unheil![6]

Kommentar: Die feste Linie unmittelbar unter dieser zeigt an, daß er sich auf Disteln und Dornengestrüpp aufstützt. Daß er seine Gattin nicht findet, bedeutet Unglück.

9 auf dem vierten Platz: Eine verspätete Ankunft. Gefahr in einer goldenen Karosse.[7] Beschämung, jedoch nicht für lange.

Kommentar: Die verspätete Ankunft bedeutet, daß unsere Willenskraft fast erschöpft ist. Wenn diese Linie auch für ihren Platz unangemessen ist, so steht sie doch nicht allein.[8]

9 auf dem fünften Platz: Wegen seiner Schwierigkeiten mit dem, der die scharlachrote Schärpe trägt (einem hohen Würdenträger), werden ihm die Nase und die Füße abgehackt, doch wird sich Freude einstellen, wenn die Zeit dafür gekommen ist. Es ist ratsam, ein Opfer zu bringen.[9]

Kommentar: Seine Verletzungen bedeuten, daß unser Wille jetzt nicht in Erfüllung geht. Aus der angemessenen Stellung der Linie im Zentrum (des oberen Trigramms) geht jedoch hervor, daß sich Freude einstellen mag, wenn die Zeit reif ist. Um dieses Heil sicherzustellen, ist es ratsam, ein Opfer zu bringen.

6 auf dem obersten Platz: In Ranken verstrickt und unbeholfen wankend, gibt er dem Bedauern über seine Taten Ausdruck. Vorrücken bringt Heil, vorausgesetzt, die Reue ist echt.[10]

Kommentar: Die Ranken, die uns in Schwierigkeiten verstrikken, werden von der unangemessenen Stellung dieser Linie angezeigt. Wenn unsere Taten Anlaß zu Bedauern gaben, ist es heilsam, Reue zu empfinden.

Anmerkungen:

1. Wie an vielen anderen Stellen im *Buch der Wandlung* bezeichnet »Größe« hier außergewöhnliche sittliche Qualitäten.
2. Eine Anspielung auf die Teiltrigramme.

3. In den meisten Fällen läßt sich die Symbolik leicht aus der Bedeutung der Teiltrigramme erschließen. Hier ist es jedoch nicht so einfach. *Tui* steht (u. a.) für einen Sumpf oder ein Moor, *K'an* für einen Abgrund. Hier ist das Wasser des Sumpfes vermutlich in den Abgrund geflossen, der unterhalb des Sumpfes liegt. Der Sumpf ist deswegen ausgetrocknet.
4. Wer diese Linie als Antwort auf seine Befragung erhält, muß sich mit einem Fehlschlag abfinden.
5. Dazu ließe sich folgende Geschichte denken: Ein Mann, der gerade den letzten Rest seines Vermögens durch seinen aufwendigen Lebensstil verpraßt, empfängt einen wichtigen Gast an seiner Tafel und versteht es, mittels eines Opfers oder der Dienste, die er ihm leistet, das unglückliche Schicksal von sich abzuwenden. Wenn wir wegen unserer eigenen Maßlosigkeit leiden müssen, ist für uns die Zeit gekommen, es dem Helden dieser Geschichte gleichzutun.
6. Wir können dieser Linie entnehmen, daß uns unüberwindliche Schwierigkeiten bevorstehen. Das Wort »Gattin« ist in diesem Fall, wie wir aus dem Kommentar ersehen, nicht unbedingt wörtlich zu verstehen.
7. Gefahr in einer goldenen Karosse und darauffolgende Beschämung bedeutet, daß wir durch unsere Vermessenheit in Schwierigkeiten geraten oder Probleme haben, weil wir einer höherstehenden und einflußreichen Person zu sehr vertraut haben.
8. Zumindest dürfen wir auf ein wenig fremde Hilfe hoffen.
9. Bitteres Leid ist unabänderlich. Die bevorstehende Freude ist weniger sicher; wir können sie jedoch fördern, indem wir ein angemessenes Opfer bringen.
10. Wir werden sicherlich leiden müssen, doch wird uns aufrichtige Reue zustatten kommen.

Hexagramm 48
Ching Der Brunnen

Teiltrigramme:
unten: *Sun*, Wind, Holz, sanft, mild
oben: *K'an*, Wasser, ein Abgrund

Text

Der Brunnen. Eine Stadt läßt sich verlegen, nicht jedoch ein Brunnen.[1] Ein Brunnen erleidet weder Abnahme noch Zunahme. Wenn die Menschen dorthin kommen, um Wasser zu ziehen, ist das Seil jedoch oft zu kurz oder der Eimer zerbricht, bevor er das Wasser erreicht.[2] Unheil!

Kommentar zum Text

Wo man (Eimer) in das Wasser (taucht), um es hochzuziehen – da ist ein Brunnen. Aus der festen Linie im Zentrum (des oberen Trigramms) geht einerseits hervor, daß ein Brunnen, ohne Erschöpfung zu leiden, Nahrung spendet, und andererseits, daß man zwar eine Stadt verlegen kann, nicht jedoch einen Brunnen. Das zu kurze Seil zeigt an, daß ihm versagt bleibt, etwas zu erreichen. Das Zerbrechen des Eimers sagt einwandfrei ein Unglück voraus.

Das Zeichen

Dieses Hexagramm versinnbildlicht Wasser über Holz.[3] Der Edle Mensch steht dem Volk mit Rat und Tat zur Seite.

Die Linien

6 auf dem untersten Platz: Das trübe Wasser am Grunde des Brunnens ist ungenießbar. Ein alter Brunnen lockt keine Tiere an.

Kommentar: Der erste Satz bedeutet, daß es mit unseren Angelegenheiten abwärts geht; der zweite Satz besagt, daß es an der Zeit ist aufzugeben.

9 auf dem zweiten Platz: Barsche schnellen aus dem Wasser im Brunnenloch. Der Eimer ist abgenutzt und leckt.[4]

Kommentar: Dies geht aus der Unfähigkeit dieser Linie hervor, (bei den anderen Linien) Widerhall zu finden.

9 auf dem dritten Platz: Der Brunnen wurde gereinigt. Es bricht mir das Herz, daß niemand daraus trinkt, obwohl der Brunnen sehr wohl Trinkwasser liefern könnte.[5] Der König ist weise, und das Volk könnte an seinem Heil teilhaben.[5]

Kommentar: Der erste Satz deutet auf Tätigkeiten, die Mitleid hervorrufen. Der zweite Satz sagt uns, daß wir unser Heil akzeptieren sollten.

6 auf dem vierten Platz: Der Brunnen wird gekachelt – kein Verstoß!

Kommentar: Denn er wird ausgebessert.[6]

9 auf dem fünften Platz: Der Brunnen ist kühl. Sein Wasser schmeckt wie das Wasser einer eisig frischen Quelle.[7]

Kommentar: Dies geht aus der angemessenen Stellung dieser Linie im Zentrum (des oberen Trigramms) hervor.

6 auf dem obersten Platz: Das Brunnenseil liegt offen da – Vertrauen und erhabenes Heil!

Kommentar: Das hier geweissagte erhabene Heil ist von der Art des Vollbringens einer großen Tat.

Anmerkungen:

1. Die Errichtung einer Stadt hängt von uns ab; Brunnen jedoch können nicht an Orte verlegt werden, wo es keine natürlichen Wasserreserven gibt. Damit ist angedeutet, daß unserem Wirken durch natürliche Bedingungen Grenzen gesetzt werden.
2. Was wir erwünschen, liegt in unserer Reichweite. Trotzdem kann es uns mißlingen, es auch tatsächlich zu erlangen.
3. Eine Anspielung auf die Teiltrigramme. Holz steht hier entweder für den Boden eines Eimers oder die Auskleidung eines alten Brunnens.
4. Wir haben doppeltes Unglück. Die natürlichen Bedingungen (symbolisiert durch die Fische im Wasser) führen zusammen mit unserer eigenen Unfähigkeit (oder unserem Mißgeschick) unser Versagen herbei.
5. Wenn wir jetzt versagen, dann nicht aus Mangel an Gelegenheit, sondern vielmehr, weil wir es versäumen, die Gelegenheit beim Schopfe zu packen.
6. Ein notwendiger Aufschub ist wahrscheinlich, doch ist die Situation im ganzen hoffnungsvoll.
7. Alles steht zum besten.

Hexagramm 49
Kô Die Umwälzung,[1] Leder, Haut

Teiltrigramme:
unten: *Li*, Feuer, Glanz, Schönheit
oben: *Tui*, ein Gewässer, Teich, Sumpf, Freude

Text

Die Umwälzung. Die Menschen werden ihr nicht trauen, solange nicht der Tag ihrer Vollendung gekommen ist – erhabenes Gelingen! Entschlossenheit auf dem rechten Weg wird belohnt. Das Bedauern schwindet!

Kommentar zum Text

In diesem Hexagramm vernichten sich Wasser und Feuer gegenseitig[2], wie zwei Frauen, die zwar unter einem Dach wohnen, aber aufgrund ihres verschiedenen Willens miteinander in Konflikt geraten – dies ist das Wesen der Umwälzung. Daß man ihr bis zum Tage ihrer Vollendung nicht traut, bedeutet, daß die Umwälzung erst stattgefunden haben muß. Danach erst setzt sich in der Öffentlichkeit das Vertrauen dazu durch. Eine Haltung, die von Bildung und Weisheit zeugt, bringt Freude. Großer Erfolg ermöglicht es, alle Dinge richtigzustellen. Nach der Vollendung einer notwendigen (oder angemessenen) Umwälzung schwindet das Bedauern. Das erneuernde Wirken der himmlischen und irdischen Kräfte bringt den Wandel der Jahreszeiten hervor. T'ang und Wu[3] erhoben sich in Übereinstimmung mit dem (Willen des) Himmels und fanden beim Volk Widerhall. Die rechtzeitige Anwendung des Urteils zu diesem Hexagramm ist von größter Wichtigkeit.

Das Zeichen

Dieses Hexagramm versinnbildlicht Feuer, das sich aus einem moorigen See erhebt.[2] Der Edle Mensch regelt die Zeitrechnung, so daß die Menschen über Zeiten und Jahreszeiten Klarheit haben.

Die Linien

9 auf dem untersten Platz: Um der Festigkeit willen verwende lieber gelbes Rindsleder.

Kommentar: (Solche stützenden Maßnahmen sind notwendig, denn) diese Linie kann ihrer Stellung nicht gerecht werden.[4]

6 auf dem zweiten Platz: An dem Tag, an dem die Umwälzung vollendet ist, beinhaltet das Vorrücken keinen Verstoß und bringt Heil.[5]
Kommentar: Diese Linie sagt großen Segen voraus.[6]

9 auf dem dritten Platz: Jetzt vorzurücken würde Unheil bringen, und Beharrlichkeit würde zu (weiteren) Gefahren führen. Handle in vollem Vertrauen, wenn die Umwälzung bereits dreimal im Gespräch gewesen ist.[7]
Kommentar: Was bleibt uns (unter diesen Umständen) anderes zu tun übrig?

9 auf dem vierten Platz: Das Bedauern schwindet, und das Vertrauen wird wiederhergestellt. Ein Regierungswechsel bringt Heil.[8]
Kommentar: Heil in dem Sinne, daß man unseren Vorhaben vertraut.

9 auf dem fünften Platz: Der große Mann verwirklicht den Wandel wie ein Tiger.[9] Seine Zuversicht ist so groß, daß er auf das Orakelnehmen verzichten kann.
Kommentar: »Wie ein Tiger« bedeutet, daß er den Wandel auf eine vorbildlich zivilisierte Art und Weise verwirklicht.

6 auf dem obersten Platz: Der Edle Mensch verwirklicht den Wandel wie ein Panther,[9] und die gewöhnlichen Menschen stellen sich umgehend auf die neuen Untertanenpflichten ein. Jetzt vorzurücken, bringt Unheil. Beharrlichkeit im Rechten und Wahren bringt jenen Heil, die bleiben, wo sie sind.
Kommentar: »Wie ein Panther« bedeutet, daß er den Wandel auf außergewöhnlich elegante Weise zuwege bringt. Daß sich die gewöhnlichen Menschen umgehend auf die neuen Untertanenpflichten einstellen, zeigt, daß sie seine Führung bereitwillig anerkennen.

Anmerkungen:

1. Dieses Zeichen bedeutet häufig »Erneuerung« (z. B. Erneuerung der Persönlichkeit); oft ist es jedoch auch im wörtlichen Sinn als »revolutionäre Umwälzung« zu verstehen. Konfutse betrachtete die Loyalität zum Herrscher zwar als eine der höchsten Tugen-

den, er erkannte jedoch ebenfalls die Vorstellung an, daß schlechte Menschen durch ihren Machtmißbrauch den Herrschaftsanspruch verwirken. Diese Anschauung war wahrscheinlich schon einige Jahrhunderte vor Konfutse in China verbreitet.

2. Eine Anspielung auf die Teiltrigramme.
3. Zwei allseits bewunderte historische Persönlichkeiten.
4. Wir werden mit der gegenwärtigen Situation nicht fertig und müssen mehr Kraft sammeln, um ihr erfolgreich begegnen zu können.
5. Wir dürfen nicht weitergehen, bevor bestimmte weitreichende Veränderungen nicht zum Abschluß gebracht sind.
6. Unerwartetes Glück.
7. Bevor wir etwas unternehmen, müssen wir uns sicher sein, daß der durch Gerüchte vorausgesagte Wandel auch wirklich eintritt.
8. Wollen wir diese Aussage nicht in einem politischen Sinn verstehen, dann sagt sie uns, daß sich in einem anderen Lebensgebiet umwälzende Veränderungen ergeben werden.
9. Mit den Worten »wie ein Tiger« und »wie ein Panther« ist hier nicht auf die wilde Kraft dieser Tiere angespielt. Das gestreifte Fell des Tigers und das fleckige Fell des Panthers bedeuten vielmehr Glanz und Schönheit.

Hexagramm 50
Ting Der Opfertiegel

Teiltrigramme:
unten: *Sun*, Wind, Holz, sanft, mild
oben: *Li*, Feuer, Glanz, Schönheit

Text

Der Opfertiegel – erhabenes Gelingen!

Kommentar zum Text

Der *Ting* ist ein Symbol (für den Frieden und die Schönheit, die durch die Kombination dieser beiden Teiltrigramme vorausgesagt werden). Holz und Feuer vereinigen sich, um (das Opfer) zu kochen.[1] Der heilige Weise kocht, um die Opferzeremonien für den Höchsten (Himmlischen) Herrscher zu vollziehen. Er kocht noch festlicher, wenn es gilt, die Heiligen und Befähigten zu nähren.[2] Durch ihre (d. h. der Teiltrigramme) friedliche Nutzung werden Sehkraft und Gehör geschärft. Das Nachgiebige tritt ein und steigt (zum fünften Platz) auf, wo es dem Festen entspricht – deswegen erhabenes Gelingen.

Das Zeichen

Dieses Hexagramm versinnbildlicht Feuer über dem Holz.[1] Der Edle Mensch hält sich an die Fügungen des Himmels, indem er Stellung bezieht, wie die Gebote der Rechtschaffenheit es von ihm verlangen.

Die Linien

6 auf dem untersten Platz: Der Tiegel ist auf den Kopf gestellt, um ihn von faulenden Fleischresten zu befreien.[3] Es ist nicht beschämend, um der Geburt von Söhnen willen eine Nebenfrau zu nehmen.[4]

Kommentar: Es ist nicht unziemlich, einen Opfertiegel auf den Kopf zu stellen, um ihn dadurch von faulendem Inhalt zu befreien. Wenn man ein edles Ziel verfolgt, ist es notwendig, so zu handeln.

9 auf dem zweiten Platz: Der *Ting* besitzt Festigkeit. Meine Feinde sind in einer schwierigen Lage und können mir nichts anhaben – Heil!

Kommentar: Der erste Satz macht darauf aufmerksam, daß Vorsicht geboten ist. »Meine Feinde sind in einer schwierigen Lage« zeigt an, daß ich bis zum Ende frei von Tadel bleiben werde.

9 auf dem dritten Platz: Die Griffe des *Ting* wurden entfernt. Er ist deswegen nur schwer zu handhaben.[5] Das Fett des Fasanen bleibt ungegessen.[6] Plötzlich regnet es[7], das Bedauern schwindet, und schließlich kommt Heil.

Kommentar: Was über die Griffe des *Ting* gesagt wird, bezieht sich auf ein Versagen bei der Erfüllung unserer Pflicht.

9 auf dem vierten Platz: Die Beine des *Ting* brechen ab. Des Prinzen Speise wird umgekippt, und er wird besudelt – Unheil![8]

Kommentar: Des Fürsten Speise wird umgekippt – wie sollte man sich da noch seines Vertrauens erfreuen können?

6 auf dem fünften Platz: Am *Ting* sind gelbe Griffe mit goldenen Ringen[9] – Beharrlichkeit im Rechten und Wahren wird belohnt.

Kommentar: Was hier über den *Ting* gesagt wird, geht aus der zentralen Stellung dieser Linie (im oberen Trigramm) hervor, denn diese Stellung deutet gediegenen Wert an.

9 auf dem obersten Platz: Der *Ting* hat Jadegriffe[10] – erhabenes Heil! Alles ist jetzt günstig.

Kommentar: Der erste Teil dieses Passus ergibt sich aus der Position dieses Strichs – ein fester Strich, der dem nachgiebigen (fünften) Strich harmonisch entspricht.

Anmerkungen:

1. Ein Hinweis auf die Teiltrigramme, der uns bedeutet, daß wir unsere Pflichten auf elegante Weise ausführen (oder ausführen sollten).
2. Es ist richtig, wenn wir unseren religiösen Verpflichtungen nachkommen, doch müssen wir für die Pflichten, die wir unseren Mitmenschen gegenüber haben, wesentlich mehr Geld und Energie aufwenden als für religiöse Zeremonien.
3. Es gibt Handlungen, die an und für sich zwar überaus unschicklich sind, die jedoch unter bestimmten Umständen vertretbar und angemessen sein können. Eine rein ritualistische Vorstellung von richtig und falsch ist nicht wünschenswert.
4. Dies ist ein für den traditionsbeflissenen Chinesen sofort annehmbares Beispiel für etwas an sich Ungehöriges, das nicht mehr ungehörig ist, wenn ein zu rechtfertigendes Motiv dahintersteht.
5. Ein Aufschub, an dem unsere eigene Nachlässigkeit schuld ist.
6. Aufgrund unserer Nachlässigkeit wird eine gute Gelegenheit versäumt.
7. Ein Omen für Heil, für die nährenden Kräfte des Himmels.
8. Durch grobe Fahrlässigkeit versäumen wir nicht nur eine gute Gelegenheit, unsere Interessen zu fördern, sondern verkehren diese Gelegenheit obendrein in eine Quelle der Gefahr.
9. Die in den letzten beiden Anmerkungen angesprochenen Verfehlungen wurden richtiggestellt. Unsere Stellung ist jetzt noch besser als zu der Zeit, bevor wir diese Fehler begingen.
10. Eine weitere Verbesserung des in Anmerkung neun angezeigten Fortschritts.

Hexagramm 51
Chên Der Donner[1]

Teiltrigramme:
unten: *Chên*, Donner, Bewegung, sprießen oder erregen
oben: *Chên*, Donner, Bewegung, sprießen oder erregen

Text

Der Donner – Gelingen! Der Donner kommt mit entsetzlichem Dröhnen. Er lacht und brüllt mit furchteinflößender Heiterkeit und erschreckt die Menschen im Umkreis von einhundert Meilen. Der Opferwein wird nicht verschüttet.[2]

Kommentar zum Text

Durch Donner ist Gelingen angezeigt. Sein schreckliches Gebrüll versetzt in Angst und Schrecken, doch führt dies zu Freude.[3] Er lacht und brüllt in fürchterlicher Heiterkeit, doch danach ist alles in Ordnung. Er erschreckt die Menschen im Umkreis von einhundert Meilen; die in der Ferne beunruhigt er, die in der Nähe entsetzt er. Aus der Tatsache, daß der Opferwein nicht verschüttet wird, geht hervor, daß jetzt jemand erscheint, der den Ahnentempel und die Schreine der Erntegötter zu betreuen vermag, einer, der dazu berufen ist, die Opfer zu leiten.[4]

Das Zeichen

Dieses Hexagramm versinnbildlicht fortwährenden Donner. Der Edle Mensch sucht sich in Furcht und Zittern zu vervollkommnen.

Die Linien

9 auf dem untersten Platz: Donner kommt mit mächtigem Gebrüll, das sich in geräuschvolle Heiterkeit verwandelt – Heil!

Kommentar: Sein erschreckendes Gebrüll ruft Angst hervor, welche zu Freude führt.[3] Auf seine lautstarke Heiterkeit folgt gerechte Ordnung.

6 auf dem zweiten Platz: Donner naht heran – Schwierigkeiten stehen bevor! Traurig läßt er von seinen Besitztümern ab und setzt (auf der Flucht) den Fuß in die neun Hügel.[5] Er sollte nicht nach ihnen suchen; in sieben Tagen wird er sie zurückgewinnen.

Kommentar: Aus der Stellung dieser nachgiebigen Linie über einem festen Strich geht hervor, daß das Herannahen des Donners Schwierigkeiten voraussagt.

6 auf dem dritten Platz: Donnerndes Ungestüm – wer ihm zu dieser Zeit nacheifert, wird keinen Schaden verursachen.[6]

Kommentar: Das donnernde Ungestüm wird durch die unangemessene Stellung dieser Linie angezeigt.

9 auf dem vierten Platz: Nach dem Unwetter sind die Wege schlammbedeckt.

Kommentar: Dies bedeutet getrübtes Denkvermögen.

6 auf dem fünften Platz: Donner kommt und geht abwechselnd – Gefahr besteht bevor. Ein sorgfältiges Überdenken kann Verlust abwenden, aber es gibt Dinge, die einer aufmerksamen Betrachtung bedürfen.

Kommentar: Der erste Satz zeigt an, daß unsere Aktivitäten in Gefahr sind. Dieser zentrale Strich (des oberen Trigramms) weist darauf hin, daß gewisse Dinge unsere Aufmerksamkeit verlangen. Große Verluste werden nicht eintreten.

6 auf dem obersten Platz: Donner bringt Aufruhr, und das Volk schaut sich voller Schrecken um. In dieser Zeit vorzurücken bringt Unheil. Der Donner berührt nicht uns selbst, sondern unsere Nachbarn – kein Verstoß.[7] Eine Heirat verursacht Klatsch.

Kommentar: Da die zentrale Linie (des oberen Trigramms) über diese oberste Linie nicht die Herrschaft zu gewinnen vermag, bringt der Donner Aufruhr. Auch wenn Unheil entsteht, sind wir nicht zu tadeln. Wir haben vor unseren Nachbarn Angst und sind deswegen vorsichtig.

Anmerkungen:

1. Wie die Teiltrigramme, aus denen es sich zusammensetzt, versinnbildlicht dieses Hexagramm nicht allein den Donner, sondern die mächtigen Naturkräfte, die alles wachsen und reifen lassen. Auch wenn sie sich in erschreckender Form manifestieren, sind diese Kräfte in ihrer Wirkung nützlich und segensreich, vorausgesetzt, sie treten im richtigen Augenblick in Erscheinung.

2. Dies bedeutet, daß der Träger des Opfergefäßes nicht leicht aus der Ruhe zu bringen ist oder daß er klug und erfahren genug ist, zwischen einer scheinbaren und einer wirklichen Gefahr zu unterscheiden.
3. Furcht ist häufig ein guter Lehrer. Da sie uns dazu zwingt, unser Verhalten zu ändern, ist sie die Vorbotin neuer Freude.
4. Die alten Chinesen nahmen diese Belange sehr ernst. Es tritt also eine Persönlichkeit in Erscheinung, die dazu befähigt ist, jene Prinzipien und/oder Gegenstände zu beschützen und zu versorgen, die uns besonders am Herzen liegen.
5. Die zusätzlichen chinesischen Kommentare, die mir zur Verfügung standen, erklären, daß die »neun Hügel« aus der Form des Hexagramms abgeleitet sind, sie sagen jedoch nichts über die Bedeutung dieses Symbols aus.
6. Der Edle Mensch handelt gewöhnlich ruhig und besonnen, aber es gibt Zeiten, zu denen Heftigkeit am Platz ist oder doch zumindest nicht schadet.
7. Wir sind an ihren Schwierigkeiten nicht schuld. Möglicherweise sind sie – wie aus dem Linienkommentar hervorgeht – jedoch dieser Meinung und sinnen auf Vergeltung.

Hexagramm 52
Kên Das Stillehalten, die Beruhigung[1]

Teiltrigramme:
unten: *Kên*, ein Berg, hart, eigensinnig, verstockt
oben: *Kên*, ein Berg, hart, eigensinnig, verstockt

Text

Es bedeutet keinen Verstoß, den Rücken so unbeweglich zu halten, daß man gewissermaßen körperlos scheint, oder im Hof umherzugehen, ohne dabei die Menschen wahrzunehmen.[2]

Kommentar zum Text

Stillehalten heißt, zum Stillstand zu kommen. Halte ein, wenn es Zeit ist innezuhalten! Handle, wenn es Zeit ist zu handeln! Ein Mann erzielt ruhmreiche Fortschritte, wenn er jeweils zur rechten Zeit einhält und handelt. Dieses Hexagramm bezeichnet ein in dieser Situation angemessenes Stillehalten. Das obere und das untere Trigramm vertragen sich nicht, da sie einander entgegengesetzt sind; deswegen der Wortlaut des Textes.

Das Zeichen

Dieses Hexagramm versinnbildlicht zwei miteinander vereinte Berge.[3] Der Edle Mensch bleibt aufmerksam, um zu vermeiden, seine Stellung aufgeben zu müssen.

Die Linien

6 auf dem untersten Platz: Die Zehen stillhalten[4] – kein Verstoß. Unerschütterliche Beharrlichkeit auf dem rechten Weg bringt Gewinn.

Kommentar: Dieser Passus ergibt sich aus der Stellung dieser Linie, die in der rechten Ordnung steht.

6 auf dem zweiten Platz: Die Waden stillhalten.[5] Sein Herz ist von Trauer erfüllt, da er die, die ihm nachfolgen, nicht retten kann.

Kommentar: Er kann sie nicht retten, weil er es versäumte, sich zurückzuziehen und abzuwarten.

9 auf dem dritten Platz: Die Lenden stillhalten und die Wirbelsäule versteifen – sein Herz erstickt in Schwierigkeiten.[6]

Kommentar: Wenn die Lenden stillgehalten werden, droht das Herz zu ersticken.

6 auf dem vierten Platz: Den Körper stillhalten[7] – kein Verstoß!

Kommentar: Den Körper stillhalten bedeutet, das ganze Selbst zu beruhigen.

6 auf dem fünften Platz: Die Mundöffnung stillhalten. Da seine Worte wohlgeordnet sind, hat er kein(en Grund mehr zum) Bedauern.

Kommentar: Dies wird durch die angemessene Stellung dieser Linie im Zentrum (des oberen Trigramms) angezeigt.

9 auf dem obersten Platz: Stille in ihrer höhsten Form – Heil!

Kommentar: Er erlangt sie, um am Ende größeren Nutzen zu haben.

Anmerkungen:

1. Die wichtigste Anschauung des Taoismus, daß nicht zu handeln in sehr vielen Fällen die beste Art des Handelns darstellt, scheint schon vor Lebzeiten seines Begründers verbreitet gewesen zu sein, denn Laotse war ein Zeitgenosse des Konfutse, der das *Buch der Wandlung* bereits als ein sehr altes Werk betrachtete. Alle Aussagen, die in Zusammenhang mit diesem Hexagramm gemacht werden, deuten es als ein Zeichen der Überlegenheit, wenn man den Umständen entsprechend stillehält.
2. Ich bin geneigt, Professor Wilhelms Deutung dieser Aussage beizupflichten. Er sieht darin einen Hinweis auf die Übung der Meditation, jenes nach innen Kehren des Geistes, welches in den Religionen des Ostens eine solch unverzichtbare Rolle spielt. Der Rücken wird dabei gerade und aufrecht gehalten, jedoch nicht steif, während man einen Geisteszustand anstrebt, der jenseits von Sinneswahrnehmung und begrifflichem Denken ist – einen Zustand der Leere.
3. Eine Anspielung auf die Teiltrigramme, deren Verbindung hier das Bild felsengleicher Stille nahelegt.
4. Hier ist die einfachste Art des Stillehaltens angedeutet: zu bleiben, wo wir sind.
5. Vielleicht ein Hinweis darauf, daß der Befehl, mit dem der Geist die Bewegung anhalten wollte, nicht bis zu den Füßen gelangte, sondern in den Waden steckenblieb, so daß die Füße weitergingen, bis es zu spät war. Wir ringen uns also zu spät zu der Entscheidung durch zu bleiben, wo wir sind, obwohl die Umstände dies äußerst wünschenswert erscheinen lassen.
6. Es wäre mir sicher schwergefallen, diese Textstelle zu interpretieren, würde im Kommentar zur folgenden Linie nicht mit den Worten »das ganze Selbst« auf die richtige Interpretation verwiesen. An anderer Stelle wird klar, daß im *Buch der Wandlung* die Lenden manchmal den Sexualtrieb versinnbildlichen. Es ist sehr gefährlich und kann zu geistiger und emotionaler Verwirrung führen, wenn man sich zu sexueller Abstinenz zwingt, bevor die notwendige geistige Reife vorhanden ist. Es geht darum, das *ganze* Selbst zur Stille zu führen, zum Verlöschen jeglicher Leidenschaft.
7. Siehe unter Anmerkung sechs.

Hexagramm 53
Chien Der Allmähliche Fortschritt

Teiltrigramme:
unten: *Kên*, ein Berg, hart, eigensinnig, verstockt
oben: *Sun*, Wind, Holz, sanft, mild

Text

Der Allmähliche Fortschritt. Die Heirat eines Mädchens bringt Heil. Beharrlichkeit auf dem rechten Weg wird belohnt.

Kommentar zum Text

Dieses Hexagramm deutet einen allmählichen Fortschritt an und prophezeit den Mädchen, die jetzt eine Ehe eingehen, Heil. Fortschritt zu dieser Zeit führt zu einer beherrschenden Stellung[1] und erbringt damit greifbare Ergebnisse. Indem er seine Rechtschaffenheit entwickelt, erwirbt ein Mann die Befähigung, ein Land zu regieren. (Ein solcher Mann wird durch die herrschende Linie auf dem fünften Platz symbolisiert), dem festen Zentrum (des oberen Trigramms). Aus der Verbindung von Unbeugsamkeit und Sanftheit entsteht unerschöpfliches Wirken.

Das Zeichen

Dieses Hexagramm versinnbildlicht einen Baum auf einem Berg.[2] Der Edle Mensch regt das Volk zum Guten an, indem er seiner Frömmigkeit und seiner Befähigung treu bleibt.

Die Linien

6 auf dem untersten Platz: Die Wildgans[3] bewegt sich allmählich auf das Flußufer zu. Der jüngere Sohn steckt in Schwierigkeiten. Zwar kommt es zu Gerede, doch nicht zu einem Verstoß.

Kommentar: »Der jüngere Sohn steckt in Schwierigkeiten« besagt, daß wir uns in Schwierigkeiten befinden, für die wir nicht verantwortlich gemacht werden können.

6 auf dem zweiten Platz: Die Wildgans[3] bewegt sich allmählich auf einen Felsen zu. Glücklich bei Speise und Trank – Heil!

Kommentar: Heil in Form erlesener und reichhaltiger Speisen.

9 auf dem dritten Platz: Die Wildgans[3] bewegt sich allmählich auf das trockene Land zu. Der Gatte zieht von dannen und kehrt nicht zurück. Die Frau ist schwanger, doch die Geburt des Kindes verzögert sich – Unheil! Die Zeit ist günstig, sich an die Bestrafung der Übeltäter zu machen.

Kommentar: Das Ausbleiben des Gatten symbolisiert die Trennung von unseren gewöhnlichen Gefährten, die verspätete Geburt, daß wir in die Irre gehen. Der letzte Satz zeigt die Bereitschaft an, die notwendigen Vorkehrungen zu treffen, mit deren Hilfe man sich gegenseitig schützen kann.

6 auf dem vierten Platz: Die Wildgans[3] bewegt sich allmählich auf einen Baum zu und findet einen geeigneten Ast, (auf dem sie sich niederlassen kann) – kein Verstoß!

Kommentar: Da sie einen geeigneten Ast findet, sind freudiges Annehmen und Sanftheit voraussehbar.

9 auf dem fünften Platz: Die Wildgans[3] bewegt sich allmählich auf einen kleinen Hügel zu. Am Ende werden die Ergebnisse unvergleichlich sein – Heil!

Kommentar: Heil in Gestalt der völligen Erfüllung unserer Wünsche.

9 auf dem obersten Platz: Die Wildgans[3] bewegt sich allmählich auf das Kernland zu. Ihre Federn sind für Ritualzwecke brauchbar – Heil!

Kommentar: Der Satz über die Federn zeigt an, daß sich Aufruhr oder Verwirrung jetzt nicht durchsetzen können.[4]

Anmerkungen:

1. Ein Hinweis auf die fünfte Linie, die herrschende Linie dieses Hexagramms.
2. Eine Anspielung auf die Teiltrigramme.
3. Die zusätzlichen chinesischen Kommentare erklären hierzu, daß die Wildgans ein Vogel ist, der der Sonne zustrebt. Ein gebräuchliches Synonym für Sonne ist im Chinesischen das Wort *Yang*, das Wort für das männliche Prinzip. Die Wildgans steht hier also offenbar für ein Mädchen, das sich auf der Suche nach einem geeigneten Gatten befindet. Ihre Bewegung vom Flußufer zum Felsen, vom Felsen zum trockenen Land, von dort zum Baum, vom Baum zum kleinen Hügel und von dort zum Kern-

land (nach Aussagen eines Kommentares ist damit eine Halbinsel gemeint) stellt eine allmähliche Bewegung in eine unveränderte Richtung dar. Auch wenn es bei unserer Befragung um keine Heiratsangelegenheit ging, sollten wir bei unserem Vorhaben diesem Prinzip der Konstanz treu bleiben. Im Falle einer Heiratsangelegenheit bedeutet die unterste Linie Tratsch, auch wenn die Heirat durchaus nicht unangemessen ist. Die zweite Linie sagt für die Ehe günstige materielle Verhältnisse voraus. Die dritte Linie prophezeit eine unglückliche Ehe. Die vierte Linie deutet darauf, daß der Ehepartner außerordentlich freundlich und umsichtig sein wird. Die fünfte Linie sagt eine glückliche Ehe voraus, und die sechste Linie sagt die Ehe mit einer Persönlichkeit des öffentlichen Lebens voraus, die in ihrem Amt Erfolg hat.

4. Die traditionelle chinesische Vorstellung von einer guten Regierung, geordneten Familienverhältnissen usw. mißt Riten und Ritualen eine wichtige Rolle bei, weil sie im Volk das Gefühl für die Notwendigkeit stärken, die Pflichten, die jeder einzelne hat, auch wirklich ernst zu nehmen, und weil sie dazu beitragen, die Dinge in die richtige Ordnung zu bringen.

Hexagramm 54
Kuei Mei Das Heiratsfähige Mädchen[1]

Teiltrigramme:
unten: *Tui*, ein Gewässer, Teich, Sumpf, Freude
oben: *Chên*, Donner, Bewegung, sprießen oder erregen

Text

Das Heiratsfähige Mädchen. Vorrücken bringt Unheil. Jetzt ist kein Ziel (oder Bestimmungsort) günstig.

Kommentar zum Text

Dieses Hexagramm symbolisiert das Große Gesetz von Himmel und Erde, denn hätten die beiden keinen Verkehr miteinander, die Zehntausend Dinge würden nicht ins Dasein treten. Das heiratende Mädchen stellt auch das Ende und den Anfang des Menschen dar.[2] Freude und Bewegung miteinander vereint – so ist es, wenn ein Mädchen heiratet. Aus der unangemessenen Stellung (der Linien auf dem dritten und vierten Platz) geht hervor, daß Vorrücken Unheil bringt. Da die nachgiebigen Linien über den festen Linien liegen, ist jetzt kein Ziel günstig.

Das Zeichen

Dieses Hexagramm versinnbildlicht Donner über einem Teich.[3] Der Edle Mensch weiß, daß er sich seiner Fehler am Anfang bewußt sein muß, wenn er ein dauerhaftes Ergebnis erzielen will.

Die Linien

9 auf dem untersten Platz: Das Mädchen heiratet und wird Nebenfrau. Der Lahme kann gehen – Vorrücken bringt Heil.[4]

Kommentar: Was der erste Satz voraussagt, ist ihrer Ausdauer zu verdanken; der zweite Satz sagt gegenseitige Unterstützung voraus.

9 auf dem zweiten Platz: Der Einäugige kann sehen. Beharrlichkeit im Rechten und Wahren bringt dem Einsiedler[5] Gewinn.

Kommentar: Der zweite Satz zeigt an, daß im gewöhnlichen Lauf der Dinge zur Zeit noch keine Wendung zu erwarten ist.

6 auf dem dritten Platz: Das heiratende Mädchen wechselt seinen Stand. Aus einer Dienerin wird sie zu einer Nebenfrau.[6]

Kommentar: Ihr früherer Stand ist von der unangemessenen Stellung dieser Linie angezeigt.

9 auf dem vierten Platz: Das Mädchen bleibt länger als schicklich ehelos, doch kommt der Tag, an dem sie eine späte Ehe eingeht.

Kommentar: Ihr fester Entschluß, mit der Ehe zu warten, zeigt an, daß wir warten sollten, bevor wir etwas unternehmen.

6 auf dem fünften Platz: Die zweite heiratsfähige Tochter des Kaisers trug weniger aufwendige Prachtgewänder als ihre Brautjungfer.[7] Kurz vor Vollmond kommt Heil!

Kommentar: Der erste Satz sagt uns, daß wir uns wahrhaft vornehm verhalten sollten, auch wenn wir unserer Stellung nach nur einen mittleren Rang bekleiden.

6 auf dem obersten Platz: Eine Frau trägt einen Korb, der nichts enthält. Ein Mann ersticht ein Schaf, doch es fließt kein Blut. Kein Ziel (oder Bestimmungsort) ist jetzt günstig.

Kommentar: Diese obere Linie deutet an, daß kein verläßlicher Wert vorhanden ist; deswegen das Symbol des leeren Korbes, den sie hält.

Anmerkungen:

1. Dieses Hexagramm ist insgesamt ein höchst ungünstiges Vorzeichen. In den Fällen, in denen die Wandlungslinien einen gewissen Erfolg versprechen, wird dieser sogleich eingeschränkt und ist nicht besonders wünschenswert. Gemäß ihrer Stellung innerhalb der Familienordnung der Trigramme steht das untere Trigramm für die jüngste Tochter und das obere Trigramm für den ältesten Sohn. Da kein großes Glück vorausgesagt wird, ist der Name des Hexagramms aus dem unteren und nicht aus dem oberen Hexagramm abgeleitet. Wir dürfen nicht meinen, daß es sich in seiner Bedeutung auf die Frage einer möglichen Eheschließung beschränkt. Was hier über das heiratsfähige Mädchen ausgesagt wird, versinnbildlicht auf die eine oder andere Weise unsere Aussichten in bezug auf den Gegenstand unserer Befragung.
2. Denn sie schenkt einer neuen Generation das Leben, bevor die gegenwärtige Generation ihr Ende erreicht hat.
3. Eine Anspielung auf die Teiltrigramme.
4. Ein gewisser Fortschritt ist angezeigt, doch ist er von einem glänzenden Fortschritt weit entfernt. Eine Nebenfrau hat es zweifellos besser als eine Alleinstehende. Zu lahmen ist zweifellos besser, als überhaupt nicht laufen zu können – und doch sind diese beiden Zustände nicht besonders wünschenswert.
5. Es ist nicht ungewöhnlich, wenn ein Einäugiger mehr oder weniger gut sehen kann; ebensowenig ist es außerordentlich, wenn ein Einsiedler von seiner Ausdauer bei Meditations- und Andachtsübungen profitiert. Beides stellt nichts besonders Bemerkenswertes dar.
6. Auch hier wird ein kleiner Fortschritt, aber kein sonderlich befriedigendes Ergebnis erzielt.
7. Da sie sich nicht so auffällig kleidet, zeigt die Prinzessin, daß sie einen feineren Geschmack besitzt als ihre Brautjungfer. Damit wird uns bedeutet, daß wir uns vor Prahlerei hüten müssen.

Hexagramm 55
Fêng Die Fülle[1]

Teiltrigramme:
unten: *Li*, Feuer, Glanz, Schönheit
oben: *Chên*, Donner, Bewegung, sprießen oder erregen

Text

Die Fülle – Gelingen! Der König erweckt ihre Begeisterung.[2] Sei nicht bekümmert; es ist passend, (wie) die Sonne im Zenit (zu sein).

Kommentar zum Text

Dieses Hexagramm kündigt eine beträchtliche Menge an. Glanz und Bewegung sind miteinander vereint[3] – daraus folgt die Fülle. (Aus der Tatsache), daß der König sein Volk mit Begeisterung erfüllt, ist der hohe Respekt abzulesen, den es für ihn hegt. Sich von Schwermut zu befreien und zu sein wie die Sonne im Zenit, bedeutet, daß wir unser Licht in der Welt aufleuchten lassen. Nachdem sie ihren Zenit erreicht hat, beginnt sich die Sonne zu senken. Auch ein voller Mond kann eine Verdunkelung erleiden. Alle Dinge zwischen Himmel und Erde erfahren Ebbe und Flut, füllen und leeren sich zu ihrer Zeit. Wieviel mehr muß dies dann auf den Menschen zutreffen, wieviel mehr noch auf Geister und Götter!

Das Zeichen

Dieses Hexagramm versinnbildlicht das gleichzeitige Auftreten von Donner und Blitz.[3] Der edle Mensch spricht Urteil in Rechtsstreitigkeiten und verhängt (die notwendigen) Strafen.

Die Linien

9 auf dem untersten Platz: Er trifft auf einen Prinzen von gleichem Rang und bleibt ohne Tadel, auch wenn (er seine Gastfreundschaft) zehn Tage lang (in Anspruch nimmt) – beim Gewinnen von Ansehen macht er Fortschritte.

Kommentar: Auch wenn er dies zehn Tage lang tun darf, würde er sein Unglück herausfordern, sollte er diese Zeit überschreiten.[4]

6 auf dem zweiten Platz: Die Behinderung ist so groß, daß ihm die Mittagssonne wie ein winziger Stern erscheint. Vorrücken würde jetzt Mißtrauen und die verschiedensten Übel nach sich ziehen. Das Vertrauen scheint jedoch zuzunehmen – Heil!

Kommentar: Das zunehmende Vertrauen, welches man gegenwärtig in uns setzt, wird uns helfen, unseren Willen zu vollenden.

9 auf dem dritten Platz: Der Regen fällt so reichlich, daß selbst am Mittag Dunkelheit herrscht. Er bricht sich den rechten Unterarm – kein Verstoß!

Kommentar: Der schwere Regen bedeutet, daß wir im Augenblick nichts Großes erreichen können. (Aus der Tatsache), daß er sich den rechten Unterarm bricht, ist zu entnehmen, daß er bis zum Ende nutzlos bleiben wird.[5]

9 auf dem vierten Platz: Die Behinderung ist so groß, daß ihm die Mittagssonne wie ein winziger Stern erscheint. Zusammentreffen mit einem Prinzen von gleichem Rang – Heil!

Kommentar: Das Ausmaß der Behinderung ist aus der unangemessenen Stellung dieser Linie abzulesen. Da er am Mittag nur einen winzigen Stern wahrnehmen kann, ist anzunehmen, daß wir nichts besitzen, um die Dunkelheit (die uns umgibt) zu erhellen. (Die Tatsache), daß er glücklicherweise mit einem gleichrangigen Fürsten zusammentrifft, zeigt an, daß jetzt etwas unternommen werden darf.[6]

6 auf dem fünften Platz: Die vielfarbige Schönheit (des Himmels nach einem Gewitter) tritt jetzt hervor. Es werden Segnungen[7] und Ruhm gewonnen – Heil!

Kommentar: Das Heil bezieht sich auf die Segnungen, die zuvor erwähnt wurden.

6 auf dem obersten Platz: In seinem Haus herrscht Fülle, und es ist von einem Wall umgeben. Trotzdem sieht er niemanden, wenn er aus dem Tor späht. Drei Jahre lang sieht er niemanden – Unheil!

Kommentar: In seinem Haus herrscht solche Fülle, daß er am Rand des Himmels zu schweben scheint. Er läßt niemanden vor, denn er hält sich vorsätzlich verborgen.[8]

Anmerkungen:

1. Fülle ist an sich ein gutes Zeichen, doch folgt darauf gewöhnlich, daß das, was vorher in Hülle und Fülle vorhanden war, ab-

nimmt und schwindet. Überdies können, wie wir noch sehen werden, auch Dunkelheit und andere unangenehme Dinge in großem Ausmaß in Erscheinung treten.

2. Dies darf als glückliches Vorzeichen verstanden werden.
3. Eine Anspielung auf die Teiltrigramme.
4. Zwar ist es durchaus in Ordnung, wenn wir die Gastfreundschaft von Gleichgestellten in Anspruch nehmen; sollten wir sie jedoch übermäßig strapazieren, werden daraus unweigerlich Schwierigkeiten entstehen.
5. Es ist nicht ganz klar, ob dies besagen soll, daß wir für die Aufgabe, die wir uns gestellt haben, ungeeignet sind, oder ob der Text sich auf eine andere Person bezieht, von der wir abhängig sind. Der Sinn dieser Aussage muß aus dem Kontext der Befragung erschlossen werden.
6. Wir sind durch unsere eigene Unwissenheit und Dummheit behindert und sollten deswegen nichts unternehmen, solange nicht jemand erscheint, der bereit ist, uns weiterzuhelfen.
7. Unerwartetes oder scheinbar unverdientes Glück.
8. Linientext und Linienkommentar stellen eine Person vor, die viel für sich selbst erreicht hat, die sich nun jedoch aus Überheblichkeit oder einem ähnlichen Grund weigert, ihr Glück mit anderen zu teilen, und deswegen inmitten ihres Besitzes allein gelassen und unglücklich bleibt.

Hexagramm 56
Lü Der Wanderer

Teiltrigramme:
unten: *Kên*, ein Berg, hart, eigensinnig, verstockt
oben: *Li*, Feuer, Glanz, Schönheit

Text

Der Wanderer – in kleinen Dingen Erfolg. In bezug auf Reisen bringt Beharrlichkeit Heil.

Kommentar zum Text

Dieses Hexagramm sagt Erfolg in kleinen Dingen voraus, denn ein nachgiebiger Strich steht im Zentrum (des oberen Trigramms) und entspricht den festen Linien zu beiden Seiten uneingeschränkt. Miteinander vereint führen Eigensinnigkeit und Schönheit[1] in kleinen Dingen zu Erfolg und versichern den entschlossenen Wanderer seines Heils. Die rechtzeitige Anwendung des Urteils zu diesem Hexagramm ist von größter Wichtigkeit.

Das Zeichen

Dieses Hexagramm versinnbildlicht Feuer auf einem Berg.[1] Der Edle Mensch geht bei der Durchführung von Bestrafungen klug und umsichtig vor und duldet in den Rechtsfällen (die vor ihn gebracht werden) keinen Aufschub.

Die Linien

6 auf dem untersten Platz: Da er seine Zeit mit Nebensächlichkeiten vertrödelt, zieht der Wanderer Unglück auf sich.
Kommentar: Das Unglück, das daraus folgt, daß wir keinen eigenen Willen haben.

6 auf dem zweiten Platz: Der Wanderer erreicht ein Rasthaus; seine Wertsachen befinden sich noch immer sicher im Inneren seines Gewandes.[2] Er gewinnt die Ergebenheit eines jungen Dieners.
Kommentar: Der zweite Satz versichert uns, daß bis zum Ende keine Schwierigkeiten auftreten werden.

9 auf dem dritten Platz: Aufgrund (der Unvorsicht) des Wanderers brennt das Rasthaus nieder, und er kann sich nicht länger der Ergebenheit des jungen Dieners erfreuen. Beharrlichkeit würde jetzt zu ernsthaften Schwierigkeiten führen.[3]
Kommentar: Indem er das Niederbrennen des Rasthauses verursacht, verletzt er den jungen Diener. Dies bedeutet, daß unser Pflichtgefühl und unsere Tüchtigkeit Schaden nehmen, da wir uns auf abschüssiger Bahn befinden.

9 auf dem vierten Platz: Der Wanderer erreicht einen Ort, an dem er das für seine Ausgaben nötige Geld erhält; dennoch klagt er darüber, daß in seinem Herzen keine Freude ist.[4]
Kommentar: Aus der unangemessenen Stellung dieser Linie geht hervor, daß der Wanderer einen solchen Ort erreicht. Es bringt ihm keine Freude, das Geld zu erhalten, das er für seine Ausgaben benötigt.

6 auf dem fünften Platz: Er verliert einen Pfeil, während er auf Fasanen schießt. Am Ende kommt er zu Amt und Ehren.[5]

Kommentar: Beide werden von oben verliehen.

9 auf dem obersten Platz: Ein Vogel bringt es so weit, sein eigenes Nest zu verbrennen. Zuerst lacht der Wanderer, doch dann (hat er Grund) zu weinen und zu klagen.[6] Eine Kuh geht durch Nachlässigkeit verloren – Unheil!

Kommentar: Der obere Teil dieses Hexagramms versinnbildlicht das Brennen.[7] (Die Tatsache), daß die Kuh durch Nachlässigkeit verlorengeht, bedeutet, daß wir von dem, was wir verloren haben (oder dabei sind zu verlieren), nie wieder etwas hören werden.

Anmerkungen:

1. Eine Anspielung auf die Teiltrigramme.
2. Dies besagt, daß wir nicht befürchten müssen, auf unserer Reise etwas zu verlieren.
3. Unsere Fahrlässigkeit bringt uns in so große Schwierigkeiten, daß es Wahnsinn wäre, auf unseren Plänen zu beharren.
4. Obwohl keine materiellen Probleme entstünden, würden wir nicht glücklich sein können, wenn wir uns jetzt auf eine Reise begeben oder weiterreisen.
5. Dieser Passus zeigt an, daß wir nach einem anfänglichen geringen Verlust durch Hilfe von oben zu beträchtlichen Gewinnen kommen.
6. Offensichtlich lachen wir darüber, daß ein anderer durch seine Nachlässigkeit in eine unglückliche Lage gerät – bis wir bemerken, daß der entstandene Verlust auch uns in Mitleidenschaft zieht.
7. Eine Anspielung auf das obere Teiltrigramm.

Hexagramm 57
Sun Die bereitwillige Unterordnung, Sanftmut, das Eindringen[1]

Teiltrigramme:
unten: *Sun*, Wind, Holz, sanft, mild
oben: *Sun*, Wind, Holz, sanft, mild

Text

Die bereitwillige Unterordnung – in kleinen Dingen Erfolg. Es ist von Vorteil, ein Ziel (einen Bestimmungsort) im Auge zu haben und einen Großen Mann aufzusuchen.

Kommentar zum Text

Es gehört ein Höchstmaß an Ergebenheit dazu, den Willen des Himmels auszuführen. Das Feste dringt in die Mitte (der beiden Trigramme) ein und ist angemessen plaziert. Dies verspricht die Erfüllung des Gewollten. Der Erfolg in kleinen Dingen und die übrigen Aussagen des Textes sind aus der Tatsache abgeleitet, daß alle nachgiebigen Linien mit den festen harmonisch übereinstimmen.

Das Zeichen

Dieses Hexagramm versinnbildlicht einen günstigen Wind.[2] Der Edle Mensch erfüllt die ihm bestimmten Aufgaben in Übereinstimmung mit dem Willen des Himmels (des Herrschers).

Die Linien

6 auf dem untersten Platz: Vormarsch und Rückzug. Des Kriegers Beharrlichkeit im Rechten und Wahren bringt Vorteile.

Kommentar: Die ersten drei Worte lassen durchblicken, daß wir uns über unsere eigenen Absichten im unklaren sind. Der Rest dieses Passus deutet auf einen fest beherrschten Willen.[3]

9 auf dem zweiten Platz: Unter das Bett kriechen.[4] Er nimmt die Dienste eines unordentlichen Haufens von Wahrsagern und Zauberern in Anspruch – Heil! Kein Verstoß![5]

Kommentar: Trotz des liederlichen Haufens ist Heil vorausgesagt, weil diese Linie im Zentrum (des unteren Trigramms) steht.

9 auf dem dritten Platz: Wiederholte Unterwerfung – Beschämung!

Kommentar: Die Beschämung ist auf die Erschöpfung unserer Willenskraft zurückzuführen.

6 auf dem vierten Platz: Das Bedauern schwindet. Drei Arten (von Wild) werden auf dem Feld gefangen.

Kommentar: Der zweite Satz prophezeit greifbare Ergebnisse.

9 auf dem fünften Platz: Beharrlichkeit auf dem rechten Weg wird belohnt. Das Bedauern schwindet, und alles ist günstig! Ein schlechter Anfang, aber ein gutes Ende![5] Die drei Tage unmittelbar vor und die drei Tage unmittelbar nach (der jetzt anstehenden Veränderung) sind besonders verheißungsvoll.[6]

Kommentar: Aus der angemessenen Stellung dieser Linie im Zentrum (des oberen Trigramms) ist zu ersehen, daß wir uns glücklicher Umstände erfreuen werden.

9 auf dem obersten Platz: Unter das Bett kriechen.[4] Er verliert, was er für seine Reiseausgaben benötigt – Beharrlichkeit bringt Unheil!

Kommentar: Unter das Bett kriechen – diese oberste Linie zeigt die Erschöpfung (aller Möglichkeiten) an. Der Verlust seines Reisegeldes bedeutet sicheres Unglück!

Anmerkungen:

1. Dies ist ein einigermaßen verheißungsvolles Hexagramm. Solange nicht eine Wandlungslinie mit gegenteiligem Inhalt auftaucht, prophezeit es all jenen, die sich den Umständen anzupassen vermögen, einen gewissen Erfolg. Es ist jetzt nicht angebracht, Widerstand zu leisten; vielmehr ist es an der Zeit, sich unterzuordnen.
2. In den Teiltrigrammen sind die Eigenschaften von Wind und Sanftmut vereint – deswegen ein günstiger Wind.
3. Damit ist möglicherweise gesagt, daß wir jetzt zu sehr zaudern und daß wir deswegen wie Krieger im offenen Kampf fest entschlossen auftreten müssen, um zu einem Vorteil zu gelangen.
4. Dies ist ein Zeichen für übertriebene Unterwürfigkeit, sklavische Demut usw. Offensichtlich haben wir uns dieses Fehlers schuldig gemacht.
5. Dies könnte sich auf die bisherigen Linien des Hexagramms

beziehen, denn die Voraussagen zum starken Strich auf dem fünften Platz sind wesentlich günstiger als die Voraussagen zu den übrigen Linien. Wir können diese Aussage auch dahingehend verstehen, daß sich ein Unternehmen trotz seines unerfreulichen Auftaktes wesentlich zum Besseren wandelt.

6. Es wäre angebracht, die einschneidende Veränderung, die hier vorausgesagt wird, genau zu identifizieren, damit wir die sechs besonders günstigen Tage zur Durchsetzung unserer Pläne auch voll nützen können.

Hexagramm 58
Tui Die Freude

Teiltrigramme:
unten: *Tui*, ein Gewässer, Teich, Sumpf, Freude
oben: *Tui*, ein Gewässer, Teich, Sumpf, Freude

Text

Die Freude – Gelingen! Beharrlichkeit auf dem rechten Weg wird belohnt.

Kommentar zum Text

Dieses Hexagramm verheißt Fröhlichkeit. (In beiden Teiltrigrammen ist) das Feste in der Mitte und das Nachgiebige (steht ihm) zur Seite. Mittels Beharrlichkeit im Rechten und Wahren Freude zu verwirklichen suchen ist der Weg, der uns mit dem Himmel übereinstimmen und den Menschen entsprechen läßt. Wenn es mit Freude geführt wird, vergißt das Volk seine Lasten. Wenn sie in Freude mit Schwierigkeiten ringen, vergessen sie sogar, daß sie sterben müssen. Es ist das höchste Geschenk der Freude, das Volk zu ermutigen.

Das Zeichen

Dieses Hexagramm versinnbildlicht zwei Gewässer, die sich vereinen.[1] Der Edle Mensch trifft sich mit seinen Freunden zu Gesprächen und zur Übung (der verschiedenen Künste und Tugenden).

Die Linien

9 auf dem untersten Platz: Einträchtige Freude – Heil!

Kommentar: Dies zeigt an, daß wir in der Lage sind zu handeln, ohne durch Zweifel behindert zu sein.

9 auf dem zweiten Platz: Zuversichtliche Freude – Heil! Kein Bedauern!

Kommentar: Daraus ist zu erkennen, daß wir unserem Willen in völliger Zuversicht Geltung verschaffen.

6 auf dem dritten Platz: Bevorstehende Freude – Unheil![2]

Kommentar: Das Unheil ist durch die unangemessene Stellung dieser Linie angezeigt.

9 auf dem vierten Platz: Mit (künftigen) Freuden rechnend, ist er unruhig und erleidet die verschiedensten kleinen Mißgeschicke. Trotzdem ist er glücklich.

Kommentar: Das Glück kommt (allen dummen Befürchtungen zum Trotz), da man Segnungen[3] empfangen wird.

9 auf dem fünften Platz: Seinen Glauben in etwas zu setzen, das sich bereits in Auflösung befindet, führt zu Schwierigkeiten.[4]

Kommentar: Trotzdem ist diese Linie angemessen plaziert (und deswegen werden sich die Schwierigkeiten in Grenzen halten).

6 auf dem obersten Platz: Freude in der Form von Verführung.[5]

Kommentar: An dieser Art von Freude finden die Unwissenden Gefallen.

Anmerkungen:

1. Eine Anspielung auf die Teiltrigramme.
2. Es ist nicht ganz klar, welche Beziehung zwischen der »bevorstehenden Freude« und dem von dieser Linie prophezeiten Unheil besteht. Ziemlich frei interpretiert könnte diese Textstelle bedeuten, daß wir Unglück erleiden, wo wir Glück erwarteten. Die von uns erwartete Freude mag sich also nicht einstellen.
3. Unerwartetes oder scheinbar unverdientes Glück.
4. Wahrscheinlich setzen wir unseren Glauben in den Bestand einer Sache, die, ohne daß wir davon wissen, bereits in sich zusammenfällt.
5. Oberflächliche Freuden durch Reize, von denen der Edle Mensch unberührt bleibt.

Hexagramm 59
Huan Das Zerstreuen, die Auflösung, das Verteilen

Teiltrigramme:
unten: *K'an*, Wasser, ein Abgrund
oben: *Sun*, Wind, Holz, sanft, mild

Text

Das Zerstreuen – Gelingen! Der König hat sich seinem Tempel genähert.[1] Es ist vorteilhaft, den großen Fluß (den großen Ozean) zu überqueren.[2] Beharrlichkeit auf dem rechten Weg wird belohnt.

Kommentar zum Text

Dieses Hexagramm sagt Gelingen voraus, weil das Feste (der Strich auf dem zweiten Platz) herannaht und sich nicht erschöpft. Das Nachgiebige (die vierte Linie) erhält einen Platz außerhalb (des unteren Trigramms)[3], und die Linie darüber entspricht ihr. Der König (der Strich auf dem fünften Platz) hat sich seinem Tempel genähert und ist in dessen Zentrum (dem des oberen Trigramms) zu finden. Es ist vorteilhaft, den großen Fluß (großen Ozean) zu überqueren, weil greifbare Ergebnisse entstehen, wenn man Holz besteigt.[4]

Das Zeichen

Dieses Hexagramm versinnbildlicht Wind, der über die Oberfläche der Wasser weht.[5] Die Könige alter Zeiten errichteten Tempel,[6] in denen sie dem Höchsten Herrscher (des Himmels) opferten.

Die Linien

6 auf dem untersten Platz: Anderen mit der Kraft eines Pferdes helfen – Heil!
Kommentar: Dieses Heil entsteht, weil wir mit anderen bereitwillig übereinstimmen.

9 auf dem zweiten Platz: Wenn die Auflösung in vollem Gange ist, eile zum Altar,[7] dann wird das Bedauern schwinden.
Kommentar: Diese Linie zeigt an, daß sich unsere Wünsche erfüllen werden.

6 auf dem dritten Platz: Ego(-zentrische) Gedanken lösen sich auf – kein Bedauern!

Kommentar: Dies bedeutet, daß unser Wille auf ein Ziel gerichtet ist, welches (über unser persönliches Wohlbefinden) hinausgeht.

6 auf dem vierten Platz: Er löst seine Gruppe von Gefährten auf[8] – erhabenes Heil! Verteilen führt zum Ansammeln, doch ist dies etwas, das gewöhnliche Leute nicht verstehen.[9]

Kommentar: In diesem Zusammenhang bedeutet erhabenes Heil höchsten Ruhm.

9 auf dem fünften Platz: Seinen Schweiß abschüttelnd,[10] teilt er seine königlichen Befehle aus. Der König verteilt (die Schätze) seines Palastes (unter das Volk) – kein Tadel!

Kommentar: Aus der angemessenen Stellung dieser herrschenden Linie geht hervor, daß er sich durch sein Verhalten nichts zuschulden kommen läßt.

9 auf dem obersten Platz: Indem er Blut vergießt (d. h. Verletzung oder Gewalt abwehrt[11]), hält er es von sich fern – kein Vergehen!

Kommentar: Dies bedeutet, daß er das Böse auf Distanz halten kann.

Anmerkungen:

1. Ein Vorzeichen für einen sicheren Zufluchtsort. Siehe auch unter Anmerkung sechs.
2. Eine weite Reise zu unternehmen.
3. Das untere Trigramm, *K'an*, bedeutet Gefahr, Schwierigkeit usw. Es ist gut, sich außerhalb dieser Gefahr zu befinden, wie die drei oberen Hexagrammstriche.
4. Holz ist eine der Bedeutungen von *Sun*, dem oberen Trigramm. Hier wird zweifellos auf ein Boot oder Schiff angespielt.
5. Eine Anspielung auf die Teiltrigramme.
6. Ein Tempel ist ein Ort, an dem man vor den Schlechtigkeiten der Welt sicher ist. In der Symbolik dieses Hexagramms stellt das obere Trigramm einen Tempel dar, in dem das Volk vor dem Abgrund (des unteren Trigramms) sicher ist. Seine zentrale Linie (auf dem fünften Platz) verkörpert den König. Dies bedeutet, daß wir uns mit Hilfe von spirituellem und sittlichem Streben vor den Gefahren des unteren Trigramms schützen sollen.

7. Dieser Hinweis ist im Sinne der Ausführungen zu Anmerkung sechs zu verstehen.
8. Da sich herausstellte, daß diese Gruppe dem Allgemeinwohl nachweislich Schaden zufügte.
9. Dies ist eine günstige Zeit, unsere Habe »in den Wind zu streuen«. Für unseren Erfolg ist es jetzt wesentlich, den Beweis wirklicher Großzügigkeit zu erbringen.
10. Ein zusätzlicher Kommentar führt den Schweiß auf Krankheit und Ängste zurück und erklärt die Bedeutung dieser Stelle folgendermaßen: »Der König befreit sich von den Ursachen seiner Ängste, indem er seinen Besitz an die Bedürftigen verteilen läßt.« Auch in diesem Fall ist Großzügigkeit eine notwendige Voraussetzung für den Erfolg.
11. Der Originaltext ist so unklar, daß sich alle zusätzlichen Kommentare über die Bedeutung des Blutvergießens uneinig sind; aus dem Linienkommentar wird jedoch klar, was damit grundsätzlich gemeint ist.

Hexagramm 60
Chieh Die Beschränkung[1]

Teiltrigramme:
unten: *Tui*, ein Gewässer, Teich, Sumpf, Freude
oben: *K'an*, Wasser, ein Abgrund

Text

Die Beschränkung – Gelingen! Auf strenger Beschränkung zu beharren ist ein Fehler.

Kommentar zum Text

Dieses Hexagramm sagt Gelingen voraus, weil feste und nachgiebige Striche in gleicher Anzahl vertreten sind und der feste (fünfte Strich) die Mitte (des oberen Trigramms) bildet. Strenge Beschränkung darf man nicht fortwährend auferlegen, denn sie führt zu Erschöpfung. Ein gefahrenreiches Unternehmen, doch empfindet man dabei Freude.[2] Die zentrale Linie (des oberen Trigramms) ist angemessen plaziert und (deutet damit an, daß wir unser) Ziel erreichen. Durch die Beschränkung der himmlischen und irdischen

Kräfte kommen die vier Jahreszeiten jede zu ihrer Zeit. Wird bei der Ausübung der Regierungsgeschäfte Beschränkung geübt, dann nehmen Besitz und Volk keinen Schaden.

Das Zeichen

Dieses Hexagramm versinnbildlicht Wasser (das von einem Deich zurückgehalten wird) über einem moorigen See.[2] Der Edle Mensch führt systematisch die Maßnahmen durch, die zu einer Verbreitung der allgemeinen Ausübung der Tugend führen sollen.

Die Linien

9 auf dem untersten Platz: Er geht nicht weiter vor als bis zu den Außentoren und Innenhöfen (seines Hauses) – kein Verstoß!
Kommentar: Er handelt derart, weil er weiß, wann die Dinge vollendet werden können und wann (ihre Entwicklung) blockiert ist.[3]

9 auf dem zweiten Platz: Er geht nicht weiter vor als bis zu den inneren Toren und Innenhöfen (seines Hauses) – Unheil!
Kommentar: Unheil, weil er es versäumt, die sich jetzt bietende Gelegenheit zu nützen.[4]

6 auf dem dritten Platz: Seufzen über ein offensichtliches Fehlen von Beschränkung – kein Verstoß!
Kommentar: Wer könnte daran etwas auszusetzen haben?[5]

6 auf dem vierten Platz: Friedliche Beschränkung – Gelingen!
Kommentar: Das Gelingen wird durch die unmittelbar darüberstehende feste Linie angezeigt.

9 auf dem fünften Platz: Freiwillige Beschränkung – Heil! Wenn er jetzt vorrückt, erntet er Lob.[6]
Kommentar: Dies geht aus der zentralen Stellung dieser herrschenden Linie hervor.

6 auf dem obersten Platz: Schmerzliche Beschränkung – Beharrlichkeit bringt Unheil! Später wird das Bedauern jedoch schwinden.
Kommentar: Unheil, da sich der Weg, dem wir folgen, verliert.[7]

Anmerkungen:

1. Wie verschiedene andere erinnert uns auch dieses Hexagramm daran, daß Nichtstun zu gewissen Zeiten das Beste ist, was wir tun können.
2. Eine Anspielung auf die Teiltrigramme. Der Zusatz in der Klammer ist reine Spekulation meinerseits.
3. Dies bedeutet, daß wir uns jetzt zurückhalten sollten.
4. Dies bedeutet, daß wir einen Fehler begingen, wenn wir uns jetzt zurückhalten würden.
5. Es ist begrüßenswert, wenn wir fehlende Beschränkung bei uns oder bei anderen ehrlich beklagen.
6. Dies besagt vermutlich, daß wir uns in rechter Weise zurückgehalten haben und daß es jetzt an der Zeit ist, den nächsten Schritt zu tun.
7. Wir sollten unserem gegenwärtig beschrittenen Weg nicht weiter folgen. Dadurch beheben wir die Ursachen unserer gegenwärtigen Sorgen und Bekümmernisse.

Hexagramm 61
Chung Fu Inneres Vertrauen und Wahrhaftigkeit

Teiltrigramme:
unten: *Tui*, ein Gewässer, Teich, Sumpf, Freude
oben: *Sun*, Wind, Holz, sanft, mild

Text

Inneres Vertrauen und Wahrhaftigkeit. Delphine – Heil! Es ist vorteilhaft, den großen Fluß (den großen Ozean) zu überqueren. Beharrlichkeit auf dem rechten Weg wird belohnt.

Kommentar zum Text

Die nachgiebigen Linien befinden sich im Inneren des Hexagramms, und feste Linien nehmen (in beiden Teiltrigrammen) die zentralen Plätze ein. Freude und Sanftheit sind vereint, und das Vertrauen ist stark genug, die reibungslose Entwicklung des Reiches sicherzustellen. Das Heil, das von den Delphinen symbolisiert wird, besteht darin, daß wir das Vertrauen aller Kreaturen gewinnen. Die gute Gelegenheit, den großen Fluß (den großen Ozean) zu überqueren, beinhaltet die Benutzung eines unbeladenen Bootes (Schiffes). Von Vertrauen begleitet ist Beharrlichkeit immer vorteilhaft, denn dann stimmt sie mit (den Fügungen) des Himmels überein.

Das Zeichen

Dieses Hexagramm versinnbildlicht Wind, der über einen sumpfigen See hinwegweht.[1] Der Edle Mensch urteilt erst nach reiflicher Überlegung und läßt sich sehr viel Zeit, bevor er eine Hinrichtung befiehlt.

Die Linien

9 auf dem untersten Platz: Der Beamte, der für Jagen und Fischen zuständig ist[2] – Heil! Die Gegenwart anderer würde Befürchtungen wecken.[3]

Kommentar: Das Heil, das von dieser Linie vorausgesagt wird, beinhaltet, daß unsere Absichten unverändert bleiben.

9 auf dem zweiten Platz: Ein Kranich singt im Schatten. Seine Jungen folgen seinem Beispiel.[4] Ich habe einen fein gearbeiteten Becher und werde ihn mit dir teilen.[5]

Kommentar: »Seine Jungen folgen seinem Beispiel« weist auf einen innigen Wunsch hin.

6 auf dem dritten Platz: Er macht sich einen Feind. Er schlägt die Trommel holpernd und stockend und weint und singt abwechselnd.[6]

Kommentar: Aus der unangemessenen Stellung dieser Linie geht hervor, daß er die Trommel holpernd und stockend schlägt.

6 auf dem vierten Platz: Eine Herde von Pferden streift kurz vor Vollmond frei umher – kein Verstoß!

Kommentar: Das Umherstreifen der Pferde bedeutet, daß wir uns über jene unserer eigenen Art erheben.

9 auf dem fünften Platz: Sein Vertrauen (in das, was er tut) scheint ihn vorwärtszuziehen – kein Verstoß!

Kommentar: Dies geht aus der angemessenen Stellung dieser herrschenden Linie hervor.

9 auf dem obersten Platz: Der Lärm krähender Hähne steigt bis in den Himmel – jetzt zu beharren würde Unheil bringen![7]
Kommentar: Wie könnte dies auch lange anhalten?

Anmerkungen:

1. Eine Anspielung auf die Teiltrigramme.
2. Der ganze Satz gibt nur ein einziges chinesisches Wort wieder. Die zusätzlichen chinesischen Kommentare, die mir zur Verfügung standen, weichen in ihrer Interpretation dieses Schriftzeichens (welches mehrere Bedeutungen hat) und dieser Textstelle insgesamt weit voneinander ab. Keine ihrer Ausführungen konnte mich völlig zufriedenstellen, und ich muß offen eingestehen, daß auch ich die Bedeutung nicht erklären kann.
3. Im Licht des Kommentars zur folgenden Linie könnten wir dies auch folgendermaßen verstehen: »Jeder andere Weg (als der Weg, dem wir augenblicklich folgen) würde uns unseres seelischen Friedens berauben.«
4. Eine Sehnsucht, die wir mit anderen teilen.
5. Von den Dingen oder Lebensumständen, die für uns wertvoll sind, sollten wir auch andere profitieren lassen.
6. Wir sind uns der Tatsache bewußt, daß wir uns jemanden zum Feind gemacht haben, aber wir können uns nicht darüber schlüssig werden, was nun zu tun ist. Damit ist angedeutet, daß wir etwas mehr Mut haben sollten.
7. Wir sind übermütig und posaunen unser Glück überall hinaus. Wir müssen einsehen lernen, daß Triumph selten von langer Dauer ist, und wir dürfen uns nicht dazu verleiten lassen, jetzt einen noch größeren Triumph zu erstreben.

Hexagramm 62
Hsiao Kuo Die Kleinen kommen durch

Teiltrigramme:
unten: *Kên*, ein Berg, hart, eigensinnig, verstockt
oben: *Chên*, Donner, Bewegung, sprießen oder erregen

Text

Die Kleinen kommen durch – Gelingen! Beharrlichkeit auf dem rechten Weg wird belohnt. Man kann jetzt kleine Dinge vollenden, jedoch keine großen Taten vollbringen. Wenn die Vögel hoch in den Lüften fliegen, klingt ihr Gesang falsch.[1] Die kleinen Leute, nicht die Mächtigen, werden jetzt durch erhabenes Heil begünstigt.

Kommentar zum Text

Dieses Hexagramm prophezeit den Kleinen Gelingen. Ihre Beharrlichkeit wird belohnt, und ihr Wirken ist in Einklang mit den Gegebenheiten der Zeit. Der nachgiebige (fünfte Strich) nimmt (im oberen Trigramm) die zentrale Stellung ein; daraus ergibt sich Heil in kleinen Dingen. Dem festen (vierten Strich) gelingt es nicht, eine herrschende oder zentrale Stellung einzunehmen, deswegen sollte man jetzt nichts Wichtiges unternehmen. Das Bild eines Vogels wurde gewählt, weil Vögel nicht wohlklingend singen können, wenn sie hoch in den Lüften fliegen. (Aus der Tatsache), daß die kleinen Leute und nicht die Mächtigen durch erhabenes Heil begünstigt werden, ist zu ersehen, daß jene, die jetzt nach oben streben, mit Schwierigkeiten zu rechnen haben, wohingegen für jene, die sich im Abstieg befinden, der Weg eben und reibungslos ist.[2]

Das Zeichen

Dieses Hexagramm versinnbildlicht Donner über den Bergen.[3] Der Edle Mensch handelt zur Zeit mit zuviel Ehrerbietung, ist über den Verlust von Menschen zu sehr betrübt und legt sich bei der Befriedigung seiner Bedürfnisse übertriebene Zurückhaltung auf.[4]

Die Linien

6 auf dem untersten Platz: Ein Vogel im Flug bringt Unheil.
Kommentar: Wir können daran nichts ändern.[5]

6 auf dem zweiten Platz: Er ging an (den Geisttafeln) seiner Ahnen vorbei und traf auf den Geist (oder die Geisttafel) seiner verstorbenen Mutter.[6] Er konnte nicht bis zum Prinzen selbst vordringen, sondern traf einen der Minister – kein Verstoß.
Kommentar: Er konnte nicht bis zum Prinzen vordringen, weil er es nicht verstand, am Minister vorbeizukommen.[7]

9 auf dem dritten Platz: Wenn er nicht die notwendigen Vorkehrungen trifft, wird er unter Umständen von einem Untergebenen erschlagen[8] – Unheil!
Kommentar: Würde dies eintreffen, wäre das tatsächlich ein Unheil!

9 auf dem vierten Platz: Kein Verstoß! Anstatt an ihm vorbeizugehen, spricht er ihn an. Jetzt vorzurücken bringt Gefahren mit sich, gegen die wir gewappnet sein müssen. Dies ist nicht die Zeit zum Handeln, sondern für unerschütterliche Entschlossenheit.

Kommentar: Jemanden anzusprechen anstatt an ihm vorbeizugehen ist jetzt unangebracht (oder: wird von der unangemessenen Stellung dieser Linie angezeigt). Die Gefahren, die ein Vorrücken nach sich ziehen würde, und die Notwendigkeit, Vorkehrungen zu treffen, bedeuten uns, daß wir unseren gegenwärtigen Kurs nicht mehr lange weiterverfolgen sollten.

6 auf dem fünften Platz: Dichte Wolken kommen aus den westlichen Außenbezirken[9], aber es fällt kein Regen. Der Prinz schießt einen Pfeil ab und trifft damit jemanden in einer Höhle.[10]

Kommentar: Dichte Wolken und trotzdem kein Regen bedeutet, daß sie zu hoch aufgestiegen sind.[11]

6 auf dem obersten Platz: Anstatt ihn anzusprechen, ging er an ihm vorbei. Der Vogel flog ihm davon – Unheil in Gestalt von Unglück, das die Natur verursacht, und vorsätzlicher Verletzung.

Kommentar: Der erste Satz sagt aus, daß wir uns zu überheblich verhalten.

Anmerkungen:

1. Ein bildlicher Ausdruck, der uns bedeutet, daß wir gegen den Strom der Zeit schwimmen, wenn wir jetzt hochfliegende Pläne verfolgen.
2. Anstatt hoch hinauszuwollen, sollten wir momentan besser freiwillig die Hörner einziehen.
3. Eine Anspielung auf die Teiltrigramme.
4. Dies ist beinahe die einzige Stelle des ganzen Buches, an der beim Edlen Menschen ein Fehler gefunden wird. Auch er ist ein Mensch und geht deswegen zuweilen zu weit.
5. Der Vogel ist bloß ein Symbol. Uns wird ein Mißgeschick begegnen, welches abzuwenden wir machtlos sind.
6. Auch die zusätzlichen Kommentare erklären die Bedeutung dieses Satzes nicht; wahrscheinlich will er in etwa dasselbe aussagen wie der folgende Satz.
7. Wir erreichen nicht soviel wie erhofft, sind dafür aber nicht verantwortlich. Wir müssen uns zu dieser Zeit mit einem bescheidenen Erfolg zufriedengeben.

8. Wir müssen damit rechnen, von einem Untergebenen geschädigt (verletzt) zu werden.
9. Siehe Anmerkung drei zu Hexagramm 9.
10. Die fünfte (herrschende) Linie steht für den Prinzen, die zwei nachgiebigen Linien an der Hexagrammspitze für die Höhle. Dieser Wandlungsstrich bedeutet, daß wir zwar etwas erreichen, ohne jedoch einen bedeutenden Erfolg zu erzielen.
11. Etwas, das uns von großem Nutzen hätte sein können, zieht (unerreichbar) vorüber.

Hexagramm 63
Chi Chi   Nach der Vollendung

Teiltrigramme:
unten: *Li*, Feuer, Glanz, Schönheit
oben: *K'an*, Wasser, ein Abgrund

Text

Nach der Vollendung – Gelingen in kleinen Dingen! Beharrlichkeit auf dem rechten Weg wird belohnt. Heil zu Beginn, am Ende Verwirrung![1]

Kommentar zum Text

Dieses Hexagramm sagt Gelingen in kleinen Dingen voraus. Aus der angemessenen und korrekten Anordnung der festen und nachgiebigen Striche geht hervor, daß Beharrlichkeit auf dem rechten Weg belohnt wird. Da das Nachgiebige (der schwache Strich auf dem zweiten Platz) die Mitte (des unteren Trigramms) bildet, ergibt sich ein glücklicher Anfang. Aber schließlich kommen die Angelegenheiten in völliger Unordnung zum Stillstand, denn der Weg verliert sich.[2]

Das Zeichen

Dieses Hexagramm versinnbildlicht Wasser über Feuer.[3] Der Edle Mensch begegnet Schwierigkeiten, indem er gründlich nachdenkt und seine Vorkehrungen trifft.

9 auf dem untersten Platz: Er bremst das Rad seines Streitwagens, und der hintere Teil wird naß – kein Verstoß!

Kommentar: Diese Textstelle bedeutet, daß wir (für das Geschehen) nicht zu tadeln sind (denn es gelingt uns, im richtigen Augenblick anzuhalten).

6 auf dem zweiten Platz: Die Dame verliert den Vorhang vor ihrem Wagenfenster. Sie sollte nicht danach suchen, denn in sieben Tagen wird sie ihn wiederfinden.

Kommentar: (Die Tatsache), daß sie ihn nach sieben Tagen zurückerhält, bedeutet, daß Beschränkung oder Mäßigung) belohnt werden.

9 auf dem dritten Platz: Der Erlauchte Ahnherr (der Kaiser Wu Ting) leitete eine Strafexpedition nach Kuei Fang (wörtlich: Land der Teufel) und unterwarf es nach drei Jahren – Männer von mittelmäßiger Begabung wären nutzlos gewesen![4]

Kommentar: (Die Tatsache), daß er für die Unterwerfung ganze drei Jahre benötigte, zeigt eine große Strapaze an.[5]

6 auf dem vierten Platz: Unter die feinen Seidenstoffe sind Lumpen gemischt[6] – sei den ganzen Tag lang vorsichtig!

Kommentar: Dies zeigt an, daß zur Zeit Zweifel und Verdacht vorherrschen.

9 auf dem fünften Platz: Was den Gewinn angeht, hatten die Nachbarn im Osten weniger von ihrem Rinderopfer als die Nachbarn im Westen von der Durchführung des Frühjahrsopfers.

Kommentar: Weil das Opfer der ersteren (obwohl größer) für die Zeit weniger angemessen war.[7] Der Gewinn, dessen sich unsere westlichen Nachbarn erfreuten, bedeutet, daß sich das Heil auf dem Weg zu uns befindet.

6 auf dem obersten Platz: Sein Haupt wird naß – Schwierigkeiten!

Kommentar: Schwierigkeiten dieser Art können kaum lange andauern.[8]

Anmerkungen:

1. Vielleicht kann Beharrlichkeit dazu beitragen, die Verwirrung zu mildern, die uns nach anfänglichem Erfolg zu überkommen droht.

2. Wir sollten deswegen keine großen Fortschritte machen wollen. »Der Weg verliert sich« kann auch in dem Sinne verstanden werden, daß wir unseren Vorrat an Verdiensten aufgebraucht haben.
3. Eine Anspielung auf die Teiltrigramme.
4. Das »Land der Teufel« bezeichnet wahrscheinlich ein Gebiet, in dem nichtchinesische Stämme beheimatet waren. Diese Wandlungslinie bedeutet uns, daß nur ein Mensch mit überdurchschnittlichen Fähigkeiten sich jetzt an eine schwierige Aufgabe heranwagen darf.
5. Auch wenn wir uns befähigt fühlen, eine sehr schwierige Aufgabe in Angriff zu nehmen, wird sie uns bis an die Grenze der Erschöpfung fordern.
6. Diese verstümmelte Textstelle wird von den zuästzlichen Kommentaren unterschiedlich interpretiert. Eindeutig ist nur, daß sie uns zur Vorsicht mahnt.
7. Die Übereinstimmung mit den Gegebenheiten der Zeit ist eines der Lieblingsthemen des *Buches der Wandlung*. Eine kleine Bemühung zur rechten Zeit wird uns größeren Nutzen bringen als eine gigantische Anstrengung aller Kräfte zur falschen Zeit.
8. Wir müssen mit Schwierigkeiten rechnen, die jedoch nicht ernsthafter Natur sein oder lange währen müssen.

Hexagramm 64
Wei Chi Vor der Vollendung[1]

Teiltrigramme:
unten: *K'an*, Wasser, ein Abgrund
oben: *Li*, Feuer, Glanz, Schönheit

Text

Vor der Vollendung – Gelingen! Bevor der kleine Fuchs die Überquerung (des Eises) ganz vollenden kann, wird sein Schwanz naß.[2] Kein Ziel (oder Bestimmungsort) ist jetzt günstig.

Kommentar zum Text

Dieses Hexagramm sagt Gelingen voraus, weil die nachgiebige Linie (auf dem fünften Platz) die zentrale Stellung (des oberen Trigramms) einnimmt. (Die Tatsache), daß der kleine Fuchs die Überquerung nicht ganz vollenden kann (bevor sein Schwanz naß wird), zeigt an, daß wir (in der Angelegenheit unserer Befragung) noch nicht über die Mitte hinausgekommen sind. Das Naßwerden seines Schwanzes und die Abwesenheit eines günstigen Zieles (oder Bestimmungsortes) deuten an, daß wir unsere Angelegenheit nicht bis zum Abschluß vorantreiben können.[3] Obwohl sie nicht angemessen plaziert sind, entsprechen die festen und nachgiebigen Striche einander.

Das Zeichen

Dieses Hexagramm versinnbildlicht Feuer über Wasser.[4] Der Edle Mensch bemüht sich, die Dinge zu unterscheiden, bevor er sie in die rechte Ordnung bringt.

Die Linien

6 auf dem untersten Platz: Sein Schwanz wird naß – Schande![5]
Kommentar: Dies bedeutet außerdem, daß wir es nicht verstehen, sich bietende Gelegenheiten zu nutzen.

9 auf dem zweiten Platz: Er bremst das Rad seines Streitwagens – Beharrlichkeit im Rechten und Wahren bringt Heil![6]
Kommentar: Insbesondere das Heil, einen mittleren Weg wählen und ihm geradewegs folgen zu können.[7]

6 auf dem dritten Platz: Die Überquerung ist unvollständig; weiteres Vorrücken würde jetzt Unheil bringen. Trotzdem ist es vorteilhaft, den großen Fluß (den großen Ozean) zu überqueren.[8]
Kommentar: Der erste Abschnitt dieses Passus ergibt sich aus der unangemessenen Stellung dieser Linie.

9 auf dem vierten Platz: Beharrlichkeit auf dem rechten Weg wird belohnt. Das Bedauern schwindet. Zur Unterwerfung des Landes Kuei war eine ungeheure Anstrengung notwendig, aber nach drei Jahren erhielten (die erfolgreichen Generäle) riesige Ländereien.[9]
Kommentar: Der durch Ausdauer verdiente Lohn und das Schwinden des Bedauerns zeigen an, daß wir zurechtkommen werden.

6 auf dem fünften Platz: Beharrlichkeit auf dem rechten Weg bringt Heil und die Abwesenheit von Bedauern. Der Glanz des

Edlen Menschen gewinnt das Vertrauen des Volkes – deswegen Heil!

Kommentar: Der Edle Mensch besitzt die ruhmreiche Eigenschaft, sein Heil (an die Bedürftigen) zu verteilen.[10]

9 auf dem obersten Platz: Jene, in die das Volk sein ganzes Vertrauen setzt, dürfen ein Festmahl halten, ohne einen Fehler zu begehen. Lassen sie ihr Haupt jedoch naß werden, dann verwirken sie das Vertrauen.[11]

Kommentar: Denn dies wäre ein Zeichen von Maßlosigkeit (mangelnder Beschränkung).

Anmerkungen:

1. Es mag überraschen, daß »vor der Vollendung« und nicht »nach der Vollendung« als *letztes* der vierundsechzig Hexagramme in Erscheinung tritt, bis wir daran denken, daß dieses Hexagramm keinen Endpunkt darstellt. Der Wandlungszyklus geht vielmehr weiter, leitet von Hexagramm 64 zu Hexagramm 1 über usw. bis in alle Ewigkeit.
2. Dies bedeutet, daß wir bei unseren Vorhaben mit einem Rückschlag rechnen müssen.
3. Es ist deswegen an der Zeit, zu warten und die Hörner einzuziehen.
4. Eine Anspielung auf die Teiltrigramme.
5. Wenn wir diese Wandlungslinie erhalten, ist der zu erwartende Rückschlag wahrscheinlich besonders schimpflich.
6. Bitte übersehen Sie nicht, daß er von seiner Bremse Gebrauch macht. Seine Beharrlichkeit muß also in der Entschlossenheit Ausdruck finden, jetzt einzuhalten, um später wieder vorrükken zu können.
7. Siehe auch unter Anmerkung sechs. Wenn es uns die Ereignisse gestatten, das Abbremsen des Rades so zu deuten, daß es uns möglich war zu verhindern, in die falsche Richtung gezogen zu werden, dann steht alles zum besten, und wir brauchen uns jetzt nicht länger zurückzuhalten.
8. Der erste und der zweite Satz dieses Linientextes scheinen einander zu widersprechen. Dieser Widerspruch wird aufgehoben, wenn wir sie in dem Sinne interpretieren, daß wir, obwohl wir einen Augenblick einhalten müssen, entschlossen bleiben sollten, unsere Unternehmungen zu Ende zu führen, sobald die Umstände ein Fortschreiten erlauben.

9. Dies besagt, daß wir hart arbeiten und vielleicht sogar schwer leiden müssen, bevor wir zu der Erfüllung gelangen können, von der der Linienkommentar spricht.
10. Wir sollten das versprochene Heil großzügig mit anderen teilen.
11. Vor Unmäßigkeit wird gewarnt. Es ist unser gutes Recht, uns unseres Glücks zu erfreuen, solange wir dabei nicht die Grenzen des Schicklichen überschreiten. Wenn wir uns jedoch einer Ausschweifung schuldig machen, die der Zügellosigkeit Betrunkener vergleichbar ist, welche sich in ihrer Trunkenheit gegenseitig Wein über die Köpfe gießen, dann verwirken wir den hohen Respekt, den wir genießen (oder bald genießen werden).

Nachwort

Das chinesische Original des *Buches der Wandlung* enthält einen weiteren Abschnitt, den ich hier jedoch ausgelassen habe. Er setzt sich aus verschiedenen Kommentaren und Aufsätzen zusammen, die für das Verständnis der tieferen Aspekte des Buches von großer Bedeutung sind. Wer sich jedoch vor allem auf den Aspekt des Wahrsagens konzentriert, wird daraus keinen großen Nutzen ziehen. Deswegen, aber auch, weil ich an meiner Fähigkeit zweifle, ihm wirklich gerecht werden zu können, habe ich diesen Abschnitt ausgelassen. Wer sich über den Wahrsageaspekt hinaus für den religiösen, philosophischen und metaphysischen Hintergrund des *Buches der Wandlung* interessiert, kann in der Übersetzung Richard Wilhelms eine vollständige Wiedergabe dieses Abschnitts finden. Wie schon zuvor angedeutet, erscheint mir seine Wiedergabe jedoch nicht verläßlich, und meine Zweifel werden von allen chinesischen Experten geteilt, deren Meinung ich dazu erfragte. Trotzdem vermittelt Richard Wilhelms Übersetzung einen guten Überblick über die generelle Thematik dieses abschließenden Abschnittes.

Ich habe noch niemals Freude daran gefunden, das Werk eines anderen anzuschwärzen, und ich kann in diesem Fall wahrheitsgemäß hinzufügen, daß ich ebenfalls weit davon entfernt bin, mit meiner eigenen Übersetzung zufrieden zu sein. Eine wirklich genaue und verläßliche Übersetzung des *Buches der Wandlung* könnte nur durch die Zusammenarbeit eines Übersetzerteams gewährleistet werden. Im Idealfall sollte dieses Team aus einem oder mehreren chinesischen Gelehrten bestehen, die mit dem traditionellen Umgang mit dem I Ging völlig vertraut sind, sowie einem weiteren Chinesen, der darüber hinreichende Kenntnisse besitzt und zudem die westliche Sprache vorzüglich beherrscht, in die das Buch übertragen werden soll. Zu guter Letzt würde auch ein westlicher Sinologe (oder Chinaexperte) benötigt, der sowohl seine Muttersprache als auch das Chinesisch des *Buches der Wandlung* perfekt beherrscht und sich für diese Aufgabe intensiv vorbereitet hat.

Dritter Teil:

Tabellen und graphische Darstellungen zur Interpretation des I Ging

Zum Wahrsagen nach der im Buch vorgestellten Methode sind diese Tabellen und graphischen Darstellungen nicht erforderlich. Sie wären eine nützliche Hilfe, wenn wir die Bedeutung unmittelbar aus der Hexagramm-Struktur herauslesen wollten, ohne dabei die Texte und Kommentare in Betracht zu ziehen – eine Aufgabe, deren Schwierigkeitsgrad wohl in den meisten Fällen unsere Fähigkeiten übersteigt. Wenn wir diesen Anhang jedoch einmal näher betrachten, können wir einige der praktischen Schritte kennenlernen, mit denen die Autoren des *Buches der Wandlung* die Texte und Kommentare aus jedem Hexagramm und aus jeder einzelnen Linie abgeleitet haben. Diagramm 11 ist dafür von besonderem Interesse; wenn wir die einzelnen Spalten einmal waagerecht und senkrecht verfolgen, können wir entdecken, welche unterschiedlichen Beziehungen zwischen den Hexagrammen bestehen. Diese Beziehungen haben die Reihenfolge beeinflußt, in der die Hexagramme im *Buch der Wandlung* in Erscheinung treten, und zur Abklärung ihrer Bedeutung beigetragen. Keine der mir bekannten chinesischen Ausgaben enthält alle hier aufgeführten Tabellen und Diagramme. Darstellungen, die König Wên oder dem Kaiser Fu Hsi zugeschrieben werden, sind jedoch in fast allen Ausgaben abgebildet, selbst in den kleinsten und nicht gründlich edierten.

Der Leser wird bei der Betrachtung dieser Diagramme selbst entdecken, wie die Linienanordnung einige *Kua* (Trigramme und Hexagramme) miteinander harmonieren oder unvereinbar sein läßt, in Abstufung von einem Höchstmaß an Vereinbarkeit bis herab zu tiefgehender Feindschaft, wie wir ja auch in der Natur Kräfte finden, die in unterschiedlicher Intensität zusammenwirken oder einander entgegenwirken. Wir werden ferner sehen, daß das Verhältnis, welches zwischen zwei benachbarten Hexagrammen besteht, ihre Bedeutung zu klären hilft, je nachdem, ob sie miteinander verschmolzen oder sich in entgegengesetzte Richtungen entwickeln. Die Anzahl der möglichen Beziehungen zwischen den Hexagrammen muß schier unermeßlich sein. Einige chinesische Ausgaben widmen sich ihnen ausführlich, andere beschäftigen sich nur mit den offensichtlichen, die gleichzeitig auch die wichtigsten sind.

Selbst ohne Hintergrundkenntnisse können wir viele glückliche Stunden damit verbringen, die *Kua* miteinander zu vergleichen, ihre Beziehungen zu erforschen und über die Vorbedeutung dieser Beziehungen nachzudenken. Eine noch wesentlich faszinierendere Übung ist es, zu versuchen, Vergleiche zwischen der Wechselwirkung verträglicher und unverträglicher *Kua* anzustellen. Diese Vergleiche können zu tiefen Einsichten in die Symbolik der *Kua* führen – Einsichten, die der Lektüre mehrerer gewichtiger Wälzer in nichts nachstehen.

Wenn wir die Hexagramme verstehen wollen, müssen wir zuerst die Bedeutung der acht Trigramme kennen; die ersten Seiten dieses Anhangs sind deswegen den Trigrammen gewidmet.

1. Die Trigramme in ihrer gebräuchlichsten Reihenfolge mit ihren Haupteigenschaften

1 *Ch'ien* ☰ das Himmlische	Himmel	Kälte		schöpferisch, aktiv, stark, fest, licht	Vater
2 *Tui* ☱ See	Sumpf	Regen	Herbst	freudig, angenehm	jüngste Tochter
3 *Li* ☲ Feuer	Blitz	Sonne	Sommer	schön, abhängig, haftend	mittlere Tochter
4 *Chên* ☳ Donner		Donner	Frühjahr	aktiv, bewegend, erweckend	ältester Sohn
5 *Sun* ☴ Wind	Holz			sanft, eindringend	älteste Tochter
6 *K'an* ☵ Wasser	Wolke, ein Abgrund	Mond	Winter	umhüllend, gefährlich	mittlerer Sohn
7 *Kên* ☶ Berg		Donner		eigensinnig, unbeweglich, verstockt	jüngster Sohn
8 *K'un* ☷ Erde		Hitze		empfangend, einfühlend, nachgiebig, passiv, schwach, dunkel	Mutter

Einige zusätzliche Bedeutungen, mit deren Hilfe sich erklären läßt, wie der Wortlaut bestimmter Wandlungslinien zustande gekommen ist, sind:
1. Haupt, Kopf, Pferd. 2. Mund, Schaf (Ziege). 3. Auge, Fasan. 4. Fuß, Drachen. 5. Oberschenkel, Hahn. 6. Ohr, Eber (Schwein). 7. Hand, Hund. 8. Bauch, Kuh.
Es ist zu beachten, daß in einigen weniger gebräuchlichen Anordnungen der acht Trigramme einige Eigenschaften und Familienbeziehungen vertauscht

sind. Glücklicherweise beruhen jedoch alle (oder zumindest fast alle) Hexagramm-Interpretationen des I Ging auf dem obigen System, so daß für Verwirrung nicht viel Raum bleibt.

2. Fu Hsis Reihenfolge der Trigramme

1	2	3	4	5	6	7	8
K'un Erde ☷	*Kên* Berg ☶	*K'an* Wasser ☵	*Sun* Wind ☴	*Chên* Donner ☳	*Li* Feuer ☲	*Tui* See ☱	*Ch'ien* Himmel ☰
Großes *Yin*		Kleines *Yang*		Kleines *Yin*		Großes *Yang*	
YIN NEGATIVES PRINZIP				*YANG* POSITIVES PRINZIP			
T'AI CHI DAS UNDIFFERENZIERTE ABSOLUTE							

3. Fu Hsis kreisförmige Anordnung der Trigramme in Gegensatzpaaren

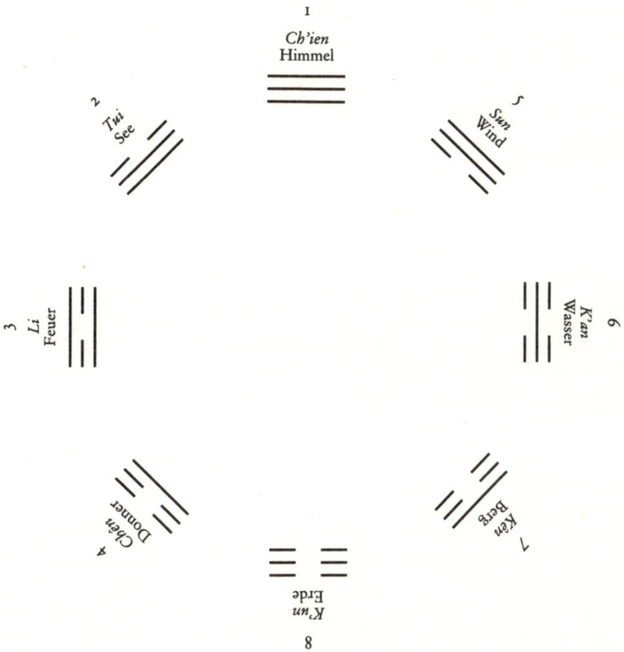

4. König Wêns Anordnung der Trigramme, die den Familienbeziehungen entspricht

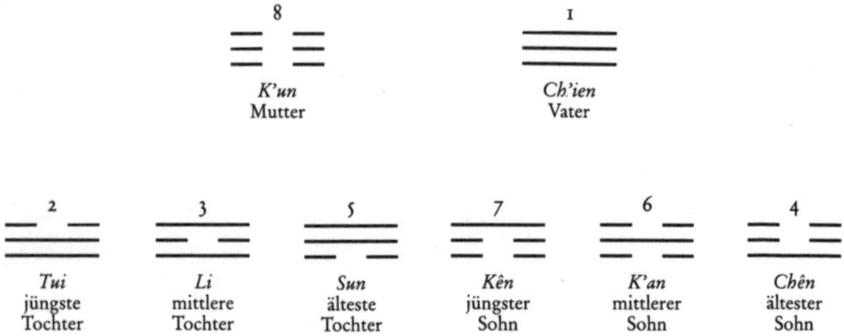

Diese Beziehungen sind leicht zu behalten, und man kann sie sich beim Studium der Hexagramme, die verschiedene Familienmitglieder enthalten, problemlos ins Gedächtnis rufen. Die Symbole für den Vater und die Mutter sind mit den Symbolen für *Yang* und *Yin* identisch. Das Geschlecht der Kinder wird durch die ungeradzahlige Linie bestimmt. Deswegen enthalten die Trigramme der Söhne einen *Yang*-Strich und die Trigramme der Töchter einen *Yin*-Strich. Da die *Kua* immer von unten nach oben gelesen werden, ist es leicht zu verstehen, daß die das Geschlecht angehende unterste Linie für den ältesten Sohn bzw. die älteste Tochter steht und die das Geschlecht angebende oberste Linie für den jüngsten Sohn bzw. die jüngste Tochter. Die Tatsache, daß die Trigramme der Söhne mehr *Yin*-Linien als *Yang*-Linien enthalten und umgekehrt die Trigramme der Töchter mehr *Yang*-Linien als *Yin*-Linien, verdeutlicht einen Hauptgedanken des I Ging: jedes Ding steht mit seinem Gegenteil in enger Wechselwirkung.

5. König Wêns kreisförmige Anordnung der Trigramme

Die Logik dieser Anordnung ist schwer begreiflich. Ich habe sie jedoch in diesen Anhang aufgenommen, weil sie in allen chinesischen Ausgaben des I Ging enthalten ist. In China ist man der Meinung, daß Wesen, die auf höherer Stufe stehen als der Mensch, die Bedeutung dieser Anordnung entdecken können; die Menschen hingegen sind dazu nicht mehr in der Lage.

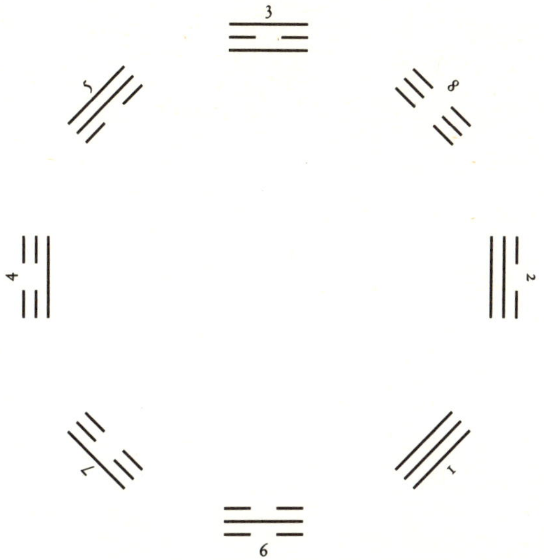

6. Die Anordnung der Trigramme, wie sie auf Amuletten üblich ist, die negative Einflüsse fernhalten sollen

Diese Anordnung verdankt ihre Existenz möglicherweise der Unwissenheit eines ungebildeten Wahrsagers. Obwohl diese nicht unmittelbar offensichtlich sind, kann es jedoch auch gute Gründe für diese Anordnung geben.

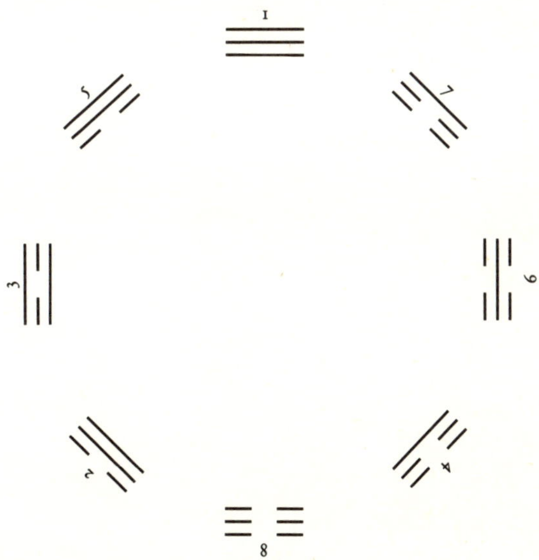

7. Paralleldiagramme, die die Wechselwirkung von Yin und Yang veranschaulichen

Diese Diagramme tauchen häufig nebeneinander auf. Das erste zeigt den gewöhnlichen Prozeß von Aktion und Interaktion. Das zweite stellt ein charakteristisches Wandlungsmodell dar, welches unter bestimmten Umständen erwartet werden darf; es ist der Ursprung einer anderen Anordnung der Trigramme, die manchmal zum Wahrsagen herangezogen wird.

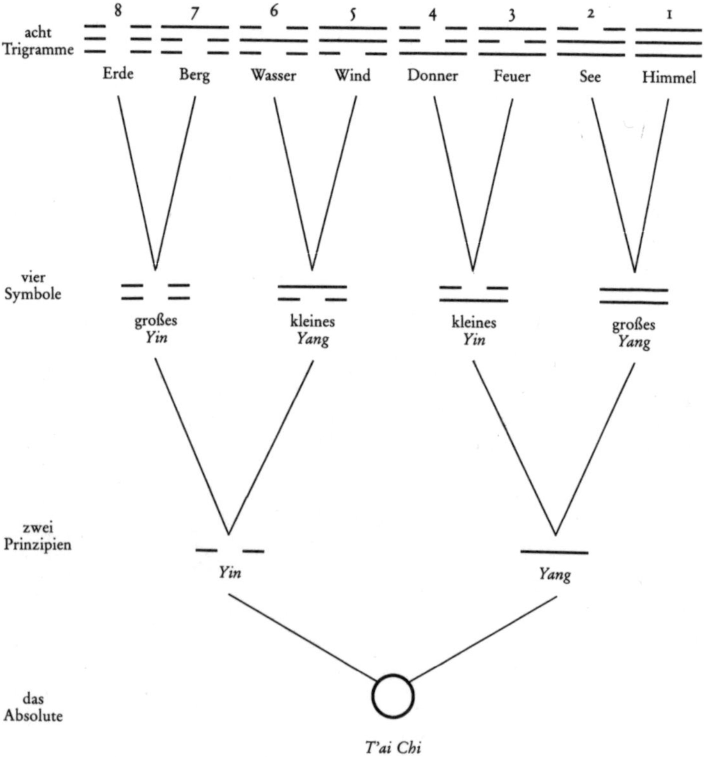

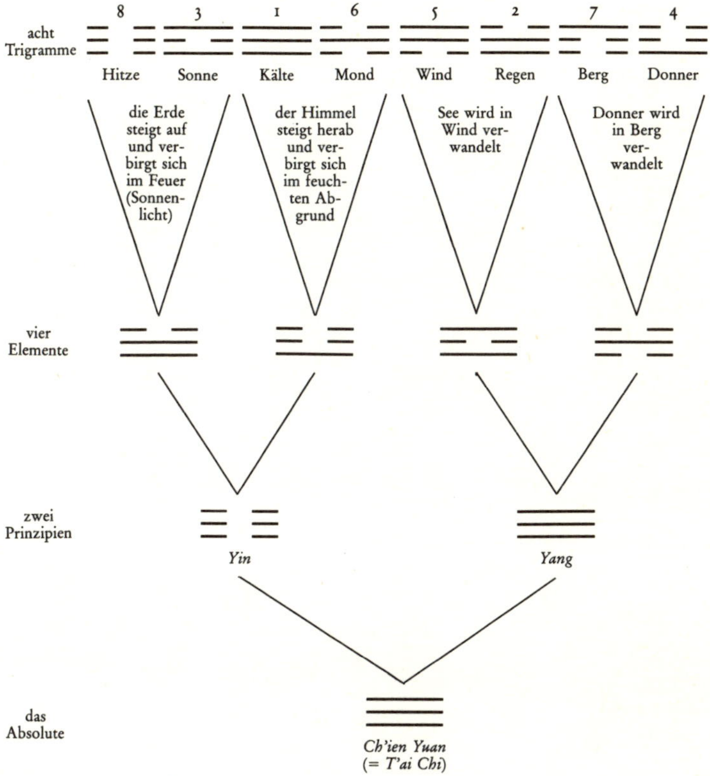

acht Trigramme
8
3
1
6
5
2
7
4
Hitze
Sonne
Kälte
Mond
Wind
Regen
Berg
Donner
die Erde steigt auf und verbirgt sich im Feuer (Sonnenlicht)
der Himmel steigt herab und verbirgt sich im feuchten Abgrund
See wird in Wind verwandelt
Donner wird in Berg verwandelt
vier Elemente
zwei Prinzipien
Yin
Yang
das Absolute
Ch'ien Yuan (= T'ai Chi)

8. Die Hexagramme in der Reihenfolge, in der sie im Buch der Wandlung *erscheinen*

1 *Ch'ien*
Das Schöpferische Prinzip

2 *K'un*
Das Empfangende Prinzip

3 *Chun*
Die Schwierigkeit

4 *Mêng*
Die Unreife

5 *Hsü*
Das Abwarten

6 *Sung*
Der Streit

7 *Shih*
Die Armee

8 *Pi*
Das Zusammenhalten

9 *Hsiao Ch'u*
Der Kleine Ernährer

10 *Lü*
Das Auftreten

11 *T'ai*
Der Friede

12 *P'i*
Der Stillstand

13 *T'ung Jên*
Die Geliebten

15 *Ch'ien*
Die Bescheidenheit

16 *Yü*
Die Muße

17 *Sui*
Die Nachfolge

18 *Ku*
Der Verfall

19 *Lin*
Die Annäherung

20 *Kuan*
Das Herabblicken

21 *Shih Hô*
Das Durchbeißen

22 *Pi*
Die Vornehmheit

23 *Po*
Das Häuten

24 *Fu*
Die Wiederkehr

25 *Wu Wang*
Die Unschuld

26 *Ta Ch'u*
Der Große Ernährer

27 *I*
Die Ernährung

29 *K'an*
Der Abgrund

30 *Li*
Die Flammende Schönheit

31 *Hsien*
Die Anziehung

32 *Hêng*
Das Langdauernde

33 *Tun*
Das Nachgeben

34 *Ta Chuang*
Des Großen Macht

35 *Chin*
Der Fortschritt

36 *Ming I*
Die Verfinsterung des Lichts

37 *Chia Jên*
Die Familie

38 *K'uei*
Die Entfremdeten

39 *Chien*
Die Gefahr

40 *Hsieh*
Die Befreiung

41 *Sun*
Der Verlust

14 *Ta Yü* — Der Große Besitz

43 *Kuai* — Die Unerschrockenheit

44 *Kou* — Die Berührung

45 *Ts'ui* — Die Versammlung

46 *Shêng* — Der Aufstieg

47 *K'un* — Die Bedrängnis

48 *Ching* — Der Brunnen

49 *Kô* — Die Umwälzung

50 *Ting* — Der Opfertiegel

28 *Ta Kuo* — Das Übermaß

51 *Chên* — Der Donner

52 *Kên* — Das Stillehalten

53 *Chien* — Der Allmähliche Fortschritt

54 *Kuei Mei* — Das Heiratsfähige Mädchen

55 *Fêng* — Die Fülle

56 *Lü* — Der Wanderer

57 *Sun* — Die Bereitwillige Unterordnung

58 *Tui* — Die Freude

42 *I* — Der Gewinn

59 *Huan* — Das Zerstreuen

60 *Chieh* — Die Beschränkung

61 *Chung Fu* — Inneres Vertrauen und Wahrhaftigkeit

62 *Hsiao Kuo* — Die Kleinen kommen durch

63 *Chi Chi* — Nach der Vollendung

64 *Wei Chi* — Vor der Vollendung

9. Die Hexagramme nach ihren Basis-Trigrammen geordnet

Jedes Trigramm bildet für acht Hexagramme die Grundlage. Die folgende Anordnung hilft, einen der Hauptfaktoren zu veranschaulichen, der für die Bedeutung der Hexagramme bestimmend ist. Die waagerechte Reihe ist so angeordnet, daß jedes Basis-Trigramm sein eigenes Ebenbild und danach sieben weitere Trigramme in der Reihenfolge der linken Spalte über sich trägt. Die Reihe dieser sieben Trigramme beginnt grundsätzlich mit dem in der linken Spalte unmittelbar darunterliegenden Trigramm.

Chinesische Ausgaben des I Ging enthalten oft eine rhythmische Anordnung von Wörtern, die auf dieser Hexagrammfolge aufbaut und aus vierundsechzig Zeilen zu jeweils drei Silben besteht. Hat man sich diese einmal eingeprägt, ist es leicht, die Hexagramme auf einen Blick zu benennen oder sie aufzuzeichnen, wenn man nur den Hexagrammnamen gehört oder gelesen hat. Unglücklicherweise erlauben unsere vielsilbigen westlichen Sprachen nicht diese eingängige Methode des Auswendiglernens.

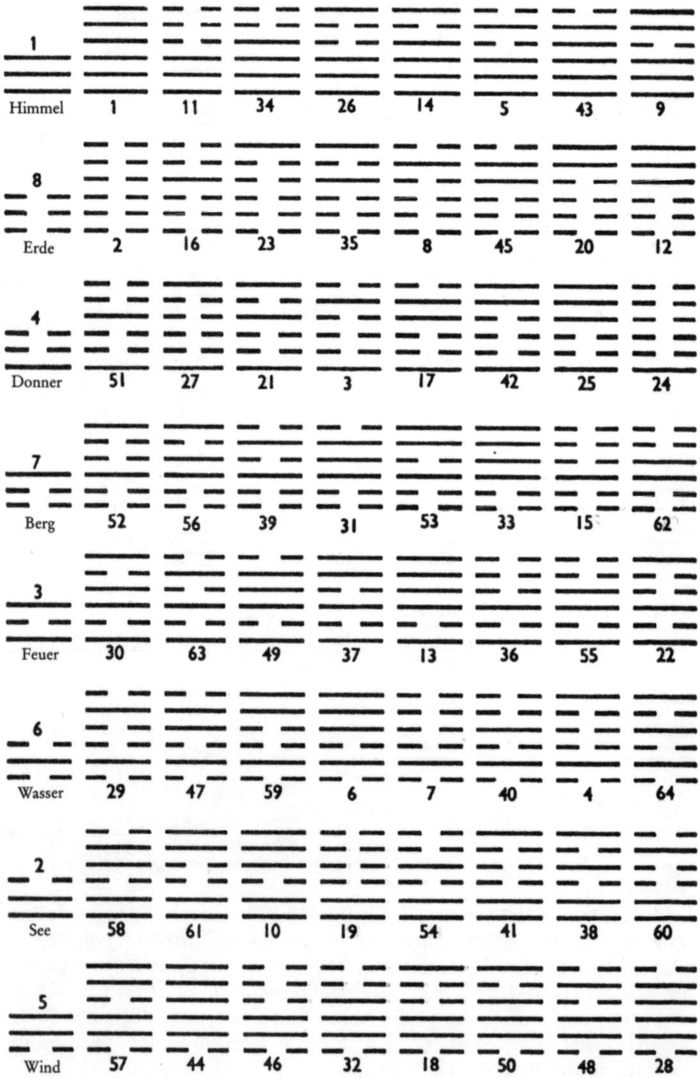

Liest man diese Gliederung Zeile für Zeile, dann kann man beobachten, daß die *Yin*- und *Yang*-Striche eine Anzahl symmetrischer Muster bilden. Die chinesischen Gelehrten suchen in diesen Hexagrammen nach vielen verschiedenen regelmäßigen Ordnungsprinzipien, indem sie sie auf die eine oder andere Weise lesen. Jede symmetrische Entsprechung zwischen Hexagrammgruppen hat ihre besondere Bedeutung.

10. Fu Hsis Schema zur Ableitung der vierundsechzig Hexagramme

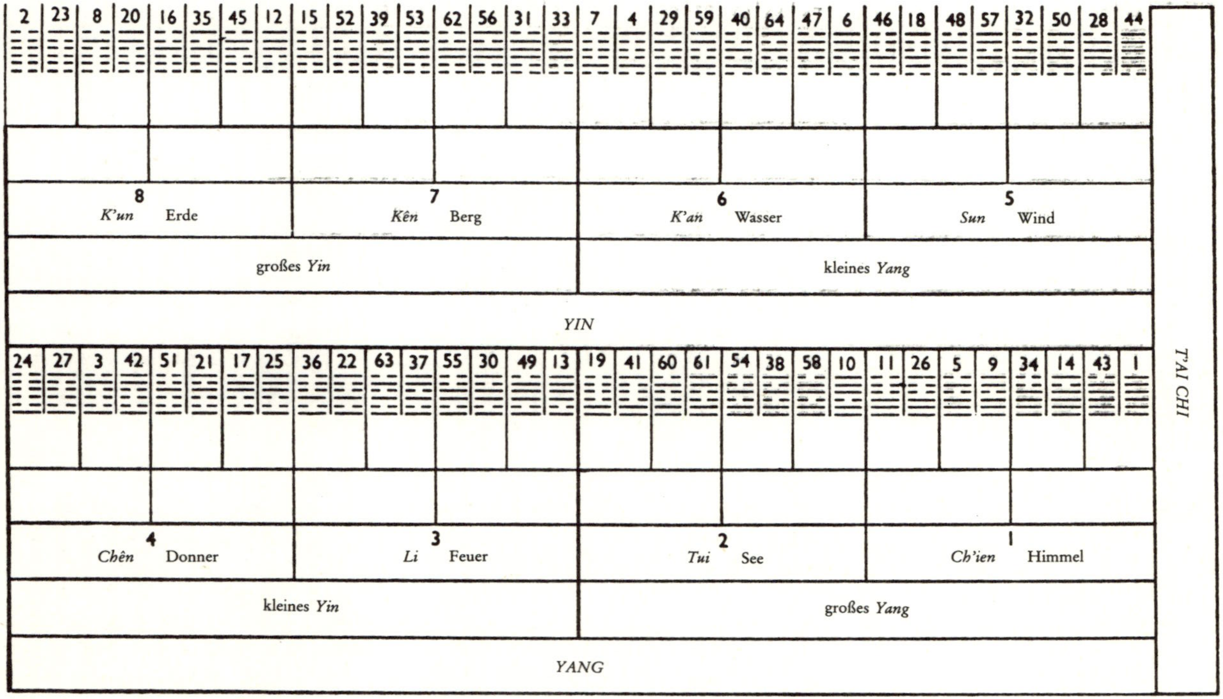

11. Die Hexagramme nach der Anzahl ihrer Yang-*Striche geordnet*

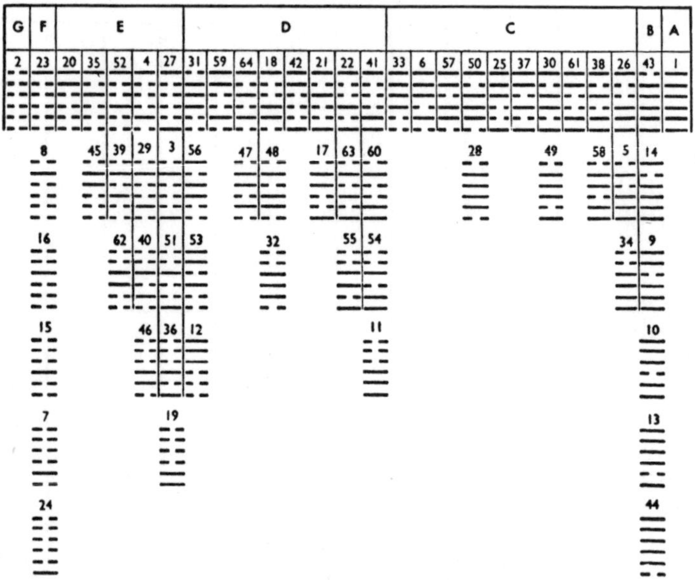

A = Hexagramme mit 6 *Yang*-Strichen
B = Hexagramme mit 5 *Yang*-Strichen
C = Hexagramme mit 4 *Yang*-Strichen
D = Hexagramme mit 3 *Yang*-Strichen
E = Hexagramme mit 2 *Yang*-Strichen
F = Hexagramme mit 1 *Yang*-Strich
G = Hexagramme mit 0 *Yang*-Strichen

In der chinesischen Originalversion ist diese Gliederung wesentlich umfangreicher wiedergegeben, denn die Hexagramme, die vier, drei oder zwei *Yang*-Striche aufweisen, werden unter der Rubrik »Hexagramme mit jeweils zwei, drei oder vier *Yin*-Strichen« nochmals aufgeführt. Diese Wiederholung soll es dem Schüler ermöglichen, die Beziehungen, die zwischen benachbarten Hexagrammen bestehen, zu erkennen. In der vollständigen Version dieser Gliederung scheinen einige Linien, wenn wir sie von Hexagramm zu Hexagramm verfolgen, zuerst nach unten zu laufen und dann in umgekehrter Reihenfolge wieder aufzusteigen. Diese abgekürzte Form (die trotzdem alle vierundsechzig Hexagramme enthält) sollte jedoch für die Mehrzahl der Fälle genügen. Für die Chinesen hat diese Tabelle noch eine zusätzliche Bedeutung. In den meisten chinesischen Ausgaben des *Buches der Wandlung* sind die Hexagramme nicht numeriert. Der Leser kann den Namen eines Hexagramms also aus dieser Tabelle ersehen, in der die chinesischen Schriftzeichen gewöhnlich die Numerierung durch Zahlen ersetzen.

12. Die Hexagramme und ihre Jahreszeiten

Der traditionelle chinesische Kalender ist ein Mondkalender. Er war noch vor wenigen Jahrzehnten in Gebrauch und wird auch heute noch wegen seiner genauen Voraussagen kleiner jahreszeitlicher Veränderungen von den Bauern bevorzugt. Jeder Monat beginnt mit dem ersten Tag eines neuen Mondzyklus. Der fünfzehnte Tag des Monats fällt immer auf den Vollmondtag; jeder Monat hat genau dreißig Tage. Alle vier Jahre wird ein zusätzlicher Monat eingefügt, um die harmonische Übereinstimmung von Kalender und Jahreszeiten (d. h. Sonnenprogression) zu gewährleisten. Auf den Kalenderseiten sind meist Wettervorhersagen wie »kleine Hitze«, »große Hitze«, »erster Schnee« usw. vermerkt, die für Nordchina erstaunlich zutreffend sind. Es scheint also, daß der Gott oder die Götter, die für die Wechselfälle der Witterung zuständig sind, vor diesem von Menschen entwickelten, aber vielleicht göttlich inspirierten Kalender große Achtung haben.

Zwischen den chinesischen Mondmonaten und den für uns gewohnten Sonnenmonaten gibt es keine exakte Übereinstimmung. Wem kein chinesischer Kalender für das laufende Jahr zur Verfügung steht, der muß also, wenn er von der folgenden Tabelle Gebrauch machen oder Hinweise auf Monate oder Jahreszeiten, die im *Buch der Wandlung* erscheinen, interpretieren will, auf die behelfsmäßige und etwas ungenaue Methode zurückgreifen, jeden chinesischen Monat einen Monat nach dem entsprechenden Sonnenmonat anzusiedeln. Der erste Monat des chinesischen Kalenders entspräche also unserem Februar, der achte Monat unserem September und der zwölfte Monat unserem Januar usw. Die folgende Tabelle listet die Mondmonate auf, zu denen die einzelnen Hexagramme in besonderer Beziehung stehen. Wir sollten uns jedoch nicht dazu verführen lassen, anzunehmen, daß sich die Voraussagen eines Hexagramms in der Jahreszeit erfüllen müßten, zu der es ein besonderes Verhältnis hat. Stellen wir dem I Ging jedoch die Frage: »In welchem Monat wird dieses oder jenes geschehen?«, ist die Antwort hier zu finden.

Erster Monat (ungefähr Februar)	– Hexagramme	11	5	17	35	40	52
Zweiter Monat (ungefähr März)	– Hexagramme	34	16	6	18	45	↓
Dritter Monat	– Hexagramme	43	56	7	8	9	↓
Vierter Monat	– Hexagramme	1	14	37	48	31	30
Fünfter Monat	– Hexagramme	44	50	55	59	10	↓
Sechster Monat	– Hexagramme	33	32	60	13	41	↓
Siebenter Monat	– Hexagramme	12	57	49	26	22	58
Achter Monat	– Hexagramme	20	54	25	36	47	↓
Neunter Monat	– Hexagramme	23	51	63	21	28	↓
Zehnter Monat	– Hexagramme	2	64	39	27	61	29
Elfter Monat	– Hexagramme	24	3	15	38	46	↓
Zwölfter Monat	– Hexagramme	19	62	4	42	53	↓

Wem ein chinesischer Kalender für das laufende Jahr (auf dem die entsprechenden Daten des westlichen Sonnenkalenders mit Sicherheit ebenfalls vermerkt sein werden) zur Verfügung steht, der wird von dieser Tabelle noch wesentlich mehr Gebrauch machen können. Da jeder Mondmonat genau dreißig Tage zählt und auf jeden Monat fünf Hexagramme fallen, ergibt sich, daß jedes Hexagramm über sechs Tage herrscht. Überdies regiert jede Wandlungslinie dieses Hexagramms einen der sechs Tage. Eine Wandlungslinie auf dem vierten Platz in Hexagramm 5 würde damit auf den zehnten Tag des ersten Monats deuten, eine Wandlungslinie auf dem sechsten Platz in Hexagramm 53 auf den letzten Tag des zwölften Monats. Es wird außerdem auffallen, daß vier Hexagramme über drei ganze Monate herrschen. Diese Tabelle und die dazugehörige Methode der Berechnung geht auf ein kreisförmiges Diagramm zurück, das dem sagenumwobenen Kaiser Fu Hsi zugeschrieben wird. Es ist eine bemerkenswerte Tatsache, daß der chinesische Kalender, der, wie wir oben gesehen haben, das Wetter in Nordchina mit ziemlicher Genauigkeit voraussagt, in genauer Übereinstimmung mit diesem viele tausend Jahre alten Diagramm erstellt wird.

13. Die Tabelle der herrschenden Linien

Jedes Hexagramm besitzt zumindest eine, in manchen Fällen sogar zwei sogenannte »herrschende Linien«, deren Wesen und Stellung für die Interpretation seines Sinngehalts, welche in den Texten und Kommentaren enthalten ist, eine wichtige Rolle spielen. Die Plätze der herrschenden Linien wurden durch komplizierte Betrachtungen bestimmt, die darzustellen über den Rahmen dieses Buches weit hinausgehen würde. Da sie jedoch in den Kommentaren des Konfutse an einigen Stellen erwähnt werden, dient die folgende Tabelle zu ihrer Identifikation. Die Zahlen von 1 bis 64 stehen für die Hexagramme, die Zahl(en) in Klammern für die jeweilige(n) herrschende(n) Linie(n).

1(5); 2(2); 3(1 und 5); 4(2 und 5); 5(5); 6(5); 7(2und 5); 8(5); 9(5); 10(5); 11(2 und 5);12(2 und 5); 13(2 und 5); 14(5); 15(3); 16(4); 17(1 und 5); 18(5); 19(1 und 2); 20(5 und 6); 21(5); 22(2 und 6); 23(6); 24(1); 25(1 und 5); 26(5 und 6); 27(5 und 6); 28(2 und 4); 29(2 und 5); 30(2 und 5); 31(4); 32(2); 33(5); 34(4); 35(5); 36(2 und 5); 37(2 und 5); 38(2 und 5); 39(5); 40(2 und 5); 41(5); 42(2 und 5); 43(5); 44(2 und 5); 45(4 und 5); 46(5); 47(2 und 5); 48(5); 49(5); 50(5 und 6); 51(1); 52(6); 53(2 und 5); 54(5); 55(5); 56(5); 57(5); 58(2 und 5); 59(5); 60(5); 61(5); 62(2 und 5); 63(2); 64(5).